SIGER DE BRABANT

QUAESTIONES IN TERTIUM DE ANIMA
DE ANIMA INTELLECTIVA
DE AETERNITATE MUNDI

CENTRE DE WULF - MANSION

RECHERCHES DE PHILOSOPHIE ANCIENNE ET MÉDIÉVALE

PHILOSOPHES MÉDIÉVAUX

COLLECTION DE TEXTES ET D'ÉTUDES
PUBLIÉE PAR L'INSTITUT SUPÉRIEUR DE PHILOSOPHIE
DE L'UNIVERSITÉ DE LOUVAIN
SOUS LA DIRECTION DE FERNAND VAN STEENBERGHEN
PROFESSEUR A L'UNIVERSITÉ

PHILOSOPHES MÉDIÉVAUX

—————— TOME XIII ——————

BERNARDO BAZÁN

SIGER DE BRABANT

QUAESTIONES IN TERTIUM DE ANIMA
DE ANIMA INTELLECTIVA
DE AETERNITATE MUNDI

ÉDITION CRITIQUE

LOUVAIN
PUBLICATIONS UNIVERSITAIRES
Ladeuzeplein, 2

PARIS
Béatrice-Nauwelaerts
Rue de Fleurus, 4

1972

AVANT-PROPOS

Le progrès des travaux historiques relatifs à Siger de Brabant est évidemment conditionné avant tout par la publication de ses écrits. Deux inédits importants attendaient un éditeur : le P. Antonio Marlasca vient de nous donner les *Quaestiones in librum de causis* et voici les *Quaestiones in tertium de anima*. Nous y avons ajouté l'édition critique du *De anima intellectiva* et celle du *De aeternitate mundi*, deux écrits qui intéressent également les doctrines psychologiques de Siger, car le *De aeternitate mundi* traite, en réalité, de l'éternité de l'espèce humaine. La réédition de ces deux traités se justifie à plusieurs titres : non seulement l'édition du P. Mandonnet est depuis longtemps épuisée, mais de nouveaux manuscrits ont été découverts, qui rendent possible et souhaitable une édition critique. Quant au *De aeternitate mundi*, s'il a connu déjà quatre éditions, aucune d'elles ne répond aux requêtes de la critique et le problème du texte authentique doit être repris *ab ovo*.

Dans un volume ultérieur de *Philosophes médiévaux*, nous espérons rééditer tous les autres opuscules de Siger déjà publiés ou encore inédits, en nous servant de toute la documentation manuscrite disponible.

Il nous est agréable d'exprimer ici notre gratitude envers le Conseil national de la recherche scientifique d'Argentine, grâce auquel il nous a été possible de mener à bonne fin ces travaux d'édition.

On trouvera les renseignements bibliographiques complets sur les travaux cités au cours du volume, dans la *Table bibliographique*. Partout ailleurs les ouvrages et articles sont cités sous une forme abrégée.

Louvain, le 24 juin 1971.   Bernardo BAZÁN.

INTRODUCTION

Chapitre premier

LES MANUSCRITS ET LES ÉDITIONS

L'histoire de la découverte des manuscrits contenant les œuvres de Siger de Brabant éditées dans ce volume a déjà été écrite et la description de ces manuscrits a déjà été faite. Nous nous bornerons donc à rappeler les travaux où le lecteur pourra trouver ces renseignements.

1. Les Quaestiones in tertium de anima

Dès 1852, Coxe signala l'existence de ces *Quaestiones* dans son catalogue des manuscrits d'Oxford. Mais ce renseignement demeura longtemps inaperçu et le P. Mandonnet lui-même n'en a pas eu connaissance. Mgr Pelzer, le savant scrittore de la Vaticane, releva le premier, semble-t-il, l'indication du catalogue de Coxe. Il fit photographier les folios qui contiennent les questions de Siger, mais la première transcription qu'il tenta d'en faire lui révéla que le texte conservé à Oxford était très défectueux. Pris par d'autres travaux, Mgr Pelzer dut laisser dans ses cartons son essai de transcription, se réservant d'y revenir et de poursuivre son effort jusqu'à l'édition de ce document dont l'importance ne lui échappait pas. Il devait mourir sans avoir réalisé son projet.

Décrit une première fois par Coxe en 1852 (¹), le texte de Siger, qui occupe les folios 357vb-364rb du codex 292 de Merton College, fut décrit par F. Pelster en 1930 (²) et, l'année suivante, par F. M. Powicke, qui ajouta d'importantes précisions à la description de Coxe (³).

Lorsque M. F. Van Steenberghen séjourna à Rome en 1928-1929 pour y travailler sous la direction de Mgr Pelzer, celui-ci lui confia sa transcription des *Qu. in tertium de anima* et l'autorisa à en tirer parti dans son analyse des inédits de Siger (⁴). La publication du professeur de Louvain attira l'attention des médiévistes sur le com-

---

(¹) H. O. Coxe, *Catalogus codicum...*, (1852).
(²) F. Pelster, *Handschriftliches...* (1930), pp. 478-482.
(³) F. M. Powicke, *The Medieval Books of Merton College* (1931), pp. 154-156, n° 518.
(⁴) F. Van Steenberghen, *Siger de Brabant...*, I (1931), pp. 164-177.

mentaire inédit et suscita notamment les travaux du P. Giambattista da Palma.

Mort à Rome en 1958, Mgr Pelzer légua ses papiers scientifiques au *Centre De Wulf-Mansion* de l'Université de Louvain et le professeur Maurice Giele proposa au Conseil de ce Centre de prendre en charge l'édition tant attendue des *Quaestiones*. Il y travailla activement, jusqu'au jour où un mal inexorable le condamna à l'inaction et à un décès prématuré. C'est alors que M. Van Steenberghen nous demanda de prendre une fois de plus la relève, mettant à notre disposition la transcription de Mgr Pelzer et celle de M. Giele. Aidé par les patientes recherches de nos prédécesseurs, auxquels ils nous est agréable de rendre hommage, nous avons pu enfin mener à bon terme l'édition des *Quaestiones in tertium de anima*.

2. Le Tractatus de anima intellectiva

Trois manuscrits nous ont conservé cette œuvre de Siger :

P. *Paris, Bibliothèque Nationale, lat.* 16.133, ff. 54vb-57vb.

Une première description de ce manuscrit a été faite par P. Mandonnet, dans son introduction à l'édition du *De anima intellectiva* ([5]). Plus tard il a été étudié dans l'*Aristoteles latinus* ([6]). M. Verbeke en a fait une nouvelle description dans l'étude qui précède son édition du commentaire de Thémistius sur le *De anima* ([7]). Finalement Mlle d'Alverny en a donné une excellente description dans l'*Avicenna latinus* ([8]). Il est donc superflu de le décrire ici une fois de plus. Rappelons seulement que, dans ce codex, le *De anima intellectiva* est précédé des *Quaestiones naturales* de Siger (ff. 54^r-54^v) et suivi des *Quaestiones logicales* du même auteur (ff. 57^v-58^v).

V. *Vienne, Bibl. des Dominicains*, ms. 120, ff. 69ra-71ra.

Deux œuvres de Siger sont conservées dans ce ms. : la *Quaestio utrum haec sit vera : homo est animal nullo homine existente* et le *Tractatus de anima intellectiva*. La découverte de ces deux écrits est due à Denifle ([9]) et le ms. a été décrit par P. Mandonnet dans la 2e édition de son *Siger* ([10]). Nous n'en ferons pas une nouvelle description, mais

---

([5]) P. MANDONNET, *Siger de Brabant...*, II (1908), pp. XI-XII.

([6]) *Aristoteles latinus. Codices... Pars Prior* (1939, altera impressio 1957), 672.

([7]) G. VERBEKE, *Thémistius* (1957), p. XCV.

([8]) M.-Th. D'ALVERNY, *Avicenna Latinus II* (1962), pp. 224-226.

([9]) H. DENIFLE et A. CHATELAIN, *Chartularium...*, I (1889), p. 487.

([10]) P. MANDONNET, *Siger...*, II (1908), pp. X-XI.

nous nous bornerons à signaler dans ce manuscrit la présence des *Questiones super librum de celo et mundo disputate a magistro Petro de Alvernia*, qui n'ont pas été relevées par Hocedez dans l'inventaire des œuvres de Pierre ([11]).

D. *Oxford, Bodleian Library, Digby 55*, ff. 152^r-157^v.

La première description complète de ce manuscrit a été faite par Macray ([12]). L'*Aristoteles Latinus* la reprend dans ses lignes générales ([13]). Voici quelques précisions visant à compléter l'œuvre de Macray :

a) Aux ff. 21rb-21vb se trouve un commentaire anonyme sur le *De longitudine et brevitate vitae* non signalé par Macray. *Incipit* : Iste liber in quo Aristoteles determinat de causis longitudinis et brevitatis vite dividitur primo in duas partes : in prohemium et tractatum.

b) L'écrit anonyme se trouvant aux ff. 25va-27rb, signalé par Macray comme étant un commentaire sur le *De long. et brev. vitae*, est, plus exactement, un commentaire sur le *De morte et vita*.

c) Aux ff. 27va-37va se trouve un commentaire anonyme sur le *De generatione et corruptione*, qui doit probablement être attribué à Géoffroy de Haspall. *Inc.* : De generatione et corruptione et natura generatorum et corruptorum universaliter, et causas vel rationes eorum declarandum est. *Expl.* : Et huiusmodi causa potest esse quia cum ex aere fit aqua, sive reiteratur aqua, manet eadem materia tota, quod non accidit in generatis per decisionem. Explicit liber de generatione et corruptione. Cet *explicit* est identique (sauf de légères variantes) à celui du ms. *Bruges, Ville 523*, f. 137vb. Or le commentaire de Bruges se retrouve dans *Paris, Nat. lat. 16.149*, ff. 43va-51ra, dont l'*explicit* l'attribue à Galfridus Alpald (Géoffroy de Haspall). Pour la relation entre ces commentaires et le *Compendium de generatione* du ms. *Lilienfeld 206* attribué à Siger de Brabant, cf. J. J. DUIN, *La doctrine de la Providence...* (1954), pp. 215-223.

d) Au f. 37vb se trouve un fragment du commentaire *De anima* de Jacques de Douai, non relevé par Macray. Cf. J. DE RAEDEMAEKER, *Une ébauche de catalogue...* (1963), p. 168.

([11]) E. HOCEDEZ, *La vie et les œuvres de Pierre d'Auvergne* (1933), p. 30. L'auteur fait mention seulement des *Quaestiones* contenues dans le ms. *Vienne, Dominicains*, 108, s'appuyant sur M. GRABMANN, *Mittelalterliches Geistesleben*, I (1926), p. 241. Mgr Glorieux signale deux autres manuscrits : *Oxford, Balliol Coll.* 108, et notre ms., *Vienne, Dominicains* 120 (dans le *Répertoire des maîtres...*, I (1933), n° 210, p. 413.

([12]) W. D. MACRAY, *Codices...* (1883), col. 55-58.

([13]) *Aristoteles Latinus*, I, n° 333, p. 395.

e) Aux ff. 38ra-49^r Macray signale un commentaire sur la *Méta-physique*. En réalité il s'agit de quatre groupes de questions anonymes réparties comme suit :

Fol. 38ra-46ra. *Collectio propositionum Metaphysice Aristotelis et commentarium*. *Inc.* : Quod omnes homines naturaliter scire desiderant. Quod animalia quedam sunt prudentiora sed indisciplinabilia, quedam disciplinabilia.

Il s'agit d'une compilation des principaux textes de la *Métaphysique*, avec de brefs commentaires, qui visent surtout à établir la structure du texte et qui se trouvent aussi bien dans la marge que dans le texte même. La compilation porte sur les livres II à XI, mais le livre indiqué comme XIe est en réalité le livre XII (*Λ*); l'auteur ne connaît donc pas la traduction du livre XI par G. de Moerbeke et le texte doit être situé avant 1271.

Au terme de sa compilation du livre XI, l'auteur ébauche les prin-cipales conclusions qu'on peut en tirer : Ut igitur summatim colli-gamus iam declarata de ista substantia eterna, notandum quod quedam conclusiones de ipsa ostense sunt principales et quedam secundarie... (f. 44va).

Expl. : oportuit ipsum (Anaxagoram) ponere unum principium malum contrarium intellectui quem nominavit principium bonum. Explicit. (f. 46ra).

Fol. 46ra-46vb. *Commentarium in Metaphysicam*. *Inc.* : « Si autem remanet aliquid in postremo ». Super istum textum, postquam reci-tavit Avicenna opinionem Alexandri de intellectu materiali et agente. *Expl.* : Hec verba sunt Commentatoris valde notabilia, sapienter tamen intelligenda, quia difficultatem habent in parte, et errorem. Explicit.

Il s'agit d'un commentaire de trois textes de la *Métaphysique* : XII, 3, 1070 a 24-25; XII, 7, 1072 b 26; XII, 8, 1072 b 35-37.

Fol. 46rb. *De privatione*. *Inc.* : De privatione. Quod sit principium secundum rem videtur sic. Avicenna : scientia est in nobis non ex nostris operationibus. *Expl.* : cum forma sufficiat secundum rem, pri-vatio est principium secundum rationem solum.

Fol. 47^r-49^r. *Commentarium in Metaphysicam* (en une colonne occu-pant toute la justification). *Inc.* : Quia secundum Gundissalinum philo-sophia habetur ex cognitione veritatis, et cognitio veritatis habetur ex cognitione causarum, ideo ista scientia quae maxime dicitur philo-sophia considerat de causis in fine veritatis. Finis autem huius scientie, cum sit de numero speculativarum scientiarum est veritas, ut ipsam cognitam perfecte diligamus, quia quanto magis cognoscitur, tanto ardentius diligitur. Causa efficiens est Aristoteles. Titulus talis : Incipit liber Metaphysice Aristotelis.

Le commentaire commence au *livre V* et se poursuit jusqu'au *livre X*. Puis le texte continue au f. 49ʳ : « Considerantem quidem de substantia ». In isto undecimo secundum Commentatorem determinat de substantia immateriali et separata, et continet duo capitula principaliter. In quorum primo determinat de substantia generabili et de eius principiis. *Expl.* : Et sic completur distinctio partium undecimi, et per consequens generalitas *totius* Metaphysice. Explicit.

f) Le commentaire *De anima* contenu aux ff. 72ʳᵃ-82ᵛᵇ est identique au commentaire du ms. *Paris, Nat. lat.* 16.096, ff. 149ʳᵇ-161ᵛᵃ (cf. J. DE RAEDEMAEKER, *Une ébauche de catalogue...*, p. 168).

g) Les commentaires d'Averroès sur le *De sensu et sensato* (ff. 86ʳᵇ-89ʳᵇ), *De memoria et reminiscentia* (ff. 89ʳᵇ-91ʳᵃ), *De somno et vigilia* (ff. 91ʳᵃ-94ᵛᵃ) et *De morte et vita* (ff. 94ᵛᵃ-95ᵛᵇ) ont été employés dans l'édition critique de Mˡˡᵉ Aemilia SHIELDS, *Averrois Cordubensis Compendia librorum Aristotelis qui Parva naturalia vocantur* (1949).

h) Aux ff. 95ᵛᵇ-96ʳᵇ se trouve le petit traité *De alteratione continua* d'Averroès, non signalé par Macray.

i) Aux ff. 114ʳᵃ-125ᵛᵇ Macray signale la présence d'un commentaire sur le *De anima*. En réalité il s'agit de plusieurs écrits, qu'on doit classer de la façon suivante :

Fol. 114ʳᵃ-117ʳᵇ. ANONYMUS. *Questiones super librum De anima.* *Inc.* : Queritur de intellectu, et quia necesse est has differentias esse in intellectu, videlicet intellectus possibilis et intellectus agens. *Expl.* : Intelligentia et corpora celestia organizant embriones in matribus et disponunt ad receptionem anime. (Cf. J. DE RAEDEMAEKER, *Une ébauche de catalogue...*, p. 168.)

Fol. 117ʳᵇ. ANONYMUS. *Quaestio.* *Inc.* : Queritur utrum hoc verbum « est » sit pronomen. *Expl.* : ad unitatem significandi non sequitur unitas modi significandi.

Fol. 117ᵛᵃ. Minima creatura corporalis ostendit manifestissime sui conditorem...

Fol. 118ᵛᵃ. Si queratur quid significatur per ista nomina actio et passio potest dici quod actio nominat quandam proprietatem accidentalem in motu... ...per hoc possunt multa dubia solvi circa motum et alia.

Fol. 118ᵛᵇ-120ᵛᵇ. ADAM DE BOCKFIELD. *Questio de augmento.* *Inc.* : Ad aliquo modo intelligendum quomodo nunc manet unum in tempore sic incipe. *Expl.* : Explicit questio de augmento secundum magistrum Adam de Bochefeld.

Fol. 121^(ra)-125^(vb). ANONYMUS. *Questiones naturales. Inc.* : Questio est utrum forma prima que est altera pars contrarietatis sit in perpetuis et separatis. *Expl.* : quod potest semper esse in eodem loco per comparationem ad polos mundi.

j) Le *Tractatus de anima intellectiva* de Siger de Brabant (ff. 152^r-157^v) est signalé comme anonyme par Macray. Mgr Pelzer le premier, à notre connaissance, signala l'identité de ce texte avec les *Quaestiones de anima intellectiva* éditées par Mandonnet.

M. *L'édition de Pierre Mandonnet.*

Le *De anima intellectiva* a été édité par P. Mandonnet dans les deux éditions de son grand ouvrage sur Siger de Brabant. Nous utiliserons la deuxième édition([14]). Mandonnet connaissait les mss. de Paris et de Vienne, donnant la préférence, avec raison, au ms. de Paris.

3. Le De aeternitate mundi

Rappelons les principales étapes de la découverte des manuscrits contenant le *De aeternitate mundi* ([15]) et ajoutons les données nouvelles qui ont été acquises depuis.

A. Ce manuscrit fut découvert et décrit par Charles Potvin en 1878 ([16]) : il s'agit du ms. *Paris, Bibl. Nat. lat.* 16.222 (ancien *Sorbonne* 940), qui contient le *De aeternitate* aux ff. 74^(ra)-75^(va). Il fut aussi analysé par A. Niglis en 1903 ([17]). On en trouve une plus récente description dans l'*Aristoteles latinus* ([18]). Ce codex provient d'un fonds légué à la Sorbonne par Gerardus de Trajecto ([19]).

B. Ce manuscrit fut découvert en 1898 par P. Mandonnet, pendant qu'il préparait l'édition de ce traité sur la base du manuscrit *A*. Il

---

([14]) P. MANDONNET, *Siger de Brabant...*, 2 vol. (1911-1908). Le *De anima intellectiva* se trouve au tome II, pp. 145-171.

([15]) Cf. F. VAN STEENBERGHEN, *Siger...*, II (1942), p. 506 ; W. J. DWYER, *Le texte authentique...* (1937), pp. 44-47 ; J. J. DUIN, *La doctrine de la Providence...* (1954), pp. 241-243.

([16]) C. POTVIN, *Siger de Brabant* (1878), pp. 330-357.

([17]) A. NIGLIS, *Siger von Courtrai* (1903).

([18]) *Aristoteles Latinus*, I, n° 688, pp. 571-572.

([19]) Cf. L. DELISLE, *Le cabinet des manuscrits...*, II (1874), p. 145 ; A. FRANKLIN, *La Sorbonne* (1875), p. 42, n. 1 ; B. C. BAZÁN, *Trois commentaires anonymes...* (1971), p. 355.

s'agit du ms. *Paris, Bibl. Nat. lat.* 16.297, ff. 78vb-80ra, où le *De aeternitate* est anonyme. Mandonnet lui-même en a fait une première description [20]. Plus tard Mgr Glorieux donna une analyse détaillée de ce codex composé par Godefroid de Fontaines [21]. Finalement M. Duin ajouta de nouvelles précisions [22].

C. Ce troisième témoin du *De aeternitate* fut trouvé et décrit par F. Pelster en 1925 [23]. Il s'agit du ms. *Pise, Bibl. S. Catharinae* 17, ff. 116rb-117ra. À la différence de *B*, qui présente des divergences considérables avec *A*, le manuscrit de Pise s'accorde, en général, avec *A*, dont il reproduit l'*incipit* et l'*explicit*. Toutefois, à la fin du texte, le scribe donne cet *explicit* plus détaillé : Explicit tractatus Magistri S. de Brabantia super quadam ratione ab aliquibus reputata generationem hominum tangente, ex cuius generationis natura putant se demonstrasse mundum incepisse, licet neque hoc, neque eius oppositum sit demonstrabile, sed fide tenendum quod inceperit.

D. Un nouveau témoin vint s'ajouter par la découverte, par Mgr Stegmüller, d'un quatrième exemplaire du *De aeternitate* à Lisbonne [24]. Il s'agit du ms. *Lisbonne, Bibl. Nac., Fondo Geral* 2299, ff. 140va-144rb. De nouvelles précisions à la description faite par Mgr Stegmüller ont été apportées par M. Duin [25]. L'*incipit* et l'*explicit* sont ceux de *A* et de *C*, mais le traité porte, en guise d'introduction, cette note très semblable à celle qu'on trouve comme *explicit* de *C* : Incipit tractatus magistri Sygeri de Brabantia super quadam ratione a quibusdam reputata generationem hominis tangente, ex cuius generationis natura putant se demonstrasse mundum incepisse, cum neque hoc, neque eius oppositum sit demonstrabile. On trouvera plus loin l'explication probable de l'identité de ces notes propres à *C* et à *D*.

E. En 1935 M. Bruni découvrit à Erlangen un manuscrit contenant une question isolée consacrée au problème des universaux. Il s'agit du ms. *Erlangen* 213 (*Irmischer* 485), f. 83ra. Or cette question n'est autre que le chapitre III du *De aeternitate*. Mais elle a été publiée par M. Bruni sous le nom de Gilles de Rome, conformément à l'*explicit* de ce codex [26]. *Incipit* : Queritur utrum universalia sint in particu-

[20] P. Mandonnet, *Siger de Brabant* (1899), pp. 118-120.

[21] P. Glorieux, *Un recueil scolaire...* (1931), pp. 37-53.

[22] J. J. Duin, *La doctrine de la Providence...* (1954), pp. 130-135.

[23] F. Pelster, *Die Bibliothek...* (1925), pp. 249-280.

[24] F. Stegmüller, *Neugefundene Quaestionem...* (1931), pp. 158-182.

[25] J. J. Duin, *La doctrine de la Providence...*, pp. 153-154.

[26] G. Bruni, *Una inedita « Quaestio de natura universalis »...* (1935).

laribus. *Explicit* : ...sic et denominatur universalis ab universali et abstracto intellectu eius, qui non est in ea sed in anima. Explicit. Une main postérieure a ajouté : Questio domini Egidii de universalibus.

V. Le *Vatican latin* 773 porte, au f. 96^r, le même fragment que *E* ; ce fragment fut aussi découvert par M. Bruni ([27]), mais ici il est anonyme. L'*incipit* et l'*explicit* de *V* sont identiques à ceux de *E*, mais l'addition faite par une main postérieure est absente. Ce manuscrit a été décrit par A. Pelzer ([28]).

O. C'est encore à M. Bruni que l'on doit la découverte du fragment contenu dans le ms. *Vatican, Ottoboni lat.* 2165, ff. 72vb-74^r ([29]). Ce codex contient, sous le nom de Gilles de Rome, les chapitres III et IV du *De aeternitate*, mais l'ordre des chapitres est inversé. M. Bruni donna une première description du manuscrit, mais on trouve d'importants compléments dans l'ouvrage de M. Duin ([30]). *Incipit* : Item incipiunt questiones eiusdem fratris Egidii. Queritur, cum actus precedat potentiam ratione... *Explicit* : ...sic et denominatur universalis ab universali et abstracto intellecta (*sic*) eius qui non in ea sed in anima.

M. Un dernier témoin se trouve dans le manuscrit *Munich, lat.* 317, ff. 185va-187ra. Ce codex a été décrit d'une façon très détaillée par M. Duin ([31]). Comme dans le cas précédent, il contient les chapitres III et IV du *De aeternitate* en ordre interverti et attribués aussi à Gilles de Rome. *Incipit* : Item questiones eiusdem fratris Egidii. Queritur cum actus precedat potentiam ratione... *Explicit* : ...sic et denominatur universalis et abstracto intellectu eius qui non est in ea sed in anima.

Le *De aeternitate mundi* a déjà fait l'objet de quatre éditions.

Mandonnet publia pour la première fois l'opuscule en se basant sur le ms. *A*, le seul connu à l'époque ([32]). Au cours de l'impression,

---

([27]) G. BRUNI, *Una inedita...* (1935). L'édition de M. Bruni est faite d'après *E* avec les variantes de *V*.

([28]) A. PELZER, *Codices Vaticani latini*, tomus II, Pars Prior, Bibliotheca Vaticana, 1931, pp. 84-85.

([29]) G. BRUNI, *De codice Ottoboniano latino 2165*, dans *Analecta Augustiniana*, 17 (1939), pp. 158-161.

([30]) J. J. DUIN, *La doctrine de la Providence...* (1954), pp. 139-142.

([31]) J. J. DUIN, *ibid.*, pp. 143-146.

([32]) P. MANDONNET, *Siger de Brabant...* (1899).

il découvrit le ms. *B* et en tira des variantes utiles pour son édition. Mais il estima que *B* était le résultat de l'intervention d'un écolier ([33]).

Dans la deuxième édition de son ouvrage, Mandonnet est revenu sur cette opinion : il pensa que les divergences de *B* par rapport à *A* étaient si importantes, qu'elles devaient être expliquées par l'intervention de Siger lui-même ([34]).

La découverte de nouveaux témoins (*C* et *D*) rendit nécessaire une nouvelle édition, qui fut réalisée par le P. Barsotti ([35]). Ce dernier revint à l'opinion primitive de Mandonnet : loin d'être le résultat d'un travail de révision de Siger, *B* est la copie d'un libraire, qui a introduit dans la *reportatio* originelle, des modifications et des raccourcissements préjudiciables au texte primitif. Malheureusement l'édition Barsotti ne comporte qu'une très brève introduction et, faute d'appui, sa thèse fut l'objet de vives critiques.

En 1937 le P. W. J. Dwyer établit l'état de la question dans l'article déjà cité ([36]), auquel nous renvoyons pour l'histoire du problème jusqu'à cette date. L'analyse des divergences entre *B* et le groupe *ACD* conduisit le P. Dwyer à cette opinion : « Comme pour Mandonnet en 1908, il nous parut évident que le texte *B* était, de préférence aux trois autres, sinon l'œuvre du maître lui-même, du moins une copie de celle-ci » ([37]). Les manuscrits *ACD* seraient, par contre, des *copies* de la *reportatio* primitive, non encore revue par Siger. La supériorité reconnue à *B* amena le P. Dwyer à donner une quatrième édition du *De aeternitate* basée sur la recension *B* ([38]).

Deux raisons fondamentales nous ont convaincu de la nécessité d'entreprendre une nouvelle édition critique du *De aeternitate mundi*. D'abord la découverte des mss. *MOEV*, témoins inconnus en 1937, date de la dernière édition du *De aeternitate*; comme nous le verrons, ces manuscrits permettent d'envisager la question de la nature de *B* sous un jour nouveau. Ensuite le fait que les éditeurs précédents se sont engagés sur une voie qui les obligeait à faire une fausse option : il s'agissait toujours de choisir entre une *reportatio* du cours oral et un *texte revisé par Siger*. Mandonnet, qui seul a entrevu une autre façon

([33]) P. MANDONNET, *ibid.*, p. 118.

([34]) P. MANDONNET, *Siger de Brabant...*, II (1908), p. III.

([35]) R. BARSOTTI, *Sigeri de Brabantia De aeternitate mundi* (1933).

([36]) W. J. DWYER, *Le texte authentique...* (1937), pp. 45-53.

([37]) W. J. DWYER, *ibid.*, p. 54.

([38]) W. J. DWYER, *L'opuscule de Siger de Brabant...* (1937).

d'expliquer les divergences entre les deux familles, a rejeté l'hypothèse d'une *double reportatio*. Il n'avait, à ce moment, d'autres témoins de la famille de *B* pour l'aider à découvrir la véritable nature de cette version. La collation des nouveaux manuscrits nous a montré que cette solution était la plus adéquate : elle nous permet d'échapper à l'option mentionnée, qui nous a toujours paru très hypothétique. Nous espérons que l'étude qui suit montrera le bien fondé de cette nouvelle position du problème.

Chapitre II

1. Les Quaestiones in tertium de anima

Le premier problème qui se pose devant un texte dont il n'existe qu'un seul manuscrit est de déterminer la valeur de ce témoin. De ce jugement dépendra l'attitude de l'éditeur dans ses tentatives de reconstitution conjecturale du texte. Pour fonder notre critique textuelle sur des normes objectives, nous avons essayé de préciser la psychologie et les qualités techniques du scribe qui a transcrit les *Quaestiones in tertium De anima*.

Le grand nombre de fautes manifestes, les très rares corrections dues au scribe lui-même, les additions incorrectes et les phrases incomplètes, nous ont assuré que nous sommes en présence d'un texte très défectueux, transcrit sans soin par un scribe qui très souvent ne comprenait pas le sens de la doctrine. La critique conjecturale s'impose donc, si l'on veut présenter un texte correct et intelligible.

Voici, comme échantillon, l'analyse des trois premières questions.

a) FAUTES MANIFESTES

Introduction et *Question 1* :

3 : e *pro* et
6 : tertium *pro* secundum
16 : radicadicatur *pro* radicatur
17 : tertium *pro* secundum
18 : sicut diffinitio *pro* subiectum differat
20 : secundum *pro* primum
21 : a *pro* cum
26 : materiali *pro* immateriali
30 : permixtus *pro* impermixtus
49 : esse *pro* extrinseco

50 : animae conformatur *pro* materiae cum formatur
52 : sēnb *pro* sensitivum ab
54 : animae *pro* materiae
55 : n^c *pro* nihil
56 : contrana *pro* contrario
58 : dicebat *pro* dicendum
59 : et *pro* cum
63 : proba^{na} *pro* problema

Question 2 :

7 : transmutante *pro* transmutato
8 : vel actus *pro* intellectus factus
13 : illo *pro* illud
13 : ex *pro* de
15 : actum est *pro* factum
23 : fñr *pro* factus

32 : saluco *pro* solutio
36 : unitatis *pro* simplicitatis
46 : ternum *pro* aeternum
48/49 : factus novum vel sit factus aeterna *pro* factum novum vel sit factum aeternum

51 : spēca *pro* speciei
62 : aliquod formam *pro* aliquid formans
67 : sed *pro* si
68 : primun *pro* primum
74 : sed si quis erit quod *pro* sed quis
    erit qui
76 : scilicet *pro* si
77 : secundum *pro* sic
79 : et *pro* quae
79 : cum *pro* tamen

81 : potentia *pro* positio
82 : quod *pro* quam
84 : respectu *pro* primi
90 : omne *pro* esse
91 : untatē *pro* virtutem
91 : quod *pro* quam
92 : licet *pro* hoc
93 : quod *pro* quam
104/105 : sue^tis *pro* suae voluntatis

   Question 3 :

5 : inde *pro* non tamen
6 : si *pro* sic
11 : intellectu *pro* intellectus
17 : au *pro* aevi
20 : non *pro* nunc (même faute lin. 20,
    47 et 48)

28 : successiu *pro* successio
28 : sic *pro* si
31 : spīto *pro* tempore
33 : alium *pro* aliud
48 : nec *pro* sed

b) Fautes corrigées
   Question 1, 29 : immaterialis et] pp *add. et exp. cod.*
   Question 2, 5 : sit¹] si^t *scr. cod. sed litt. i exp.*
   Question 3, 26 : sed] *sup. lin.*

c) Répétition
   Question 2, 102

d) Additions incorrectes
   Question 1, 17 : eadem] parte *add. cod.* ; 23 scilicet] quod *add. cod.*
   Question 2, 47 : aeternum] sed *add. cod.*
   Question 3, 26 : Sed] in *add. cod.* ; 36 nunc] simul *add. cod.*

e) Phrases incomplètes
   Question 1, 33/34
   Question 2, 6 ; 46 ; 56 ; 89.
   Question 3, 18.

Comme on le voit, la reconstitution conjecturale s'avère très souvent nécessaire. Nous croyons l'avoir appliquée avec prudence, en essayant toujours de trouver le sens à partir de la structure de la phrase donnée par le manuscrit, en ne modifiant que des mots isolés et en proposant à titre d'hypothèses des suppléances pouvant aider à la compréhension de la doctrine exposée.

On trouvera dans l'apparat critique les leçons fautives du manuscrit et tous les autres éléments qui justifient la forme définitive que nous avons donnée au texte. Nous avons pris soin de transcrire autant que possible ces leçons fautives dans leur graphie originaire, surtout quand la lecture pouvait donner lieu à des doutes. Cette transcription facilitera de nouvelles restitutions conjecturales de nature à améliorer le texte.

Les *Quaestiones in tertium de anima* ont fait l'objet d'éditions partielles dans des études consacrées à Siger de Brabant par F. Van Steenberghen, J. J. Duin, B. Nardi et Giambattista da Palma. On trouvera dans l'apparat critique les variantes tirées de ces éditions fragmentaires.

Nous avons pu utiliser également l'ébauche d'édition réalisée par le regretté professeur M. Giele. Nous indiquons dans l'apparat les variantes et les reconstitutions conjecturales qui se lisent dans cet essai d'édition.

Quant à la transcription laissée par Mgr Pelzer, elle était encore très provisoire et M. Giele a tiré parti de ce travail pour établir son texte. Il nous a donc paru inutile de surcharger notre apparat en y indiquant séparément les variantes de la transcription de Pelzer. Par contre les nombreuses notes marginales qui se lisent dans le manuscrit du savant scrittore nous ont permis de tirer parti de son admirable érudition et ces notes seront reproduites dans le second apparat.

2. Le De anima intellectiva et le De aeternitate mundi

Pour déterminer la valeur des témoins de ces deux traités, nous avons appliqué la méthode mise au point par M. J. Mogenet[1]. Toutefois cette méthode a dû être adaptée à la nature d'une tradition issue des milieux universitaires médiévaux et nous avons donné une grande importance à la critique interne des accidents. Nous croyons que cette méthode combinée permet seule d'établir la véritable nature des accidents et, dès lors, de déterminer la valeur des différents témoins[2].

Voyons d'abord ce que nous prenons de la méthode Mogenet.

En premier lieu, nous avons adopté les catégories proposées pour

---

[1] J. MOGENET, *Autolycus de Pitane* (1950). Voir en particulier pp. 55-64 et l'application concrète de la méthode aux pp. 65-158.

[2] M. Mogenet (*op. cit.*, p. 57) reconnaît lui-même que sa méthode doit être accommodée aux exigences posées par la nature des divers écrits. Nous n'avons pas jugé nécessaire de surcharger cette Introduction avec les longues analyses que comporte la mise en œuvre de la méthode Mogenet. Nous espérons publier bientôt une étude de critique textuelle où l'on trouvera l'exposé détaillé des travaux qui nous ont conduit à cette édition critique.

le classement des accidents. Nous distinguons donc huit catégories :
lacunes (omissions de plus de trois mots); *omissions* (jusqu'à trois
mots) (³) ; *fautes* d'accord ou de syntaxe, mots pris pour d'autres,
répétitions de mots, etc. (⁴); *additions importantes*, de plus de deux
mots; *additions moindres* se limitant à un ou deux mots; *variantes*,
mots ou expressions à tout point de vue corrects, mais différents de
ceux du modèle; *inversions* de mots; *graphies*, détails orthographiques
dont la persistance ou la variation dans la tradition peuvent concourir
à compléter le jugement général.

Nous acceptons aussi, avec les réserves que M. Mogenet lui-même
a faites, la division des accidents en deux grands groupes : accidents
négatifs (les trois premières catégories) et accidents *positifs* (les cinq
suivantes). Sont « négatifs » les accidents qui « normalement se pro-
duisent sans l'intervention volontaire et réfléchie du copiste »; « positifs », « ceux dont l'apparition dans la tradition manuscrite est normalement due à une intervention volontaire et réfléchie du copiste ».
L'ambiguïté de cette division a été signalée par son auteur lui-même :
en effet, une lacune ou une omission peuvent être voulues (et nous
verrons, dans l'analyse de nos manuscrits, que ce cas est assez fréquent) ;
en revanche une inversion peut être involontaire, surtout quand il
s'agit de deux *reportationes*, c'est-à-dire de textes qu'on écrit en
écoutant et non pas en *lisant*. M. Mogenet a insisté avec raison sur le
fait qu'il n'y a pas de cloisons vraiment étanches entre accidents
négatifs et positifs (⁵). Seule la critique interne peut trancher la question
de la nature exacte d'un accident.

Finalement, pour l'établissement des accidents il faut prendre,
comme point de référence, un texte de base. Ce texte est choisi arbitrairement, car, dans une première étape, il ne s'agit pas d'établir
le texte, mais seulement de classer les manuscrits. Dans son étude
préliminaire à l'édition des œuvres d'Autolycus, M. Mogenet choisit
l'édition de Hultsch; dans notre édition du *De aeternitate* nous avons
choisi comme point de référence l'édition de Barsotti.

(³) Nous ne tenons pas compte des *omissions de lettres*, catégorie propre aux textes
de géométrie comme ceux qui ont été édités par M. Mogenet. Un mot dont il manque
une lettre est rangé par nous parmi les *fautes* (évidemment dans les cas où le scribe n'use
pas d'abréviations).

(⁴) M. Mogenet range les répétitions parmi les additions (*op. cit.*, p. 121); nous préférons les ranger parmi les *fautes*, suivant un critère moderne de dactylographie.

(⁵) J. MOGENET, *op. cit.*, p. 62.

C'est ici que commencent les difficultés de la méthode. On vient de le dire, cette méthode ne vise, dans une première étape, que le classement des manuscrits ; ensuite seulement on pourra donner un jugement de valeur sur les témoins. Or, comme le texte de référence est choisi arbitrairement, il peut très bien arriver qu'un manuscrit soit affecté, dans l'étape du classement, par un accident qui sera incorporé, dans l'étape critique, au texte définitif, donnant ainsi lieu à l'apparition d'un autre accident dans le manuscrit ou le texte de référence. Tel est le cas, par exemple, à la page 129, lignes 29-31 : Barsotti a incorporé à son édition une leçon de *C* qui manque dans tous les autres témoins, ce qui revient à dénoncer une lacune dans tous ces témoins ; or la critique interne montre que la leçon de *C* est une scolie ; par conséquent, si l'on faisait une nouvelle collation des accidents d'après le texte critique, on enregistrerait *une addition en C* et non pas *une lacune en ABD*.

Cette constatation met en lumière deux choses : d'une part, l'étape de classement n'est qu'une approche provisoire ; le nombre et la catégorie des accidents établis dans cette étape peut subir des modifications importantes par rapport à l'édition définitive (6) ; d'autre part, la méthode Mogenet s'appuie sur la critique interne de chaque accident, critique relevant de la philologie, de la philosophie, de la connaissance du style de l'auteur édité, et même du jugement personnel de l'éditeur. Soulignons, à ce propos, qu'un texte philosophique n'est pas un « texte mort », pour reprendre l'expression de Dom Lottin, c'est-à-dire qu'on peut redouter l'intervention du copiste pour en modifier la teneur et que l'éditeur ne doit pas se comporter devant ce texte comme une machine qui se borne à « enregistrer » des accidents.

Tenant compte de tous ces problèmes, nous avons fait, pour le *De anima intellectiva*, une expérience différente, dont nous voulons prévenir le lecteur. Elle consiste pour l'essentiel en ceci : les accidents sont classés d'après notre propre édition critique. Évidemment cette expérience n'est possible que quand on a un nombre réduit de manuscrits, car ce petit nombre permet à l'éditeur d'avoir présent devant lui

---

(6) Au cours de l'analyse nous avons indiqué ces modifications, du moins dans les cas les plus importants.

Le P. E. Van de Vyver, qui a appliqué la méthode Mogenet pour l'édition de Henri Bate, ne révèle jamais le texte qu'il a pris comme point de référence pour l'établissement des accidents, ce qui pose un gros problème au lecteur critique. Cf. E. VAN DE VYVER, *Henricus Bate. Speculum ...* (1960-1967).

une vision complète et synthétique des divers accidents. Voici comment nous avons procédé. Au lieu de prendre arbitrairement un manuscrit ou une édition comme point de référence, et de classer *au moment initial de la recherche* les différents accidents dans une des catégories déterminées par M. Mogenet, nous nous sommes borné à constater les oppositions entre les témoins comme de simples faits neutres, et à les enregistrer comme le simple fait d'une divergence que nous n'avons pas voulu qualifier aussitôt.

Les accidents « neutres » ainsi enregistrés (on peut les considérer comme addition dans un témoin ou omission dans un autre, peu importe) permettent d'établir les liens de dépendance réciproque par l'application de la méthode Mogenet. Ceci est d'ailleurs le but principal de cette méthode et nous croyons être resté fidèle à son inspiration profonde. La critique interne des accidents permet finalement de prendre position quant à leur nature exacte et, par conséquent, quant à la valeur des manuscrits. À la lumière de ce jugement critique on prépare l'édition du texte et, sur la base de ce texte, les accidents peuvent finalement trouver leur classement définitif dans les catégories de M. Mogenet. Autrement dit, nous avons essayé de faire coïncider l'étape de la qualification des accidents avec l'étape de l'édition critique, l'étape du classement des manuscrits étant toujours préalable et indépendante. Cette façon de procéder a l'avantage de faire coïncider les catégories d'accidents avec le texte et surtout avec l'apparat critique (dans le cas du *De aeternitate* nous avons dû prévenir le lecteur qu'une *omission* relevée dans un témoin pendant l'étape du classement se trouve indiquée dans l'apparat comme *addition* dans un autre témoin). Mais toutes les analyses qui suivent, ainsi que les tableaux rapportant les relations entre les manuscrits, expriment le moment de la conclusion, ne laissant entrevoir qu'en partie les hésitations de l'éditeur au moment de la recherche.

La méthode Mogenet a révélé toute sa précision dans l'analyse de manuscrits dont l'un est la copie directe d'un autre, ou quand certains manuscrits peuvent se rattacher, même par des intermédiaires hypothétiques, à un commun ancêtre connu. Très différente est la situation quand on se trouve devant des manuscrits qui sont tous indépendants entre eux et qui se rattachent à des ancêtres inconnus. La comparaison de ce type de manuscrits par la méthode des bandes, qui enregistrent les accidents des témoins pris deux à deux, ne donne aucun résultat, notamment parce qu'on ne peut pas établir le zéro caractéristique de la deuxième bande qui dénonce que le manuscrit rangé dans cette deuxième bande est le texte de base de l'autre. Tout au plus ces bandes pourraient servir à confirmer l'indépendance mutuelle des témoins, mais pour cela il suffit de considérer les lacunes ([7]). Pour cette raison nous avons éliminé les tableaux qui donnent les relations entre deux manuscrits. Nous les avons préparés au cours de notre recherche, mais, une fois établie l'indépendance mutuelle de tous les témoins, nous avons jugé superflu de les étaler dans cette Introduction. Nous avons préféré les tableaux synthétiques qui donnent la situation de tous les membres d'une famille. Ces tableaux nous ont permis de formuler les hypothèses de travail du classement et ils nous ont été fort utiles.

([7]) « Une seule divergence vraiment insoluble rend caduque la filiation supposée d'un manuscrit par rapport à l'autre ». J. MOGENET, *op. cit.*, p. 59.

Chapitre III

CLASSEMENT DES MANUSCRITS DU DE ANIMA INTELLECTIVA

Les trois témoins sont indépendants

Le premier point à établir est le suivant : aucun des trois manuscrits n'est la copie directe d'un autre. Ils sont donc indépendants entre eux. La méthode à suivre pour démontrer cette première thèse est très simple : elle consiste à examiner les trois témoins du point de vue des *lacunes*.

Le tableau suivant donne une vue schématique des lacunes.

TABLEAU I (^{1})

—	—	P	V	
2	2		V	D
—	—	P		D
10	10	P		
3	3		V	
8	3			D
23	18	10 (98)	5 (47)	10 (132)

(^{1}) La première colonne signale les lacunes, la deuxième celles qui se sont produites par homoioteleuton. Les six premières bandes horizontales indiquent l'absence de lacunes communes (1 et 3), les lacunes communes (2) et les lacunes propres (4, 5, 6). La septième bande signale le nombre total de lacunes et entre parenthèses le nombre de mots perdus. Voici l'emplacement des lacunes.

Ms. P : p. 72, 15-18 (*hom.*); p. 80, 68-69 (*hom.*); p. 81, 78-80 (*hom.*); p. 81, 86-87 (*hom.*); p. 82, 17-18 (*hom.*); p. 84, 63 (*hom.*); p. 91, 10-11 (*hom.*); p. 92, 43 (*hom.*); p. 97, 42-43 (*hom.*); p. 98, 64-65 (*hom.*).

Ms. V : p. 74, 41-42 (*hom.*); p. 96, 28-29 (*hom.*); p. 100, 108-109 (*hom.*).

Ms. D : p. 73, 22-23; p. 74, 41-42; p. 81, 89-90 (*hom.* peut être attribuable au ms. de base, voir apparat); p. 89, 21; p. 90, 36-40 (*hom.*); p. 95, 104 (*hom.*); p. 105, 94-96; p. 105, 2-4.

Mss. VD : p. 92, 36 (*hom.*); p. 107, 65 (*hom.*).

Il faut signaler d'abord que ni *V* ni *D* ne sont des copies directes de *P*, *ni inversément*, car ils n'ont aucune lacune en commun et on n'a donc pas de fondement pour établir une parenté entre eux, car ce sont les accidents communs qui comptent pour l'établissement de ces rapports.

La situation est différente en ce qui concerne les rapports entre *V* et *D*. Du fait qu'ils ont deux lacunes en commun il est légitime d'avancer des hypothèses sur leur dépendance mutuelle. Or, puisque c'est *D* qui possède le plus grand nombre de lacunes, on est tenté de dire qu'il est copié sur *V*. Cependant la présence en *V* de trois lacunes qui ne se trouvent pas en *D*, nous empêche de l'affirmer [2]. On pourrait supposer que *D* a été copié sur *V* en tenant compte de *P*, mais cette hypothèse n'est pas acceptable, car, dans ce cas, le scribe de *D* aurait comblé aussi les lacunes des pages 21 et 35.

L'hypothèse d'une dépendance de *V* par rapport à *D* peut être écartée sans grande difficulté : le nombre plus petit de lacunes en *V* ne trouverait aucune explication satisfaisante dans l'état actuel de notre connaissance des textes.

De l'analyse des lacunes une conclusion s'impose : les trois mss. sont indépendants entre eux, c'est-à-dire qu'aucun n'est la copie directe d'un autre. Cette indépendance sera confirmée par les analyses qui suivent. Il y a pourtant un détail à retenir : l'appartenance probable de *V* et *D* à la même famille ou au même groupe (lacunes des pages 92 et 107).

Comparaison des trois témoins

Voyons maintenant, en vue schématique aussi, les rapports entre les témoins du *De anima intellectiva*.

Nous comptons pour les trois manuscrits un total de 1.090 accidents distribués de la façon suivante :

---

[2] Le critère doit être strict. M. Mogenet écrit : « pour qu'on puisse affirmer qu'un manuscrit donné est la *copie directe et immédiate d'un autre*, il faut que les divergences soient relativement peu nombreuses et, en tout cas, qu'elles soient toutes explicables. Pour être plausibles, ces explications doivent être simples et faire appel à des phénomènes psychologiques élémentaires : *une seule divergence vraiment insoluble* rend caduque la filiation supposée d'un manuscrit par rapport à un autre. Et dans la mesure où les divergences se font plus nombreuses et moins aisément justifiables, les relations des mss. s'estompent et ne donnent plus lieu à une classification nette et précise » (J. MOGENET, *op. cit.*, p. 59).

TABLEAU II

	Mss.	L	O	F	A	a	V	I	G	TOTAL
1	P	10	51	50	1	11	57	17	—	197
2	V	3	42	71	—	18	42	22	4	202
3	D	8	115	55	—	46	214	81	9	528
4	PV	—	24	1	—	—	13	3	—	41
5	PD	—	3	1	—	—	—	—	—	4
6	VD	2	13	4	—	2	32	18	1	72
	TOTAL	23	248	182	1	77	358	141	14	1.044

À ces accidents il faut ajouter les 44 variantes qui opposent P < V < D, 1 faute commune aux trois manuscrits, et 1 inversion qui oppose aussi les trois témoins, ce qui donne un total de 1.090 accidents [3].

En reclassant ces accidents selon l'opposition d'un ms. au consensus des deux autres on a le tableau suivant :

TABLEAU III

P < VD	269 (bandes 1 et 6)
V < PD	206 (bandes 2 et 5)
D < PV	569 (bandes 3 et 4)

Signalons d'abord que la conclusion acquise précédemment est appuyée et confirmée par ce tableau. En effet, aucune des bandes

[3] Emplacement des *variantes* dans le texte : p. 73, 10 ; p. 73, 20 ; p. 75, 65 ; p. 75, 73 ; p. 77, 11-12 ; p. 78, 21 ; p. 81, 85-86 ; p. 81, 93 ; p. 83, 29-30 ; p. 84, 62 ; p. 86, 2-3 ; p. 86, 3 ; p. 87, 36 ; p. 89, 17 ; p. 89, 23 ; p. 92, 34 ; p. 90, 36 ; p. 90, 46 ; p. 92, 50 ; p. 93, 52 ; p. 94, 86 ; p. 94, 97 ; p. 95, 103 ; p. 95, 11 ; p. 96, 14 ; p. 96, 30 ; p. 96, 34 ; p. 97, 35-36 ; p. 97, 42 ; p. 97, 53 ; p. 99, 95-96 ; p. 99, 97 ; p. 100, 107 ; p. 100, 116 ; p. 101, 8 ; p. 101, 16 ; p. 103, 49 ; p. 103, 63-64 ; p. 104, 71 ; p. 105, 6 ; p. 106, 28 ; p. 106, 39 ; p. 107, 46 ; p. 109, 20. *Faute commune*, p. 94, 97. *Inversion* : p. 109, 17.

Pour l'interprétation des lettres de la première bande, voir ci-dessus, p. 20*.

correspondant aux mss. isolés n'approche du zéro typique qui révèle, quand il apparaît, qu'un ms. est la base d'un autre. Tout au contraire, les trois mss. présentent des divergences notables (bandes 1, 2 et 3) et il faut en conclure qu'aucun n'est la copie directe d'un autre.

Disons en outre que, pour P et pour V, il y a prédominance d'accidents négatifs. Ainsi, dans P nous enregistrons 127 négatifs contre 86 positifs. La différence est encore plus nette si l'on prend les inversions comme des accidents négatifs. Ceci montre que les copistes n'ont pas eu l'intention délibérée d'apporter des modifications importantes au texte et que les accidents positifs peuvent s'expliquer par l'existence d'intermédiaires.

Tout autre est le cas de D. On y trouve une prédominance nette des accidents positifs sur les négatifs (350 contre 178). On pourrait conclure hâtivement que le copiste a eu la prétention de faire œuvre de rédacteur. Mais soyons prudents : bien qu'inférieur au nombre des accidents positifs, le nombre d'accidents négatifs est très élevé (supérieur au nombre d'accidents négatifs des deux autres mss.). À ne tenir compte que des lacunes (cf. *supra* tableau I), il faut même dire que le nombre de mots perdus en D est presque égal au nombre de mots perdus par les deux autres témoins pris ensemble, et si l'on se limite aux omissions, celles de D sont plus nombreuses que les omissions de P et V réunies. Quant aux fautes, elles sont plus nombreuses que celles de P. Pour ces raisons nous formulons une première hypothèse au sujet de D : des deux possibilités qui s'offrent pour expliquer le nombre très grand de ses accidents, à savoir un particularisme excessif du copiste ou son appartenance à une tradition plus complexe, nous préférons cette dernière. Cette hypothèse doit encore être étudiée et fondée ; elle n'exclut pas que le scribe de D soit responsable de plusieurs accidents, comme nous le verrons dans la suite.

Examinons maintenant les bandes 4, 5 et 6 du tableau II. Deux remarques importantes s'imposent : le plus grand nombre d'accidents communs appartient au groupe VD, tandis que le plus petit correspond aux mss. PD. Tout en ayant le plus grand nombre d'accidents propres, D partage avec V le plus grand nombre d'accidents communs. Ce fait doit être joint à celui que nous avons constaté en examinant les lacunes.

Ces remarques permettent de mieux comprendre le tableau III, qui se prête à des interprétations équivoques. En effet, lorsqu'on ne possède que trois manuscrits, dans la plupart des cas la divergence se

produit entre un témoin contre les deux autres. Mais cette divergence
doit être interprétée et elle nous conduit à une analyse importante des
chiffres du tableau III. Dans la première bande il faut distinguer les
197 cas où P donne la mauvaise leçon, des 72 accidents qui appartiennent au groupe VD. Dans la bande 2 les 202 mauvaises leçons de V
seul s'opposent aux 4 accidents du groupe PD. Enfin dans la bande 3,
sur les 569 cas où D s'oppose au groupe PV, 526 sont des accidents
de D et 39 seulement sont des accidents propres au groupe PV. Or,
puisque les accidents propres à un témoin ne fournissent pas de renseignements sur la parenté des mss., nous pensons qu'il faut tenir compte
surtout des trois dernières bandes du tableau II. De plus, étant donné
que l'aspect quantitatif ne suffit pas, il faut examiner de près les différents cas afin d'expliquer les accidents communs.

Les accidents négatifs

Prenons d'abord le groupement VD, qui semble le plus intéressant
en raison du plus grand nombre d'accidents communs. Signalons aussi
un fait significatif : des 72 accidents, 19 sont négatifs et 53 positifs, ce
qui augmente l'intérêt de ce groupement.

Bien que l'analyse simplement quantitative des omissions pourrait
incliner à affirmer que la parenté existant entre P et V est plus grande
que celle qui relie V et D, l'analyse qualitative nous oriente dans une
tout autre direction. En effet, les omissions communes à ces deux
derniers témoins sont beaucoup plus significatives et plus difficiles à
combler par un copiste guidé seulement par son bon sens. On peut examiner, par exemple, les cas des pages 71, 7 ; 76, 95 ; 81, 83-84 ; 98, 69 et
106, 29. Tous ces passages semblent bien appuyer l'hypothèse d'une
appartenance de V et D à une même branche de manuscrits [4].

Aucune des omissions du groupe PD n'est vraiment significative.
Ajoutons que celles du groupe PV, quand elles sont intéressantes,

---

[4] Emplacement des omissions communes dans le texte :

Groupe PV, p. 71/22 ; *cap. I*, lin. 3 ; *cap. II*, lin. 60 ; *cap. III*, lin. 7 ; 44 ; 47 ; 76 ; 93 ;
46 ; 69-70 ; 76 ; 98 ; 41 ; *cap. IV*, lin. 28 ; *cap. V*, lin. 48 ; 90 ; *cap. VI*, lin. 11 ; 50 ; 74 ;
cap. VII, lin. 9 ; 12 ; 62 ; 75 (p. 108) ; *cap. IX*, lin. 13.

Groupe PD : *cap. V*, lin. 15 ; 26 ; *cap. VI*, lin. 28.

Groupe VD : *cap. I*, lin. 8 ; *cap. II*, lin. 22 ; 61 ; 91 ; 91 ; 95 ; *cap. III*, lin. 83-84 ; 47
(p. 88) ; *cap. V*, lin. 53 ; 88 ; *cap. VI*, lin. 6 ; 69 ; *cap. VII*, lin. 29 (p. 106).

Nous avons examiné tous ces cas et les omissions propres à chaque manuscrit dans
notre dissertation *La noétique de Siger de Brabant*, Louvain, 1971, pp. 37-54. (Dactylographie.)

sont presque toujours des variantes plutôt que de véritables omissions. Nous avons l'impression que le copiste de *D*, ou son prédécesseur immédiat, a tenté une première reconstitution du texte, en comblant des lacunes évidentes, raison pour laquelle ses apports peuvent être acceptés dans certaines limites que la prudence indique dans chaque cas.

Nous n'oublions pas que *testimonia non sunt numeranda sed ponderanda*. Il faut donc ajouter une considération qualitative des omissions. Voici notre jugement de valeur :

Ms. P : sur 51 omissions, 24 sont importantes.

Ms. V : sur 42 omissions, 28 sont importantes (parmi elles le « ne » signalé par M. Van Steenberghen et M. Duin) [5].

Ms. D : sur 115 omissions, 26 sont importantes.

Cela veut dire que *D*, tout en ayant le plus grand nombre d'omissions, garde pourtant le sens du texte dans la plupart des cas.

L'examen des fautes révèle toujours une certaine parenté entre *V* et *D*. En effet, sur 6 fautes communes à deux témoins, 4 correspondent au groupe *VD* (p. 75, 72 ; p. 105, 99 ; p. 105, 13 ; p. 105, 13).

Les deux fautes des groupes *PV* et *PD* doivent être attribuées au plus proche commun ancêtre, sinon à l'apographe. Elles étaient facilement corrigibles et ont été corrigées en fait, par le copiste de *D* dans le premier cas, par celui de *V* dans le second cas :

p. 106, 21 : sub positione] suppositione *PV* (et *M.*) ; corrigé d'après lin. 158.

p. 94, 76 : praepositio] propositio *PD*.

Quant aux fautes individuelles, celles de *V* sont les plus nombreuses. Ceci nous permettra plus tard de porter un jugement de valeur sur ce témoin.

Les accidents positifs

L'étude des accidents positifs ne retiendra guère notre attention. Ils sont dominés par un fait capital : le nombre très grand d'accidents du ms. *D*, ce qui montre son éloignement par rapport à une tradition originaire constituée par *PV*. Il y a pourtant un autre fait significatif, c'est que *VD* ont le plus grand nombre d'accidents positifs communs à deux témoins, ce qui confirme l'hypothèse selon laquelle *D*, tout en représentant un moment plus tardif de la tradition, doit se ranger

[5] Cf. J. J. Duin, *La doctrine de la Providence...* (1954), p. 344, n. 19.

dans la même famille que *V*. Cette hypothèse est renforcée par l'absence totale d'accidents positifs appartenant au groupe *PD*.

Les variantes des mss. PV

Il nous reste à examiner les variantes des mss. *PV* que nous avons rejetées en apparat (le groupe *PV* n'ayant en commun, outre ces variantes, que deux inversions, nous négligeons l'analyse de ces dernières, qui n'introduisent aucune faute dans le texte).

1. P. 79, 43. Nous avons préféré la leçon de *D*, qui oppose la raison d'être de la forme matérielle, d'une part, à celle du composé et de la forme subsistante, d'autre part, car cette leçon répond mieux à la structure du texte (cf. lin. 48). La leçon de *PV* (*compositae* au lieu de *compositi*) est, de ce point de vue, une véritable *faute* attribuable au plus proche commun ancêtre et corrigée par le scribe de *D*.

2. P. 85, 69-70. *D* donne « dependet ex corpore quia dependet ex phantasmate », tandis que *PV* ont « dependet ex corpore et phantasmate ». La première leçon nous a paru mieux adaptée à la suite du texte.

3. P. 88, 40-41. Nous avons préféré la leçon de *D* car elle s'accorde mieux avec le texte de Thémistius qui sert de base à ce passage (⁶).

4. P. 91, 19. Un « quare » est préféré au « quod » donné par *PV* parce qu'il marque mieux le caractère conclusif de la proposition (mais il faut reconnaître que le « quod » est dans le style de Siger).

5. P. 91, 20. La leçon de *D* répond mieux à la structure de la phrase : « semper ens in futuro — semper ens in praeterito ».

6. P. 93, 63-64. Au lieu de « ab omnium Primo Principio » (*D*), *PV* (et Mandonnet) écrivent : « ...ab omni primo principio : ... », ce qui ne donne aucun sens acceptable : notre intellection ne dépend pas « de tout premier principe », mais de la Cause première (Dieu), comme Siger l'enseigne à plusieurs reprises (⁷).

7. P. 98, 64. Il s'agit d'une variante sans importance. Nous avons préféré le « nec » de *D* au « non » de *PV* pour donner continuité aux deux membres de la phrase.

8. P. 99, 95-96. *P* et *D* donnent une leçon correcte, tandis que *V* commet une faute tout en suivant un texte semblable à celui de *P*. Nous avons choisi le texte *D* parce qu'il nous a paru plus clair, mais nous reconnaissons volontiers que ce choix est discutable.

(⁶) Cf. Thémistius, *Commentaire sur le Traité de l'âme...*, éd. Verbeke (1957), p. 113.
(⁷) Cf. les textes cités par Duin, *La doctrine...* (1954), p. 457.

9. P. 100, 114. Le « quot » donné par D est plus correct que le « quae » de PV.

10. P. 104, 86. Variante sans portée : nulli-ulli.

11. P. 108, 77. Le texte établi ne répond exactement à aucun des trois témoins. Un raccourcissement nous a paru nécessaire : « si hoc fiat per] sicut hoc fiat hoc per PV ; hoc fiat hoc per D. Notons que D ne s'oppose à PV que par une *omission* (sicut).

12. P. 110, 34-35. La leçon de D est plus correcte que celle de PV. On peut même dire que le texte de PV est fautif. Dans ce cas il s'agirait d'une faute attribuable au plus proche commun ancêtre, corrigée par le copiste de D. Mais de toutes façons le texte n'est pas entièrement satisfaisant et c'est pourquoi nous donnons en apparat la reconstitution proposée par Mgr Pelzer ([8]). Nous en avons proposé une autre en nous appuyant sur D.

Comme le cas de la page 79, 43 peut être considéré comme une faute en PV, et celui de la p. 108, 77 comme une omission en D, on peut conclure que nous n'avons préféré la leçon D que dix fois.

Conclusion sur les rapports entre les manuscrits

La longue analyse que nous venons de faire permet de tirer quelques conclusions sur les rapports qui relient les trois témoins du *Tractatus de anima intellectiva*. Voici comme vue synthétique le tableau général des rapports :

TABLEAU IV

Désaccords	Accords
P < V : 520	P = V : 569
P < D : 883	P = D : 206
V < D : 820	V = D : 269

Nous savons qu'aucun ms. n'est la copie directe d'un autre. Il est évident aussi que P et V sont plus proches entre eux que V par rapport à D. On peut le constater dans le tableau IV. Le plus grand nombre

---

([8]) Il s'agit des notes personnelles qui se trouvent dans l'exemplaire du *De anima intellectiva* qui a appartenu à Mgr Pelzer et qui se trouve maintenant à la Bibliothèque de l'Université à Louvain.

d'accidents négatifs dans P et V nous assure que leurs copistes n'ont pas voulu faire œuvre de rédacteurs. Les accidents positifs qui ne peuvent être expliqués simplement par le particularisme des scribes, impliquent que P et V se trouvent à une distance égale par rapport à leur plus proche commun ancêtre. Nous proposons d'expliquer la présence de ces accidents par le moyen d'intermédiaires qui séparent P et V du plus proche ancêtre commun.

Le ms. D, au contraire, présente des difficultés plus grandes. Il est marqué par un grand nombre d'accidents qui l'opposent au groupe PV. Deux hypothèses peuvent expliquer ce fait : ou bien il appartient à une tradition indépendante, ou bien il est trop particulariste. La première hypothèse nous paraît devoir être écartée. En effet, D possède un nombre important d'accidents en commun avec V en opposition à P [9]. Il est donc probable que V et D appartiennent à une même famille et nous avons accepté cette hypothèse. Mais les différences de D restent toujours à expliquer. Ici nous devons faire appel à deux faits significatifs : d'abord le copiste de D a commis un bon nombre de fautes et d'omissions (les lacunes y comprises), c'est-à-dire d'accidents négatifs, ce qui donne à penser qu'il n'a pas voulu modifier volontairement le texte. En outre il a corrigé lui-même sa transcription un bon nombre de fois, ramenant son texte à une leçon qui s'accorde avec celle des mss. PV (on relève 44 corrections dans le ms. D). Nous pensons qu'il est plus prudent d'attribuer les accidents positifs de D à la présence d'une tradition plus complexe et non pas au particularisme de son copiste.

Voici donc comment nous nous représentons le *stemma codicum* du *De anima intellectiva* :

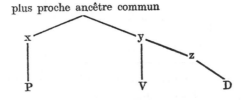

plus proche ancêtre commun

x   y   z   P   V   D

---

[9] Cf. les *lacunes* des pages 92, 36 et 107, 65, et la bande 6 du tableau II.

Valeur des manuscrits et principes de l'édition

L'objectif de l'édition est de donner le texte tel qu'il a été rédigé par son auteur, ou du moins de s'approcher autant que possible de cette première version. Ici le premier but est hors de portée, étant donné que nous ne possédons ni l'apographe, ni l'*exemplar*. Nous ne pouvons viser qu'à donner la version du plus proche ancêtre commun.

Notre objectif ainsi établi, il ressort clairement du *stemma codicum* que les témoins les plus importants pour notre édition sont les mss. de Paris (*P*) et de Vienne (*V*). Ces deux témoins nous semblent être d'une valeur plus ou moins équivalente. Il est vrai que *P* possède le plus grand nombre de *lacunes* (tableau I), mais le scribe de *V* a commis le plus grand nombre de fautes manifestes. L'examen des autres accidents nous confirme dans le jugement de valeur sur les mss. *PV*. Quand les deux témoins ont une valeur sensiblement égale, la seule règle possible dans le choix des variantes est un certain éclectisme : chaque cas doit être examiné pour lui-même ([10]).

Le manuscrit d'Oxford (*D*) présente une valeur moindre. Il offre pourtant des avantages. Il sert de contrôle pour la version de *V*, tous deux appartenant à une même famille. Il fournit aussi un principe de compréhension et, éventuellement, de reconstitution du texte, étant donné que ses variantes donnent presque toujours des leçons correctes, parfois plus claires (et plus courtes) que celles de *PV*. Le ms. *D* constitue donc un *complément précieux* pour l'édition du *Tractatus*.

Voici donc les principes qui ont présidé à l'établissement du texte :

1. L'essentiel du texte est fourni par l'accord de *P* et *V*. La leçon de *D*, opposée aux autres témoins, est préférée en des cas exceptionnels et avec une extrême prudence.

2. L'accord de *P* et *D* est préféré à la leçon divergente de *V*. L'éloignement des deux premiers nous assure que leur accord ne peut provenir que du plus proche commun ancêtre et que la divergence de *V* doit être considérée comme négligeable. C'est ici qu'on voit le rôle important de *D*.

3. L'opposition de *VD* contre *P* doit être considérée comme l'opposition entre *deux* témoins, étant donné l'appartenance de *VD* à une

---

([10]) Cf. H. D. Saffrey, *Sancti Thomae de Aquino super Librum de causis expositio* (1954), Introduction, p. lx.

même famille. Dans ce cas nous appliquons le critère éclectique énoncé plus haut : chaque cas doit être examiné pour lui-même, car les deux traditions ont une valeur égale.

4. Quand les trois témoins donnent des leçons divergentes, nous avons appliqué aussi un critère souple, cherchant à établir la version originaire par le contexte, le style et l'harmonie de la phrase. Mais dans tous les cas ce choix a été fait dans les limites du jugement critique porté sur les mss. Le plus souvent *P* l'emporte sur *V* et *D* pris isolément.

5. Quand nous nous trouvons devant une omission en *P* et deux leçons divergentes en *V* et *D*, nous reconnaissons à *V* une plus grande valeur. Mais il faut appliquer la règle d'une façon nuancée, car *D* peut donner la leçon correcte et seul l'examen du cas concret permet de décider.

6. Quand au contraire c'est *V* qui omet tandis que *P* et *D* donnent des textes différents, nous préférons la leçons de *P*, *D* ayant pu combler l'omission par conjecture (il y a pourtant des exceptions).

7. Nous n'avons appliqué la reconstitution conjecturale qu'une seule fois [11] et nous avons introduit une seule suppléance dans le texte, sans modifier en rien le sens.

8. Les *titres* des chapitres sont empruntés au prologue du traité. On les trouve parfois en marge dans les manuscrits.

9. Le titre de l'écrit est : *Tractatus de anima intellectiva*. Pour l'établir nous nous sommes appuyé sur l'*incipit* de *V* et sur le fait que la dénomination « tractatus » s'accorde mieux avec la nature de l'écrit, la division en chapitres et le texte même : « Huius autem *tractatus* decem sunt capitula » (p. 70, lin. 15, version des trois témoins).

La seule difficulté à opposer à cette dénomination est l'*incipit* de *P* : « quaestiones de anima intellectiva » (dénomination adoptée par Mandonnet). Mais les raisons indiquées nous ont fait retenir le titre de « Tractatus ». D'ailleurs un « traité », peut être constitué de « questions » et c'est pourquoi nous avons introduit l'*incipit* de *P* dans le texte.

---

[11] Cf. plus haut, analyse de la variante de la p. 110, 34-35.

Chapitre IV

CLASSEMENT DES MANUSCRITS DU DE AETERNITATE MUNDI [1]

La famille ACD

Tous les érudits s'accordent à voir dans les manuscrits *ACD* des témoins constituant une même famille par opposition à *B* [2]. Depuis la deuxième édition du *Siger de Brabant* de Mandonnet, une hypothèse a été proposée pour rendre raison des divergences : *ACD* seraient des copies fidèles de la *reportatio* primitive du cours oral professé par Siger ; *B*, par contre, serait la copie d'une *reportatio* revisée et corrigée par Siger. Nous ne prenons pas position pour l'instant. Cette hypothèse sera examinée lors de l'analyse des accidents de *B* et des autres manuscrits de la même famille.

Voici le tableau général des accidents de la famille *ACD* :

TABLEAU I [3]

Mss.	L	O	F	A	a	V	I	G	Totaux
ACD	0	3	2	0	2	3	0	1	11 (5 nég. ; 6 posit.)
AC	0	0	3	0	0	1	0	1	5 (3 nég. ; 2 posit.)
AD	1	4	14	0	3	6	0	0	28 (19 nég. ; 9 posit.)
CD	0	2	0	0	2	5	3	1	13 (2 nég. ; 11 posit.)
A	1 (h)	10	18	0	1	10	0	0	40 (29 nég. ; 11 posit.)
C	6	31	13	1	16	55	23	0	145 (50 nég. ; 95 posit.)
D	5 (h)	20	44	0	4	12	6	5	96 (69 nég. ; 27 posit.)

[1] Nous espérons publier bientôt, dans une revue spécialisée, l'analyse détaillée qui justifie exhaustivement les conclusions données ici de façon plus concise.

[2] C'est bien la collation générale des manuscrits qui donne la première vue d'ensemble sur les familles des témoins : « Au terme d'une collation attentive on sait, lorsqu'on achève l'examen d'un manuscrit, à quelle famille il appartient ». A. ROME, cité par J. MOGENET, *Autolycus de Pitane...* (1950), p. 59.

[3] Comme pour le *De anima intellectiva*, les accidents sont désignés par des lettres :

Le petit nombre d'accidents de la première bande ne doit pas nous surprendre, étant donné que notre point de référence est l'édition Barsotti, qui suit en général la leçon *ACD* (⁴). Par contre l'analyse des lacunes met en évidence un fait très important : *aucun des manuscrits de cette famille ne peut être considéré comme la copie directe d'un autre.*

1. *Situation des mss. AD par opposition à C*

Prenons comme hypothèses de travail les trois diagrammes suivants et tâchons de voir, par la critique interne, lequel d'entre eux jouit de la plus grande vraisemblance :

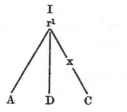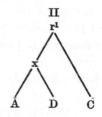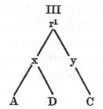

Nous examinerons successivement les principaux accidents *AD* et nous essaierons de déterminer quel est le diagramme qui permet de les expliquer d'une manière plus satisfaisante (⁵).

Dans le cadre du diagramme I tous les accidents *AD* devaient se trouver dans le plus proche commun ancêtre de la famille. Il faudrait donc expliquer comment *C* a pu parvenir à un texte plus correct. Laissons de côté l'addition *AD* (p. 121, 10), car elle provient d'une

L = lacunes; O = omissions; F = fautes; A = additions importantes; a = additions moindres; V = variantes; I = inversions; G = graphies. Le (h) après le nombre dans la colonne des lacunes signifie qu'elles s'expliquent par homoioteleuton.

(⁴) Ce nombre pourrait être encore plus réduit : ainsi, les trois variantes communes à *ACD* sont en réalité des fautes de lecture de Barsotti.

(⁵) Quand on se trouve en présence de manuscrits indépendants, l'établissement du *stemma codicum* est très hypothétique et presque une construction de l'esprit. Aussi nous précisons que les lettres *x* et *y* indiquant les ancêtres des manuscrits connus ne représentent pas nécessairement *un seul* manuscrit, mais peut-être une tradition plus complexe dont la structure échappe à l'historien.

omission de C reprise par Barsotti ([6]), et aussi les six variantes AD, car trois d'entre elles n'ont d'autre origine que des fautes de lecture de Barsotti (p. 121, 16 ; p. 125, 72 ; p. 129, 28) et les trois autres ne sont pas tellement significatives (p. 130, 45 ; 131, 61 et 136, 72) ([7]).

Les éléments décisifs pour résoudre notre problème sont fournis par l'analyse des lacunes, des omissions et des fautes AD. Bien que plusieurs omissions et plusieurs fautes aient pu être comblées ou corrigées par le scribe de C par simple recours à son bon sens, il y a des cas où cette reconstitution s'avère impossible dans le cadre du stemma I. Il y a d'abord la lacune de la p. 129, 31 et surtout les omissions des pages 133, 15 et 135, 59. Le cas de certaines fautes est aussi très significatif, en particulier celles des p. 121, 13-14 ; 121, 15 ; 122, 39 ; 129, 29-31 (qui est de loin le cas le plus important : AD avaient sous les yeux un texte qui commençait par une faute grave) ; 132, 82 et 135, 56. L'absence de ces accidents en C est très difficile à expliquer dans le cadre du stemma I, à moins de supposer des influences latérales de témoins inconnus ([8]).

Les cas examinés, en particulier les omissions et les fautes, sont assez importants pour nous permettre de conclure que AD ne se rattachent pas directement au même manuscrit de base que C. En outre, c'est le diagramme II (ou sa variante III) qui donne les explications les plus satisfaisantes aux divergences constatées. Par conséquent nous optons provisoirement pour ce *stemma*, mais il devra être soumis à des épreuves complémentaires.

2. *Relations entre les mss. A et D*

Le problème qui se pose maintenant est de savoir si A et D proviennent directement de x, ou s'il y a eu des intermédiaires. La question se pose évidemment à propos de D, dont les 96 accidents propres marquent une grande divergence avec A (cf. tableau I, bande 7). Nous étudierons d'abord les 27 accidents positifs, les négatifs pouvant s'expliquer par la mauvaise qualité du scribe. Ces accidents positifs sont-ils attribuables à une intervention volontaire du scribe de D, ou faut-il postuler des intermédiaires ?

([6]) Les additions des pages 130, 43 et 130, 51 ne donnent pas d'éléments décisifs pour ou contre l'un des diagrammes proposés.

([7]) Cette dernière pourtant est plus facile à expliquer par la présence d'un intermédiaire entre AD et le plus proche commun ancêtre (soit le stemma II).

([8]) Une influence latérale de B est très difficilement acceptable étant donné les grandes différences qui opposent C à B.

Les quatre additions moindres sont insignifiantes (2 fautives :
pp. 113, 6 et 135, 42 ; 2 anodines : pp. 127, 108 et 135, 59). Les variantes
propres à D ne témoignent pas d'une volonté de modifier le texte ni
de faire œuvre d'éditeur (pp. 114, 26 ; 116, 18 ; 116, 22 ; 117, 44 ; 118, 27 ;
119, 45 ; 120, 52 ; 120, 4 ; 120, 6 ; 122, 26). Quant aux variantes communes avec B (129, 24 ; 131, 77), elles ne permettent pas de parler
d'influences latérales. Pour ce qui concerne les inversions, nous esti-
mons qu'elles n'offrent aucun intérêt particulier quand elles se présentent comme des accidents isolés.

Nous croyons pouvoir conclure que A et D sont des copies directes
et indépendantes d'un même manuscrit de base (x dans le *stemma*)
et que l'hypothèse d'intermédiaires doit être exclue, faute de preuves.
Dans ces conditions le manuscrit A jouit d'une nette supériorité sur D,
dont le scribe a fait preuve de sérieuses déficiences (5 lacunes par
homoioteleuton et 44 fautes manifestes). Le témoignage de D n'est va-
lable que lorsqu'il s'accorde avec d'autres témoins.

3. *Situation et valeur du manuscrit* C

La présence d'accidents communs aux groupes AC et DC pourrait
suggérer des hypothèses autres que celles que nous avons proposées,
par exemple que A et C ou D et C possèdent un intermédiaire commun.
La critique interne de tous ces accidents permet de lever les doutes sur
la valeur des conclusions déjà acquises. En effet, la coïncidence de AC
dans les fautes (pp. 117, 52 ; 129, 22 et 133, 16) peut être due au hasard ;
la variante de p. 125, 72 n'a d'autre origine qu'une lecture fautive de
Barsotti. Les accidents DC méritent le même jugement critique : les
omissions (pp. 135, 51 et 136, 77) peuvent très bien s'expliquer par
des additions superflues en A ; les additions (pp. 133, 100 et 136, 72)
sont plutôt des omissions en A ; des cinq variantes, trois sont anodines
(pp. 114, 20 ; 115, 43 et 121, 16) et deux autres sont dues à des leçons
fautives de A reprises par Barsotti (pp. 122, 29 et 134, 38).

Les accidents propres à C méritent un examen plus attentif.

Les lacunes et les omissions

Ce qui frappe d'abord, c'est le nombre assez élevé de lacunes en C.
Ces lacunes constituent-elles une véritable perte de texte ? Para-
doxalement elles ne gênent pas la bonne compréhension du texte,
sauf la dernière. Le fait est important puisqu'on ne peut pas l'attri-

buer au simple hasard. Nous renvoyons le lecteur aux pp. 113, 8-9;
113, 14; 117, 45; 120, 5; 126, 85-86; 129, 26-28, où l'on pourra vérifier
ce que nous venons de dire.

La dernière lacune constitue, on vient de le dire, une perte véritable
de texte; pourtant même cette lacune pourrait être considérée comme
volontaire; elle n'enlève rien à la valeur démonstrative de l'argument
que Siger veut exposer, les mots omis n'ayant d'autre portée que celle
d'un exemple.

Nous nous trouvons ici devant un cas où l'accident « négatif » doit
être rangé parmi les accidents « positifs », suivant la terminologie de
M. Mogenet. Les lacunes montrent une intervention libre du scribe
et le témoignage de C présente ainsi un des caractères de ce qu'on
appelle une « édition ».

Pour ce qui concerne les omissions propres à C, nous constatons
un phénomène semblable : la plupart semblent inspirées d'un propos
délibéré de réduire le texte tout en laissant intact le sens. Et il faut
bien avouer que le scribe y a réussi. Seules les omissions des pp. 113, 15;
118, 25; 119, 28; 120, 55; 124, 59; 127, 111; 128, 4; 133, 5 et 135, 53,
soit un total de neuf, peuvent être considérées comme de véritables
pertes de texte. Ce nombre constitue une bonne moyenne pour un
scribe copiant un texte de base sans intermédiaires.

Quant aux omissions communes à BC (pp. 115, 38; 115, 41; 126, 92;
128, 10; 128, 16; 135, 42; 135, 45 et 136, 60), elles sont très peu significatives et ne permettent pas de parler d'influences latérales : à ces
mêmes endroits C et B diffèrent considérablement par des variantes
importantes, sans qu'on puisse repérer l'influence d'aucun des deux
manuscrits sur l'autre.

Les fautes de C

L'analyse des fautes est importante car elle permet de formuler un
jugement critique portant sur la valeur de C indépendamment du
reste de la tradition et à partir seulement des qualités de son scribe.

Au total C ne commet que 14 fautes manifestes (hormis les répétitions de mots), dont 5 sont communes à ACD et peuvent se rattacher
au plus proche commun ancêtre de cette famille. Le scribe de C a
accru de 9 fautes la tradition, ce qui contraste avec le nombre élevé
de fautes dans les mss. *A et D. De ce point de vue C est le meilleur témoin
de toute sa famille.* En outre ce petit nombre de fautes est un indice de
premier ordre pour placer C par rapport au plus proche commun

ancêtre de la famille *ACD* : peut-être dépend-il directement de cet ancêtre, la présence d'un intermédiaire devant probablement se traduire par un nombre supplémentaire de fautes ([9]).

Les additions de C

Barsotti a appliqué un critère divergent dans deux passages contenant des accidents importants de *C* : à la p. 129, 31, il a introduit une leçon de *C* contre toute la tradition alors connue, ce qui donne pour résultat une lacune en *ABD*; par contre à la p. 118, 17 il a rejeté en apparat une leçon de *C* qui se trouve dans les mêmes conditions. Nous voudrions arriver à un critère uniforme pour les deux cas. Des raisons purement objectives appuient tant l'inclusion que l'exclusion des additions de *C*.

Pour l'inclusion on peut alléguer la tendance du scribe de *C* à réduire le texte : il serait contradictoire qu'un scribe qui veut donner concision à son texte ait voulu introduire des phrases « inventées » par lui ([10]).

Contre l'inclusion se trouve un fait vraiment capital : aucun autre manuscrit, même des familles les plus divergentes, n'apporte les textes ajoutés par *C*.

Cet argument nous paraît décisif. Mais alors, comment concilier la volonté de réduire le texte manifestée par le scribe de *C* avec l'addition de textes supplémentaires ? La critique interne des passages en question nous a convaincu du fait que nous sommes en présence de véritables *scolies* que le scribe de *C* a introduites dans le texte, les prenant pour des parties authentiques du *De aeternitate*.

On voit donc que l'inclusion de scolies — ce qui donne pour résultat des additions, c'est-à-dire des accidents « positifs » soi-disant volontaires — peut être considérée comme un accident « négatif », c'est-à-

---

([9]) Il est vrai que les accidents négatifs ont tendance à disparaître au cours de la tradition (cf. J. Mogenet, *op. cit.*, p. 61), mais il est vrai aussi que chaque intermédiaire ajoute *de nouveaux accidents négatifs*, et qu'en général (sauf pour le cas d'un scribe de « coefficient positif de personnalité absolu », qui n'existe pas), le total d'accidents négatifs de la copie est plus élevé que celui du ms. de base. *C* possède 9 fautes propres, ce qui équivaut à la moyenne d'un seul scribe. Le nombre de fautes en *AD* fait supposer par contre l'existence d'intermédiaires.

([10]) Dans la mesure où une addition est un accident « positif », c'est-à-dire volontaire, il faut bien dire qu'elle est « inventée » par le scribe. Nous verrons une autre façon de considérer les additions.

dire involontaire. Nous avons rejeté en apparat les deux additions de C (¹¹).

Les additions moindres de *C* ne présentent pas les mêmes difficultés et elles peuvent s'expliquer sans avoir recours à des intermédiaires. Nous nous bornons à signaler que quatre d'entre elles sont fautives (pp. 115, 8; 116, 19; 119, 43 et 127, 116), que deux autres réparent des lacunes volontaires (pp. 113, 7 et 120, 5) et que l'addition commune *CB* (p. 134, 33) sera incorporée à notre édition (on trouvera donc en apparat une omission en *AD* et Barsotti).

Les variantes de C

L'analyse des variantes montre à l'évidence que le texte transmis par *C* a subi une intervention volontaire et réfléchie qui rend son témoignage assez suspect. Ces variantes, jointes aux lacunes et omissions dont le caractère conscient a été mis en évidence, laissent entrevoir un état d'esprit très clair chez le scribe : il a voulu faire œuvre d'édition, donnant à certains passages un caractère plus synthétique, mais pas tellement fidèle.

Évidemment ceci doit être nuancé. Nous avons déjà vu que le scribe de *C* commet très peu de fautes et qu'il est fort intelligent (son « édition » en est témoin). Par conséquent toutes ces variantes ne doivent pas être rejetées en apparat. Parfois c'est *C* qui donne le texte le plus approprié et qui doit être retenu, tandis que *AD* donnent un mot approximativement exact, mais qui doit être considéré comme une variante et rejeté en apparat. C'est surtout le cas lorsqu'il s'agit de mots qui ont pu être confondus pour des raisons paléographiques. Les qualités du scribe de *C* rendent son témoignage plus digne de confiance (c'est ainsi que nous l'avons préféré pour les pp. 119, 28; 124, 58 et 59; 125, 80; 126, 99 et 132, 81.

Un autre problème concerne la position de *C* par rapport au plus proche commun ancêtre de la famille *ACD* : faut-il postuler un intermédiaire entre *C* et cet ancêtre commun ? Le nombre assez élevé de variantes (qui dépasse largement la « moyenne » d'un scribe) pourrait

---

(¹¹) M. Mogenet lui-même a prévenu du caractère ambigu de son classement des accidents en « négatifs » et « positifs ». Ajoutons que ce caractère ambigu provient aussi du caractère provisoire de l'étape de classement des mss., où l'on choisit arbitrairement comme point de référence un texte quelconque. C'est seulement à la fin de l'étude sur le classement, et une fois définie la valeur des mss., que ces accidents trouvent leur place définitive (une *addition* dans un ms. peut devenir une *omission* dans un autre).

suggérer une réponse affirmative. Pourtant la « moyenne » en question
est établie par rapport à des scribes qui accomplissent leur travail
d'une façon passive. Le scribe de *C* n'est pas dans ce cas, car il a
apporté bon nombre de modifications au texte, sans s'arrêter même
devant des raccourcissements audacieux. Le nombre de variantes
est tout à fait dans la manière de ce scribe et il n'est pas nécessaire
d'introduire des intermédiaires pour les expliquer. Le nombre réduit
de fautes et d'omissions proprement dites (involontaires) nous confirme dans la conviction qu'on ne doit pas supposer d'intermédiaires
entre *C* et le plus proche commun ancêtre de la famille.

Voici donc le *stemma* que nous proposons pour la famille *ACD* :

Comme on peut le voir, *C* jouit d'une situation privilégiée par rapport à *AD*. Malheureusement le caractère d'« édition » que son scribe
a voulu donner au texte lui enlève en bonne partie sa valeur. Les
modifications volontaires qu'il a introduites rendent son témoignage
suspect, mais l'accord de *C* avec un témoin d'une autre famille, ou
avec un autre manuscrit de sa famille, doit être pris comme le texte
authentique du *De aeternitate*. Ajoutons que les excellentes qualités
du copiste et la position de *C* dans le *stemma codicum* nous invitent
à retenir la leçon de *C* quand les témoins de l'autre famille présentent
des lacunes, ou quand les membres de sa propre famille sont opposés
entre eux (soit A < D < C).

Un dernier problème se présente concernant l'*explicit* de *C* et l'*incipit* de *D*. Comme l'a déjà remarqué le P. Dwyer, ces textes sont très
semblables (¹²). Il va de soi que la phrase se trouvait dans l'ancêtre
commun de la famille et qu'il peut être retenu dans l'édition critique.
Doit-on le placer au début ou à la fin de l'opuscule ? Le fait que *A* ne
donne pas ce texte nous aidera à trancher la question. Il est plus
vraisemblable que la phrase en question constitue l'*explicit* : le copiste
de *A* a cru pouvoir l'éliminer sans trahir sa transcription ; c'eut été
moins acceptable si ce texte avait été placé au début de l'opuscule.
C'est pourquoi nous avons incorporé l'*explicit* de *C* dans notre édition.

(¹²) Cf. W. J. DWYER, *Le texte authentique...* (1937), pp. 46-47. Le *stemma* établi
pour la famille *ACD* coïncide, pour ce qui concerne cette famille, avec celui proposé
par le P. Dwyer, *op. cit.*, p. 60.

La famille BMOEV

1. Introduction et hypothèses de travail

Le groupe des manuscrits *BMOEV* présente les caractéristiques d'une même famille. Nous avons classé les accidents de tous ces témoins sur la base du chapitre III du *De aeternitate mundi*, le seul contenu dans tous les manuscrits de cette famille ([1]). Voici le résultat de la collation ([2]) :

TABLEAU II

Mss.	L	O	F	A	a	V	I	G	Totaux
BMOEV	1	8	1	2	1	45	8	0	66
BMOE	0	6	0	0	2	7	0	0	15
MOEV	0	3	0	0	1	7	1	0	12
MOE	0	7	2	0	1	2	2	0	14
MO	0	1	6	0	1	1	0	0	9
ME	0	0	5	0	1	0	2	0	8
OE	0	0	1	0	0	0	0	0	1
BV	0	0	0	0	0	2	0	0	2
B	0	0	3	0	2	10	2	0	17
M	0	4	7	0	0	1	0	0	12
O	2	6	14	0	2	0	4	2	30
E	0	9	12	0	1	5	2	0	29
V	1	6	4	0	9	26	6	0	52
BO	0	0	0	0	1	0	0	0	1
MV	0	0	0	0	0	1	0	0	1

([1]) Rappelons ici que les mss. *M* et *O* contiennent les ch. III et IV, tandis que *E* et *V* possèdent seulement le ch. III.

([2]) Le tableau ne reproduit pas toutes les combinaisons possibles, mais celles qui de fait se sont produites lors de la collation des mss.

L'appartenance des cinq manuscrits à une même famille ressort clairement de l'analyse de la première bande : 66 accidents communs en sont une preuve suffisante. Soulignons aussi que, parmi les 45 variantes communes, plusieurs comprennent des passages assez longs, traités comme une seule unité critique pour des raisons pratiques (voir par exemple pp. 124, 62-70 et 126, 87-90. Ajoutons que ces 66 accidents affectent un texte d'à peu près cent lignes, ce qui montre à l'évidence que les mss. *BMOEV* s'opposent à *ACD* comme deux familles d'origine différente ([3]).

Comment se représenter les relations entre les témoins à l'intérieur de cette famille ? Lors de l'analyse globale des accidents, deux hypothèses se sont avérées comme les seules capables d'expliquer l'ensemble de ces accidents :

Hypothèse 1 :

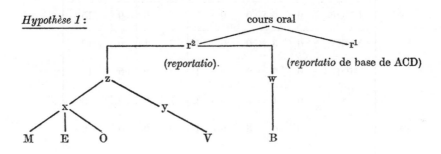

Hypothèse 2 :

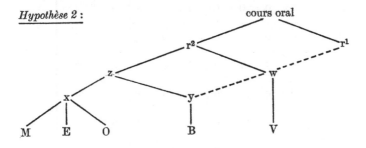

([3]) L'opinion de M. Duin (*La doctrine de la Providence...*, p. 246), selon laquelle *EV* seraient de la même famille que *ACD* nous paraît dépourvue de tout fondement. Les deux passages qu'il cite à l'appui de sa thèse (pp. 125, 79 et 126, 91-92) montrent que, loin de suivre *ACD* contre *B*, *MOEV* présentent des variantes propres, qui diffèrent tant de *B* que de *ACD*.

Pour formuler ces hypothèses nous avons tenu compte d'abord des accidents communs à plus de trois témoins (bandes 2, 3 et 4). Les 15 accidents de la deuxième bande parlent en faveur de la dépendance de *BMOE* vis-à-vis d'un même ancêtre, qui serait différent de celui de *V* (hypothèse 2, z et w) ; or la troisième bande, avec ses 12 accidents, nous oriente dans une tout autre direction : ce serait plutôt *B* qui dépendrait d'un ancêtre différent de celui de *MOEV* (hypothèse 1, z et w). L'analyse simplement quantitative donnerait plus de vraisemblance à l'hypothèse 2. Quant à la quatrième bande, elle montre que *MOE* se détachent, par un intermédiaire, du reste des membres de la famille. Quoi qu'il en soit, il est évident que les relations à l'intérieur de la famille sont les suivantes : *MOE — V — B* ou *MOE — B — V*. Seul l'examen des accidents du point de vue qualitatif permettra de décider en faveur de l'une des hypothèses formulées.

L'hypothèse 2

Voyons d'abord quels sont les éléments de vraisemblance dont jouit cette hypothèse. Si l'on accepte que *BMOE* se rattachent à un même ancêtre, différent de celui de *V*, il faut expliquer la présence d'accidents communs à *MOEV* qui ne se retrouvent pas en *B* ; ou plutôt comment *B* a pu rejoindre la leçon *ACD* (ou l'édition Barsotti) tandis que les autres membres n'ont pas pu le faire. En effet, suivant le *stemma* de l'hypothèse 2, les accidents *MOEV* ont dû se trouver dans r^2, c'est-à-dire dans le plus proche commun ancêtre de toute la famille ; de là ils sont passés en *z* et *w*, et finalement en *V* et, par l'intermédiaire de *x*, en *MOE*. Par contre *B*, ou son intermédiaire *y*, ont retrouvé la leçon *ACD*. Voyons s'ils ont pu modifier le texte par simple recours au bon sens du copiste, ou s'il faut trouver d'autres explications.

L'analyse des omissions (pp. 123, 41 ; 125, 72 ; 126, 98) et des variantes (en particulier celles des pp. 122, 26 ; 122, 33 ; 123, 54 ; 123, 56) nous a révélé les difficultés de l'hypothèse 2. En effet, le scribe de *B* a retrouvé la leçon *ACD* sans qu'elle soit transmise par aucun membre de sa famille, et sans qu'on puisse expliquer ce fait par sa simple intuition. Cela nous force à formuler une autre explication : une contamination de *B* ou de son intermédiaire par la famille *ACD*. Dans le diagramme nous signalons cette contamination au moyen d'une ligne discontinue. Nous reviendrons sur cette hypothèse une fois examinés les éléments de vraisemblance de l'hypothèse 1.

L'hypothèse 1

Dans cette hypothèse *MOEV* se rattachent à un même ancêtre, différent de celui de *B*. Dès lors le problème est d'expliquer les accidents communs à *BMOE* en opposition à *V*, qui aurait rejoint la leçon *ACD*. En effet, à la différence de l'hypothèse 2, ce sont maintenant les accidents *BMOE* qui doivent être rattachés au plus proche commun ancêtre de toute la famille (soit r^2). Dans ces conditions il est nécessaire de montrer comment *V* ou son intermédiaire *y* ont retrouvé la leçon *ACD* en se séparant de leur ms. de base.

Voyons d'abord les omissions *BMOE* (pp. 121, 14; 121, 21; 123, 47; 126, 92 et 126, 95). Dans l'hypothèse 1 toutes ces omissions devaient se trouver dans le plus proche commun ancêtre de *BMOEV*. Comment *V* a-t-il pu les combler et rejoindre la leçon *ACD*? Heureusement cette question ne se pose pas. En effet, *V* n'a pas rejoint la leçon de l'autre famille, tout au contraire : à la p. 121, 14 *V* enregistre une *lacune*; à la p. 121, 21 une *inversion*; aux pp. 123, 47; 126, 92 et 126, 95, des *variantes*.

Quant aux additions *BMOE*, celle de la p. 121, 10 n'a d'autre origine qu'une omission de Barsotti (*V* présente une *variante*) et celle de la p. 123, 46-47 est compréhensible en fonction d'une omission de ces manuscrits (*V* ne rejoint pas *ACD*, mais présente une *variante*).

Pour ce qui concerne les variantes *BMOE* (pp. 121, 20; 122, 29; 122, 39-40; 123, 47-49; 125, 75-76; 126, 87-90 et 126, 97) leur analyse est rassurante : il ne s'agit pas d'une coïncidence de *V* avec *ACD* contre *BMOE*, ce qui pourrait gêner l'hypothèse 1. Au contraire, dans la plupart des cas, *V* présente des variantes propres en opposition avec *BMOE* et *ACD*. À la différence de l'hypothèse 2, qui nous obligeait à supposer une contamination de *B* pour rendre raison de son accord avec *ACD* et pouvoir ainsi expliquer les accidents *MOEV*, dans l'hypothèse 1 on peut plus facilement expliquer les *accidents BMOE*, car la coïncidence de *V* avec *ACD* est inexistante, et les accidents propres de *V* (ou de son intermédiaire) sont compréhensibles par les caractéristiques de son scribe, qui trahit ses interventions dans le texte original (cf. bande 13 du tableau II). Les deux cas où *V* rejoint la leçon *ADC* (pp. 121, 20 et 122, 29) peuvent s'expliquer par le hasard.

L'analyse qui vient d'être faite nous incline à donner plus de vraisemblance à l'hypothèse 1. *MOEV* doivent se rattacher à un ancêtre commun (z), qui serait différent de celui de B (w). Les deux branches ne se rencontreraient que dans r^2, qui est leur plus proche commun ancêtre.

Une fois établie la dépendance de $MOEV$ par rapport à un même ancêtre, plusieurs questions se posent. Dépendent-ils tous directement de cet ancêtre, ou faut-il postuler des intermédiaires ? Sont-ils des copies indépendantes entre elles, ou bien y a-t-il des relations de dépendance directe entre ces mss. ?

La bande 4 du tableau II fournit un point de départ. Le groupe MOE présente 14 accidents communs, tandis que V n'a aucun accident commun avec un autre membre de sa famille, sauf une variante anodine en commun avec M (p. 126, 99-100). En outre la bande 13 montre que V n'est pas le ms. de base des autres : l'existence de la lacune de la p. 121, 13-14 suffirait à le démontrer [4]. L'hypothèse inverse, à savoir que V soit la copie d'un des autres membres de la famille, est écartée du fait qu'il n'a d'accidents communs avec aucun d'entre eux pris séparément; c'est seulement avec le groupe $MOEV$ pris ensemble qu'il en possède (bande 3). Ces constatations nous permettent de formuler une première hypothèse : MOE et V ne dépendent pas directement du même ancêtre prochain.

Essayons d'abord de préciser la position de V. Il est intéressant de déterminer combien d'accidents opposent V au groupe MOE pris comme un tout. Pour le faire on doit tenir compte des bandes 2, 4, 8 et 13 du tableau II. Le résultat est vraiment surprenant : 67 accidents pour un texte de 115 lignes [5]. Les 52 accidents propres à V sont à eux seuls assez éloquents : ce nombre dépasse largement la « moyenne » d'un scribe. La simple analyse quantitative parle en faveur de l'existence d'intermédiaires entre z et V [6].

---

[4] Sans tenir compte du fait que V possède un seul chapitre du *De aeternitate*, tandis que MO en possèdent deux.

[5] Ce nombre n'est pas établi par la somme des totaux des bandes mentionnées, car on risquerait de compter deux fois le même accident : en effet, quand les accidents par rapport à l'édition Barsotti présentent la structure $MOE < V < ACD$, on indique un accident à la bande 4 (MOE), mais aussi à la bande 13 (V). Or, dans ce cas, les groupes MOE et V ne s'opposent qu'une seule fois.

[6] Cf. J. MOGENET, *op. cit.*, p. 94. Pour un texte de 12.000 mots M. Mogenet établit une « moyenne » de 45 accidents. Quand un témoin dépasse ce nombre il considère comme légitime de supposer un intermédiaire. À la p. 120 il fait pourtant une restriction : quand la majorité des accidents sont « négatifs », on peut attribuer le nombre élevé d'accidents à un seul scribe négligent. V n'est pas dans cette situation : sur 52 accidents propres, 11 seulement sont « négatifs ».

L'examen qualitatif des accidents aboutit à la même conclusion. Trois des variantes de V (pp. 123, 46-49; 125, 79 et 126, 87-90) montrent à l'évidence qu'on ne peut le rattacher directement à z, soit au plus proche commun ancêtre du groupe $MOEV$.

Nous pouvons donc conclure que V se rattache au plus proche commun ancêtre de la sous-famille $MOEV$ par l'intermédiaire d'un témoin que nous appellerons y.

Une fois établie sa position dans le *stemma codicum*, disons quelques mots sur la valeur intrinsèque de V. En général V offre un texte correct, qui ne compte que cinq fautes manifestes (dont une est commune à $BMOEV$); les autres accidents « négatifs » ne sont pas très graves : même la lacune de la ligne 182 ne porte pas préjudice à la compréhension du texte. Mais V présente un nombre très élevé d'accidents « positifs », qui révèlent une volonté délibérée d'intervenir dans le texte et rendent son témoignage suspect. On devra donc utiliser V avec grande prudence.

Voyons maintenant la situation du groupe MOE. Nous croyons que ces trois manuscrits ne dépendent pas non plus directement du plus proche commun ancêtre du groupe $MOEV$.

Un premier indice est donné par la bande 4 et ses 14 accidents communs au groupe MOE. Si ces trois mss. étaient des copies directes de z, ces accidents devraient se trouver dans cet ancêtre et il faudrait expliquer comment V (qui dépend aussi de z) a pu rejoindre la leçon B, soit celle de r^2, le plus proche commun ancêtre de toute la famille $BMOEV$.

Cette impression est confirmée par d'autres indices. Rappelons que B et V présentent deux accidents communs, tous deux des variantes (pp. 126, 98 et 127, 101-102). La première est anodine (*igitur-ergo*), mais la deuxième est très importante pour démontrer l'existence d'un intermédiaire entre z et le groupe MOE. Dans ce dernier passage, il est évident que la leçon BV représente le texte du plus proche commun ancêtre de toute la famille (soit r^2); de là la leçon correcte est passée à z et à w, et finalement à V et à B. Par contre MOE ont commis une faute qui n'est pas attribuable à z (lequel avait un texte correct), mais qui doit être expliquée par un intermédiaire.

D'ailleurs aucun des membres de ce groupe n'est la copie directe d'un autre du même groupe. La simple analyse du tableau II confirme cette impression. D'abord les deux lacunes de O l'éliminent comme candidat ms. de base. E, de son côté, ne possède qu'un des deux chapitres contenus en MO. Enfin M ne peut être le ms. de base de EO :

pour s'en apercevoir il suffit de considérer la bande 10 (celle des accidents propres à M), mais aussi les bandes 5 et 6 (MO-ME).

Nous avons déjà exprimé notre opinion sur la valeur de V. Pour ce
qui concerne les manuscrits MOE nous prendrons position en tenant
compte des accidents négatifs. De ce point de vue (cf. tableau II)
une légère supériorité de M sur E peut être affirmée. Par contre O
doit être considéré comme le témoin le plus défectueux de tout le
groupe. On a déjà fait remarquer que M et O devaient dépendre d'une
source commune ([7]) et nous avons montré que cette source est x,
aujourd'hui perdu. C'est probablement en x que s'est produite la
confusion sur la paternité des chapitres III et IV du *De aeternitate*.

Quant à E, le fait qu'il désigne Gilles de Rome avec le titre *dominus*
indique que ce ms. est postérieur à 1295, date de la promotion de
Gilles à l'archevêché de Bourges. M et O, qui l'appellent *frater Aegidius*,
sont antérieurs à cette date.

La famille $BMOEV$ présente donc le *stemma* suivant :

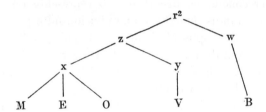

2. *Valeur du manuscrit B*

Le ms. B (*Paris, Nat. lat. 16.297*) a suscité les jugements critiques
les plus divergents. Dans son édition de 1899, Mandonnet y vit le
fruit d'un travail de retouche accompli par un écolier; en 1908, il
estima que B était le résultat de l'intervention personnelle de Siger;
en 1933, le P. Barsotti revint au premier jugement de Mandonnet et
émit l'avis que B était un texte abrégé par un libraire ou un écolier;
enfin en 1937 le P. Dwyer reprit la conclusion de Mandonnet en 1908 :
B est la copie d'un texte revisé par Siger lui-même et, par conséquent,
ce ms. jouit d'une nette supériorité vis-à-vis des mss. ACD, les seuls
autres témoins connus à l'époque ([8]).

([7]) Cf. J. J. DUIN, *La doctrine de la Providence...* (1954), p. 244.

([8]) W. J. DWYER, *Le texte authentique...* (1937). Nous renvoyons à cet article pour
l'histoire de la controverse jusqu'en 1937.

Les raisons qui ont amené le P. Dwyer à cette conclusion relèvent toutes de la critique interne : elles sont fondées sur un jugement de valeur touchant les divergences de *B* par rapport à *ACD*. Pour le P. Dwyer, « si nous cherchons la raison qui a pu motiver le changement dans le plan du texte *B*, nous la trouverons dans la recherche d'une plus grande clarté » ([9]). Quant aux autres accidents, ils consistent avant tout dans la *suppression* des formules de transition et de rappel, fruits de l'enseignement oral, aussi bien que des formules personnelles et des locutions indéterminées ; ensuite, dans des *variantes* d'où résulte un exposé mieux ordonné, plus bref et plus concis ([10]).

Comme contre-épreuve de la supériorité de *B*, le P. Dwyer signale que *ACD* présentent une lacune par *homoioteleuton* et trente-neuf fautes (*B*, d'après lui, n'en contiendrait que six, parmi lesquelles trois omissions du verbe « est »). Et, comme confirmation de sa thèse, il fait une analyse parallèle du *De necessitate et contingentia causarum*, texte contenu également dans les manuscrits *D* (*Lisbonne* 2299) et *B*.

Le P. Dwyer conclut en disant que *D* représente une reportation de la leçon orale, tandis que *B* est une révision faite par Siger en vue de la publication d'un opuscule isolé ([11]). Et puisque *B* est un recueil scolaire de Godefroid de Fontaines, le P. Dwyer croit trouver dans ce fait une confirmation de sa thèse par la critique externe, car « il n'est pas invraisemblable que Godefroid ait tenu de Siger lui-même ces ouvrages averroïstes », étant donné les relations amicales existant entre Siger et Godefroid ([12]).

M. Duin, l'éditeur du *De necessitate* ([13]), s'est chargé de montrer les faiblesses de l'argumentation du P. Dwyer en ce qui concerne la valeur relative de *B* et de *D*. Il a souligné aussi les problèmes critiques posés par les habitudes de travail de Godefroid, qui modifie systématiquement les textes pour les raccourcir. Aussi M. Duin a-t-il préféré le témoignage du manuscrit de Lisbonne ([14]).

Quant au *De aeternitate*, nous devons faire une nouvelle analyse des accidents de *B* afin de déterminer si l'opinion du P. Dwyer est fondée. Or *B* se trouve dans des situations différentes selon qu'il s'agit de passages où l'on possède ou non d'autres témoins de la même

[9] W. J. DWYER, *Le texte authentique...* (1937), p. 54.
[10] W. J. DWYER, *op. cit.*, pp. 57-58.
[11] W. J. DWYER, *op. cit.*, pp. 64-65.
[12] W. J. DWYER, *op. cit.*, p. 48.
[13] J. J. DUIN, *La doctrine de la Providence...* (1954).
[14] J. J. DUIN, *op. cit.*, pp. 248-249.

famille. Nous avons déjà examiné les accidents pour ce qui concerne le chapitre III, dont quatre témoins existent encore (*MOEV*). Reste à faire l'analyse de l'Introduction et des chapitres I, II, IV.

L'Introduction et les chapitres I et II

Pour l'Introduction et les deux premiers chapitres, *B* est le seul témoin de sa famille et ses accidents se répartissent comme suit :

TABLEAU III

Ms.	L	O	F	A	a	V	I	G	Totaux
B	8 (1 h.)	31	5	2	11	26	14	0	97 : 44 nég. 53 pos.

Les lacunes et omissions de B

Les huit lacunes relevées se trouvent aux pp. 113, 4-7; 113, 9-10; 113, 12; 113, 18-19; 114, 32-35; 116, 30; 119, 44-45 et 120, 58-5. Celle de la p. 116, 30 s'est produite par *homoioteleuton* et constitue donc une véritable perte de texte. Celle de la p. 119, 44-45 répond à l'habitude que le P. Dwyer a signalée dans *B*, à savoir, la suppression des formules de prudence et des expressions personnelles.

Les autres lacunes méritent un examen plus attentif. Le P. Dwyer a soutenu que *B* livre un exposé mieux ordonné, qui trahit le style caractéristique de Siger : ordre et précision. Si l'on entend par texte précis un texte simplement plus bref, soit; mais l'ordre et la précision d'un écrit se manifestent avant tout par la façon dont l'auteur permet au lecteur d'en saisir la structure interne. Or les lacunes et les omissions de *B* se situent à des endroits très importants et constituent toutes de véritables pertes de texte, car il ne s'agit pas de simples formules de rappel ou d'expressions relevant de l'enseignement oral, mais de chaînons importants dans la structure du traité. Toutes les références à la « ratio » qui est au point de départ de la discussion sont éliminées (lacunes des lignes 4-7 et 12). En outre, à la place de la double formulation de cette « ratio » (lin. 11), *B* donne une variante qui affecte la pensée de l'auteur : « et videtur quod sic », ce qui transforme en « objections » les deux formules en question; ces objections ne seront pas réfutées par démonstration de la thèse opposée, mais par démonstration de leur incohérence interne. Or la prise de position de

Siger vis-à-vis de la valeur de cette « ratio » est aussi omise (lin. 32-35 de l'Introduction et lin. 58-60 du ch. II).

En outre le fait d'unifier la première et la deuxième étape, et la façon dont *B* introduit cette deuxième partie, créent de sérieux malentendus. En effet, la formule de transition qu'il emploie (« ex praedictis apparet solutio ad praedictam rationem) est si dégagée du contexte qu'il semble que dans la suite on essaie de réfuter des problèmes posés *au chapitre I* ([15]). Or le chapitre I forme une unité indépendante, où Siger montre comment les espèces sont toutes *causées*. Le chapitre II, par contre, fait retour à la « ratio » exposée *dans l'Introduction*, et c'est à celle-ci qu'il faut renvoyer le lecteur pour comprendre le sens du chapitre II.

M. Van Steenberghen estime qu'il n'y a pas lieu de préférer comme plus rationnelle la division adoptée en *B* et nous partageons cette opinion; il nous paraît même tout à fait invraisemblable que Siger soit l'auteur des omissions portant sur des passages d'une telle importance didactique.

Les fautes de B

Cette analyse n'a d'autre objectif que de justifier le nombre de fautes que nous avons indiqué dans le tableau. En effet, le P. Dwyer compte au total six fautes pour *B*, parmi lesquelles trois sont des omissions du verbe « est ». Or, dans l'Introduction et les deux premiers chapitres, nous comptons cinq fautes (p. 116, 15; p. 116, 20; 116, 22; 118, 14-15 et 119, 49), et un total de douze pour tout l'opuscule. De toutes façons il faut reconnaître que le scribe de *B* est excellent et que, du point de vue des fautes, c'est le meilleur manuscrit.

Les additions de B

On a beaucoup insisté sur le caractère concis et plus bref du texte *B*. Or les additions des pp. 117, 49 et 119, 46 montrent que ce caractère

---

([15]) Le P. Dwyer est tombé dans le piège. Voici comment il s'exprime : « Au début de son traité, Siger annonce qu'il étudiera en trois points le problème de l'éternité du monde; le premier comprendra deux parties : l'énoncé de la *question* : qualiter species humana causata est et universaliter quaecumque alia...; ensuite la réponse : et per hoc respondendum est ad quaestionem et rationem praedictam » (cf. *Le texte authentique...*, 1937, pp. 54-55). Il s'agit des lignes 35-38 de l'Introduction, dans lesquelles *B* présente des variantes importantes.

ne doit pas être pris comme une règle générale et que parfois la leçon *ACD* présente les qualités qu'on attribue au style de Siger.

Quant à l'addition de p. 122, 39, elle nous paraît superflue, ou en tout cas simplement réitérative. C'est sans doute cette addition qui, considérée par Dwyer comme faisant partie du texte authentique, a donné pour résultat une lacune par *homoioteleuton* en *ACD*. Or nous croyons qu'il ne s'agit pas d'un *homoioteleuton*, car le texte *ACD* présente une leçon parfaitement cohérente, qui ne nuit pas à la bonne compréhension de l'opuscule.

Les variantes et inversions de B

Les divergences de *B* ont mérité des qualificatifs très opposés. Pour M. Van Steenberghen les variantes de *B* sont « anodines »; le P. Dwyer, par contre, voit en elles le fondement de la supériorité de *B* et croit découvrir en elles la main personnelle de Siger. Laquelle des deux opinions est-elle la mieux fondée ? Nous touchons ici un des points capitaux de notre exposé.

Nous croyons que le P. Dwyer a exagéré les mérites de ces variantes : en général la leçon *ACD* et la leçon *B* sont d'une valeur sensiblement égale, bien que, pour certains passages, tantôt *B*, tantôt *ACD*, pourraient l'emporter. En ce sens nous pensons avec M. Van Steenberghen que la plupart de ces variantes sont « anodines » : *ACD* et *B* offrent des leçons parfaitement compréhensibles et nous ne pouvons souscrire au jugement du P. Dwyer dénonçant des « imprécisions, répétitions, longueurs, formules vagues, expressions superflues », et d'autres faiblesses dans la famille *ACD*. Tout au contraire, c'est parfois *B* qui, en raison des lacunes et des omissions signalées, présente des leçons moins claires.

Pour en finir avec l'analyse de la valeur relative des deux familles, notons que les divergences entre elles s'accentuent en raison de simples *inversions*. Pour les chapitres I et II on en compte 14, nombre assez élevé. Or, tout en révélant l'origine diverse des deux familles, ces accidents sont sans portée pour établir la supériorité d'une famille par rapport à l'autre. Et pourtant, si l'on tient compte de ce qui vient d'être dit sur les variantes et si l'on y ajoute l'existence de nombreuses inversions, on pourra réfuter un des points centraux de la thèse du P. Dwyer.

L'auteur des divergences

En effet, après avoir signalé la supériorité de *B*, le P. Dwyer l'attribue à l'intervention de Siger, qui aurait rédigé un nouveau texte sur la base de la *reportatio* primitive. Une fois établie la valeur égale des deux familles, l'hypothétique intervention de Siger devient très improbable : pourquoi aurait-il modifié un texte pour y introduire des variantes de valeur plus ou moins égale ou des inversions insignifiantes ? Nous croyons que les divergences entre *B* et *ACD* doivent s'expliquer d'une autre façon : la doctrine exprimée est identique dans les deux familles et de longs passages sont presque identiques ; tout semble manifester que nous sommes en présence de *deux reportations d'un même cours*. Cette conclusion nous paraît seule capable de rendre raison des divergences de *B* sans recourir à des hypothèses difficilement justifiables.

S'il en est ainsi, le témoignage de *B* possède, en principe, et du point de vue de la critique *externe*, une valeur égale à celle de la famille *ACD*. Seule la critique *interne* pourra trancher la question fondamentale du manuscrit de base à adopter dans notre édition critique. Plusieurs éléments de critique interne ont déjà été fournis à l'occasion de l'analyse des lacunes et des additions de *B*. Un dernier examen des divergences de *B* en ce qui concerne le chapitre IV nous permettra d'examiner aussi les mss. *M* et *O*. Nous fixerons ensuite notre position définitive.

Le chapitre IV du De aeternitate

Le chapitre IV a été transmis, non seulement par les mss. *ACD* et *B*, mais aussi par les mss. *Munich clm* 317 (*M*) et *Ottoboni lat.* 2165 (*O*). Ayant déjà démontré l'origine commune des mss. *BMO*, nous pourrons saisir les traits caractéristiques de *B* par comparaison avec les autres témoins de la même famille, ce que n'ont pu faire le P. Dwyer et les autres éditeurs qui nous ont précédé ; nous possédons aujourd'hui un point de référence très important pour juger *B*, sans devoir le comparer avec des témoins d'une autre famille. Voici schématiquement les accidents de *BMO* :

TABLEAU IV

Mss.	L	O	F	A	a	V	I	G	Totaux
B	2	3	3	0	1	16	2	0	27 : 8 nég. 19 pos.
BMO	1	17	0	0	4	26	15	0	63 : 18 nég. 45 pos.
BM	0	0	0	0	1	2	0	0	3 (posit.)
BO	0	0	0	0	0	3	0	0	3 (posit.)
MO	5 (4 h.)	21	9	0	6	28	15	0	84 : 35 nég. 49 pos.
M	0	2	19	0	1	8	1	0	31 : 21 nég. 10 pos.
O	4 (3 h.)	7	44	0	1	14	0	0	70 : 55 nég. 15 pos.

L'analyse des bandes nous permet de confirmer plusieurs opinions déjà émises dans cette Introduction. D'abord l'appartenance de *BMO* à une même famille est attestée par la bande 2 avec ses 63 accidents communs. Ensuite, il est évident que *MO* ne se rattachent au plus proche commun ancêtre de la famille que par des intermédiaires : la bande 5 avec ses 84 accidents en est témoin. Finalement la mauvaise qualité de *O* est rendue manifeste par la bande 7 et ses 70 accidents, dont 55 sont négatifs; le témoignage de *O* est donc d'une très faible valeur.

Mais ce qui nous intéresse ici, c'est la valeur de *B*. En joignant les résultats des tableaux II et IV, on constate que, pour les chapitres III et IV, pour lesquels *B* est accompagné par d'autres manuscrits du même tronc, *B* possède un total de 197 accidents, dont 153 sont communs avec d'autres témoins de sa famille et 44 lui sont propres. Du total mentionné, 152 sont positifs (119 communs et 33 propres) et 45 sont négatifs (34 communs et 11 propres). Cette analyse quantitative n'a d'autre objectif que de montrer que *B* n'est pas à l'abri de soupçons quant à la fidélité qu'il a mise à transmettre la tradition. En effet, les 44 accidents propres à *B* font 22,33 % de ses accidents et ils montrent qu'assez souvent il a introduit des modifications dans son texte de base, ou que son intermédiaire l'a fait, car, pour ces 44 accidents, les autres membres de la famille (*MOEV* ou *MO* selon les chapitres) se rapprochent des représentants de l'autre famille (*ACD*). Ce fait est d'une importance capitale : ignorant *MOEV*, le P. Dwyer avait attribué tous les accidents de *B* à la main personnelle de Siger travaillant sur le ms. de base de *B*. Or maintenant nous savons qu'un bon pourcentage de ces accidents doit être imputé au *scribe* de *B*.

Quelle est la nature de ces modifications ? À la p. 128, 15, il s'agit de la suppression d'une *formule de transition* ; à la p. 130, 55, de l'omission d'un *appel à l'autorité* du Philosophe et d'une *formule de rappel* ; à la p. 130, 57-58, *B* supprime une *division didactique* ; à la p. 131, 70, *B* omet une nouvelle *référence à Aristote* ; à la p. 133, 19, *B* élimine une *formule personnelle* et une *formule de transition*. Ce sont précisément les modifications attribuées par Dwyer à la main personnelle de Siger, qui apparaissent comme imputables à la responsabilité exclusive du *scribe de B*. Les autres membres de la famille, tout en présentant des *variantes* par rapport à *ACD*, ne sont pourtant pas très éloignés de leur leçon.

Mais on peut constater que les divergences de *B* s'accentuent par un procédé qui ne relève pas d'une révision ou d'une correction, comme le voulait le P. Dwyer, mais tout simplement d'un système d'omissions pas toujours très intelligent, car il supprime parfois des textes importants pour la bonne compréhension du traité. Pour expliquer ces omissions, il suffit de faire appel à l'empressement du scribe, au coût de la transcription et même, dans le cas de *B*, aux habitudes de Godefroid, son propriétaire : même s'il n'a pas copié personnellement ce texte, il a pu le dicter au scribe ou lui donner ses instructions.

Les constatations faites au chapitre IV rendent suspectes quelques divergences de *B* dans l'Introduction et dans les ch. I et II, en particulier celles qui sont analogues aux cas examinés. Malheureusement *MOEV* n'ont pas transmis ces parties de l'opuscule.

Dans ces conditions le témoignage de *B* est suspect et la thèse du P. Dwyer devient très caduque. La famille *ACD* gagne donc en importance : ces mss. ont transmis fidèlement l'écho du cours oral professé par Siger de Brabant ([16]).

([16]) Avec une restriction pour ce qui concerne le ms. *C*. Nous avons montré que son scribe fait aussi un véritable travail d'édition. Nous rejoignons ici la thèse parallèle formulée par M. Duin pour le *De necessitate et contingentia causarum* (cf. *La doctrine de la Providence*..., p. 249).

Conclusions générales

Si nous rassemblons les résultats acquis dans l'Introduction et les diagrammes concernant les deux familles de manuscrits connus, nous pouvons établir ce *stemma* général des huit témoins ([17]) :

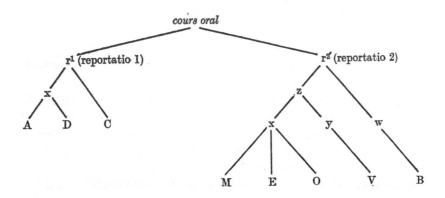

B est le seul membre de sa famille qui ait transmis le texte complet du *De aeternitate*. Nous lui avons préféré la tradition issue de l'autre *reportatio*, celle qui est à la base des mss. *ACD*, car nous sommes sûr qu'elle a transmis fidèlement l'écho du cours de Siger.

Quant à la famille *ACD* nous avons prouvé que le ms. *C*, tout en dépendant plus étroitement du plus proche commun ancêtre, fait pourtant œuvre d'« édition », ce qui lui enlève de l'autorité en dépit de sa situation privilégiée dans le *stemma*. Restent donc les mss. *A* et *D*. Le plus grand nombre d'accidents négatifs du manuscrit de Lisbonne ne nous laisse pas d'option : *c'est bien A qu'il faut choisir comme manuscrit de base pour l'édition critique.*

Toutefois, étant donné que ce manuscrit n'est pas non plus exempt de défauts, *il faut compléter et corriger son témoignage* par recours aux leçons des autres manuscrits, en particulier de *C*, dont le scribe fait preuve d'intelligence et de soin dans la transcription, et de *B* (ou des autres membres de sa famille), en particulier s'ils présentent des accords partiels avec la branche issue de *r*[1].

([17]) Nous insistons sur le fait que les minuscules (x, y, z, w) ne désignent pas nécessairement un manuscrit déterminé, mais plutôt une tradition, qui peut être complexe.

Principes de l'édition

Voici les principes qui ont été appliqués régulièrement dans notre édition :

1. En général nous suivons la leçon *A*.

2. Nous préférons la leçon *CD* si elle s'oppose à *A*.

3. L'accord entre *B* et *C* l'emporte s'ils s'opposent à *AD*, surtout si *A* et *D* n'ont pas la même leçon.

4. *C* l'emporte aussi quand *A* et *D* s'opposent entre eux.

5. Nous préférons encore la leçon *C* dans l'*explicit* du *De aeternitate* et quand le texte présente des ambiguïtés paléographiques.

6. L'accord de *B* avec *D* doit toujours être suivi si *A* et *C* s'opposent.

7. Pour le chapitre III l'accord *MOEV* remplace la leçon *B* comme critère complémentaire. Même remarque pour la leçon *MO* au chapitre IV (il s'agit, bien entendu, des cas où *MOEV* et *MO* présentent des textes *semblables* à la leçon *ACD*).

8. Le texte *V* est très suspect à cause de l'intervention délibérée du scribe.

9. Le texte *E* doit être utilisé avec une extrême prudence, étant donné ses défauts.

10. Le texte *O* est le plus défectueux ; il n'a presque pas d'intérêt pour une édition critique.

11. Le titre de l'écrit est *Tractatus de aeternitate mundi*. Nous l'avons adopté en nous basant sur l'*incipit* de *D* et sur l'*explicit* de *C*. Mais ce titre peut induire en erreur concernant la véritable nature de l'écrit : le sujet abordé concerne moins l'éternité du monde que l'éternité des espèces des êtres générables et corruptibles. D'autre part, il est évident que l'opuscule est le fruit d'un cours professé par Siger et non pas un traité rédigé en vue de la publication. Nous avons cependant jugé préférable de garder le titre consacré par la tradition.

Chapitre V

Les Quaestiones in tertium De anima

L'authenticité de ces *Quaestiones* repose sur l'attribution à Siger faite par le scribe qui les a transcrites : « Explicit. Incipiunt questiones disputate a magistro Simone de Faverisham et precedentes sunt magistri Sigeri super eodem tertio » [1]. Jusqu'à présent cette attribution n'a été contestée par personne. Tous les historiens de la pensée médiévale ont vu dans ces *Quaestiones* la première expression de la pensée de Siger sur la nature de l'intellect. Elles ont fait l'objet d'études importantes, où elles sont toujours données comme point de référence pour établir l'évolution ou les tâtonnements de Siger en ce secteur capital de sa psychologie [2].

Le caractère nettement averroïste de cet écrit s'accorde d'ailleurs très bien avec ce que nous connaissons de la pensée initiale du maître brabançon [3].

Le Tractatus de anima intellectiva

L'authenticité de cet écrit s'appuie sur le témoignage du ms. *Paris, Nat. Lat.* 16.133, dont l'*incipit* et l'*explicit* l'attribuent à Siger. F. 54vb : « Incipiunt questiones de anima intellectiva ordinate a magistro Sigero de Brabantia ». Même texte dans l'explicit du f. 57vb. Dans le ms. de Vienne et dans celui d'Oxford, cet écrit est anonyme.

Un argument de critique externe confirme l'attribution à Siger : il s'agit du témoignage de Jean de Jandun, qui, dans son commentaire du *Traité de l'âme*, parle d'un *Tractatus de intellectu* écrit par

---

[1] *Oxford, Merton College* 292, f. 364rb.

[2] Cet accord unanime est important, car il rassemble des historiens qui ont examiné à fond le problème de l'authenticité et se sont sérieusement affrontés à propos d'autres écrits attribués à Siger, tels, par exemple, MM. F. Van Steenberghen, B. Nardi, E. Gilson et J. J. Duin.

[3] La date de ces *Quaestiones* (antérieures à 1270) exclut toute confusion avec Siger de Courtrai, dont l'activité se situe à la fin du XIIIe siècle et pendant la première moitié du XIVe.

Siger et dont l'*incipit* coïncide avec celui du *De anima intellectiva* (⁴).
L'authenticité de cet écrit n'a jamais été mise en question; tous les
historiens y voient l'expression d'une pensée plus évoluée, fruit de
réflexions stimulées par la lecture du *De unitate intellectus* de saint
Thomas et par la condamnation de 1270.

Le Tractatus de aeternitate mundi

L'attribution à Siger de cet important écrit repose sur le témoignage
de deux des quatre manuscrits qui ont transmis le texte complet.
Le ms. *Lisbonne, Bibl. Nac. Fondo Geral* 2299 (*D* dans notre apparat)
donne, au f. 140ᵛᵇ l'*incipit* suivant : « Incipit tractatus magistri Sygeri
de Brabantia ». Le ms. *Pise, Bibl. S. Cathar.* 17 (*C* dans notre apparat)
porte au f. 117ʳᵃ l'*explicit* suivant : « Explicit tractatus Magistri Sigeri
de Brabantia... » Les deux mss. de Paris sont anonymes, mais dans
le cas de *Paris, Nat. Lat.* 16.222 (*A* dans notre apparat) on trouve
l'attribution à Siger dans l'index du manuscrit : « Quedam determinatio Sygeri magni de Brabantia de eternitate mundi » (⁵). Seul le ms.
Paris, Nat. Lat. 16.297 (*B* dans notre apparat) est donc anonyme.
Mais nous avons démontré que les mss. *ACD* sont des représentants
d'une même famille et, dès lors, la triple attribution à Siger doit être
considérée comme un seul témoignage du point de vue de la critique
externe.

C'est dans la famille de *B* qu'apparaissent les problèmes d'authenticité. Nous savons, en effet, que cette famille comprend quatre
autres témoins : *Erlangen* 213 (*E*); *Vatican latin* 773 (*V*); *Ottoboni lat.*
2165 (*O*), et *Munich Clm* 317 (*M*). Ces quatre manuscrits n'ont transmis
que des fragments du *De aeternitate*. *V* est anonyme. Les trois autres
attribuent leurs fragments à Gilles de Rome, soit dans l'*incipit* (*M* et *O*),
soit dans l'*explicit* (*E*) (⁶).

(⁴) IOANNIS DE IANDUNO, Philosophi acutissimi, *Super libros Aristotelis de anima
subtilissimae quaestiones*, Venetiis, apud Haeredem Hieronimi Scoti, MDLXXXVII,
L. III, q. 5, col. 245 : « Et debes scire quod istam solutionem huius rationis qualiter
homo intelligit quantum ad aliquid posuit Reverendus doctor Philosophiae magister
Remigius de Brabantia in quodam suo Tract. de intellectu, qui sic incipit : cum anima
sit aliorum cognoscitiva... ». *Remigius* est une faute évidente et doit être lu *Segerius*,
attesté d'ailleurs par plusieurs mss. : le ms. *Laurent. Fesul.* 160 lit correctement « Segerus
de Brabantia »; le ms. *Vat. Reg.* 1908, « Segerus de Brabancia »; le ms. *Vat. lat.* 2156,
« Sirges de Brabancia ». Cf. B. NARDI, *Sigieri di Brabante...*, p. 21, n. 1.

(⁵) Cf. P. MANDONNET, *Siger de Brabant...* (1899), p.c LII et J. J. DUIN, *La doctrine
de la Providence...* (1954), p. 214, n. 165.

(⁶) Cf. plus haut, pp. 13*-14*.

Ce n'est pas le *De aeternitate* seul qui est atteint par le témoignage de ce groupe de mss., mais aussi le *De necessitate et contingentia causarum*, contenu dans les quatre manuscrits et attribué également à Gilles de Rome. M. Duin, l'éditeur du *De necessitate*, s'est occupé du problème de l'authenticité et il a conclu qu'on ne peut se fier aveuglement à l'attribution de *O* et de *M*. L'attribution à Gilles semble pouvoir s'expliquer par des raisons d'opportunité, « le nom de Siger étant assez compromettant dans certains milieux » ([7]). Les arguments de M. Duin sont très convaincants, sauf certaines hypothèses de travail sur lesquelles nous reviendrons dans un instant. Mais avant d'examiner ces arguments, nous exposerons nos propres conclusions, en nous limitant au problème de l'authenticité du *De aeternitate*.

Au plan de la *critique externe*, il n'est pas difficile de montrer que le triple témoignage de *OME* a la valeur d'un seul témoin : nous avons établi que ces trois mss. dépendent d'une source commune immédiate, différente des ancêtres immédiats de *V* et de *B* ([8]). C'est probablement dans la source commune à *MOE* que s'est produite la confusion sur la paternité des fragments du *De aeternitate*. Les mss. de cette famille indépendants de *x* (c'est-à-dire *V* et *B*), ont transmis ce texte *comme anonyme*. L'attribution à Gilles faite par *MOE* n'a donc pas la valeur du témoignage d'une *famille*, mais seulement d'un *groupe* de mss. de cette famille ([9]). Ajoutons que, dans le cas de *E*, l'attribution à Gilles est d'une main postérieure, qui a ajouté après l'*explicit* : « Questio domini Egidii de universalibus » ([10]) ; cette addition doit être postérieure au 25 avril 1295, date à laquelle Gilles devint archevêque de Bourges ([11]). D'autre part *M* traite ce groupe de questions comme un tout reçu d'ailleurs, car ni l'*incipit* ni l'*explicit* ne s'accordent avec le contenu du manuscrit ([12]). Dans ces conditions nous nous trouvons en présence d'une attribution à Siger faite par toute une famille de mss., contre l'attribution à Gilles faite par un groupe de l'autre famille.

Ceci établi, voici le premier argument. Au chapitre III, ligne 90 (de notre édition), après avoir établi que l'intellect agent et les images

---

([7]) J. J. DUIN, *La doctrine de la Providence...* (1954), p. 245.

([8]) Cf. plus haut, p. 48*.

([9]) Cf. plus haut, p. 49*.

([10]) Cf. plus haut, p. 14*.

([11]) P. GLORIEUX, *Répertoire...*, II (1934), p. 293, n° 400 ; J. J. DUIN, *La doctrine...* (1954), p. 244.

([12]) J. J. DUIN, *ibid.*, p. 243.

précèdent l'acte commun à l'intellect et à l'intelligible, l'auteur ajoute :
« Qualiter autem ista duo concurrant ad causandum actum intelligendi, super tertium *De anima* requiratur quid ibidem diximus »
(diximus super tertium *De anima MOEV*). Si l'auteur est Siger, ce
texte renvoie aux *Quaestiones in tertium De anima*; si l'auteur est
Gilles, la citation doit faire allusion au commentaire *De anima* du
maître italien. Sans parler de la doctrine visée par la citation, voyons
ce que révèle la chronologie des trois écrits en cause.

Prenons d'abord le *De aeternitate mundi*, où l'on trouve la citation
du commentaire au troisième livre du *Traité de l'âme*. Comme nous
le montrerons bientôt, la date de composition de cet écrit doit être
fixée en 1272 [13]. Le commentaire sur le *De anima* auquel fait allusion
le chapitre III du *De aeternitate* doit donc être situé *avant 1272*.

Les *Quaestiones in tertium De anima* de Siger remplissent cette
condition, puisqu'on s'accorde à les situer avant la condamnation
du 1270 [14]. Pouvons-nous en dire autant pour le commentaire *De
anima* de Gilles de Rome ?

La date de cet écrit n'est pas fixée avec exactitude. Mgr Glorieux
se borne à dire qu'il se situe avant 1275 et qu'il est cité dans le *De
gradu formarum* (entre Noël 1277 et Pâques 1278) [15]. G. Bruni, pour
sa part, a montré que le commentaire *De anima* est postérieur au
De plurificatione intellectus, écrit vers 1275 [16]. Dans le *Quadro crono-
logico* annexé à l'édition de la *Quaestio de natura universalis*, le *De
plurificatione* est fixé en 1272 et le *De anima* en 1273 [17]. Dans son
édition de l'opuscule *Errores philosophorum*, Koch situe le commentaire *De anima* vers 1273 et cette opinion est reprise par le P. Zavalloni [18]. Cependant deux renseignements fournis par ces derniers
historiens permettent de dater un peu plus tard le commentaire
De anima. Examinant le problème de la chronologie des œuvres de
Gilles, Koch affirme que son commentaire *De generatione et corruptione*, « can at the earliest be placed in 1273/74 » [19]. Or ce commentaire

---

[13] Cf. plus loin, pp. 77*-78*.

[14] Cf. plus loin, p. 67*.

[15] P. GLORIEUX, *Répertoire...*, II (1934), p. 296.

[16] G. BRUNI, *Edigio Romano antiaverroista...* (1933), pp. 209-210.

[17] G. BRUNI, *Una inedita Quaestio...* (1935), p. 28.

[18] J. KOCH, *Giles of Rome*, 1944, p. LVI; R. ZAVALLONI, *Richard de Mediavilla...*
(1951), p. 273.

[19] J. KOCH, *op. cit.*, p. LIX. L'auteur s'appuie sur le fait que dans cet écrit Gilles cite
le livre *lambda* de la *Métaphysique* comme XIIe.

est certainement antérieur au commentaire *De anima* de Gilles, comme
l'ont montré M. Bruni et le P. Zavalloni : le *De anima* cite la *Physique*
et celle-ci cite le *De generatione* ([20]), ce qui indique clairement l'ordre
de succession des trois ouvrages. Tout cela nous conduit en 1275
au plus tôt et nous rejoignons ainsi la date proposée par Nardi, pour
qui le *De anima* de Gilles est « composto intorno al 1275 » ([21]), et les
limites fixées par M. Duin : après 1273 et avant 1276 ([22]).

Ainsi donc la chronologie nous empêche de considérer le commentaire *De anima* de Gilles de Rome comme l'œuvre visée au chapitre
III du *De aeternitate mundi*. Ceci est un indice de premier ordre pour
éliminer Gilles comme auteur de ce texte.

Voici un autre fait intéressant. Le ms. *Paris, Nat. Lat.* 16.297, où le
De aeternitate est anonyme et qui appartient à la même famille que
MEO, est un recueil scolaire composé par Godefroid de Fontaines à
l'époque où il était étudiant, ce qui permet de supposer qu'il connaissait les auteurs des écrits rassemblés par lui. Or ce manuscrit contient
un groupe important de travaux de Gilles de Rome, nettement séparé
du groupe de textes appartenant à Siger, où se trouve le *De aeternitate* ([23]). C'est un indice de plus pour mettre en doute l'attribution
à Gilles, car il serait vraiment surprenant que Godefroid ait séparé ce
texte de son groupe naturel sans en préciser l'auteur.

Voyons maintenant ce que peut apporter la critique interne. Nous
nous appuyerons sur deux doctrines développées dans notre texte et
nous nous demanderons si elles ont pu être soutenues par Gilles. Il
s'agit de doctrines tout à fait centrales, qui constituent la substance
de l'opuscule.

La première est, bien entendu, l'éternité de l'espèce humaine et,
en général, de toutes les espèces d'êtres soumis à la génération et à la
corruption. L'analyse de *B*, qui appartient à la même famille que
MOEV et qui contient le texte complet de l'opuscule, montre que
les chapitres III et IV forment une unité avec le texte qui précède.
Cela ressort clairement du plan de l'exposé ébauché dans l'introduction. On ne peut donc soutenir que Gilles de Rome est l'auteur des
fragments *MOEV* sans lui attribuer la paternité de tout l'opuscule
et faire de lui un partisan de l'éternité des espèces, du moins au début
de sa carrière.

([20]) Cf. G. BRUNI, *Le opere di Edigio...* (1936), pp. 10-12, cité par R. ZAVALLONI,
op. cit., p. 272, n. 38.

([21]) B. NARDI, *Note per una storia...*, III (1948), p. 8.

([22]) J. J. DUIN, *La doctrine de la Providence...* (1954), p. 264.

([23]) Cf. la table dressée par M. DUIN, *ibid.*, pp. 133-134.

Cette doctrine est exposée dans les chapitres I et II du *De aeternitate*, mais elle est aussi supposée au chapitre IV, transmis par *MO* et attribué par eux à Gilles de Rome. En effet, tout le corps du chapitre et les réponses aux objections supposent la doctrine exposée au chapitre I ; ce chapitre IV est d'ailleurs conçu comme la critique d'un des arguments par lesquels on prétendait nier l'éternité des espèces, à savoir que la puissance absolue précède l'acte dans le temps pour l'ordre des êtres finis. Cet argument est le corollaire d'une certaine façon de comprendre la doctrine de la création. Sans nier cette doctrine, l'auteur du chapitre IV affirme que le premier moteur ou la première cause efficiente étant toujours en acte, cause depuis toujours, sans que sa causalité soit assimilable à un mouvement (²⁴).

Quelle a été la position de Gilles de Rome vis-à-vis du problème qui nous occupe ? Il est bien connu que Gilles a combattu la doctrine de l'éternité du monde et des espèces en plusieurs de ses œuvres. Examinant la question de l'authenticité du *De erroribus philosophorum*, Koch a réuni une série de textes dont l'attribution à Gilles est hors de doute et qui exposent la thèse défendue dans les chapitres I et III du *De erroribus* (²⁵) : on doit considérer comme erronée la doctrine d'Aristote suivant laquelle le monde est éternel, comme sont éternels le temps, le ciel et les espèces inférieures (²⁶). La persistance de cette position de Gilles cadre très mal avec la doctrine exposée dans le *De aeternitate*, où est explicitement enseignée l'éternité des espèces et du temps (²⁷).

Il est intéressant aussi de signaler que Gilles ne semble pas avoir saisi dans sa portée exacte la position des partisans de l'éternité du monde, du moins en ce qui concerne le groupe de Siger. Pour eux cette thèse n'exclut d'aucune façon la création. Pour Siger, par exemple, rien n'empêche qu'un être nécessaire et éternel ait une cause de sa nécessité et de son éternité (²⁸). L'auteur du *De aeternitate* laisse claire-

---

(²⁴) Cf. ch. IV, lignes 63-93. À retenir : « quia enim primum movens et agens semper est actu, non prius potestate aliquid quam actu, sequitur quod semper moveat et agat, *quaecumque non mediante motu facit...* ». Ceci veut dire que le « primum movens et agens » *crée* éternellement (le mouvement suppose, en revanche, une matière préexistante).

(²⁵) J. Koch, *Giles of Rome...* (1944), pp. xxxiv-xxxvi.

(²⁶) Cf. Aegidius Romanus, *De erroribus philosophorum*, c. I, nᵒˢ 1-6, pp. 2-6. Les textes parallèles signalés par Koch sont les suivants : *In De generatione et corruptione*, II ; *In libros Physicorum*, VIII, lect. 3 ; *In libros Sententiarum*, II, d. 1, p. 1, q. 4, a. 1.

(²⁷) Pour l'éternité du temps cf. *De aeternitate mundi*, cap. II, lignes 18-33.

(²⁸) Siger de Brabant, *De anima intellectiva*, cap. V.

ment entendre que telle est aussi sa position [29]. Pour ces auteurs le mouvement est éternel, mais la relation de dépendance de l'ordre total des êtres en mouvement vis-à-vis de la cause première n'est pas assimilable à un mouvement : c'est une relation de dépendance totale, fondée sur la causalité créatrice, inconnue d'Aristote [30]. Gilles de Rome, par contre, fonde sa réfutation de la thèse aristotélicienne sur ce principe : « Omnes tamen errores ipsius (Aristotelis), si quis subtiliter investigaverit, ex hoc sequuntur quod nihil novum in esse progreditur *nisi per motum praecedentem.* Cum ergo hoc sit falsum, quia Deus est agens primum, agens non ut instrumentum, poterit res producere absque motu praecedente... Factio ergo vel productio primi agentis potest esse absque tali motu. Ideo creatio non est motus, quia motus praesupponit mobile; creatio vero nihil praesupponit nec est mutatio propria, quia omnis mutatio est terminus motus... » [31]. En réalité la thèse de l'éternité du monde ne nie pas cette causalité créatrice de Dieu, exercée « nullo praesupposito » (sauf chez Aristote, où la création est ignorée) [32].

Vu sa compréhension inexacte de la position de ses adversaires, Gilles est passible du reproche fait dans le *De aeternitate* : « unum falsum supponunt, quod species humana non possit esse facta sempiterna a Deo » [33].

Le second argument concerne le problème de la nature des universaux, thème du chapitre III du *De aeternitate.* Influencé par le néo-platonisme, Gilles considère que les formes intelligibles n'ont pas besoin d'être abstraites, au sens aristotélicien; il suffit que l'intellect agent illumine l'image pour que l'intellect possible soit mû, recevant l'espèce intelligible; la même *quiddité* qui est particulière dans les choses (et dans les images) est universelle dans l'intelligence [34]; en

---

[29] SIGER DE BRABANT, *De aeternitate mundi,* cap. I, lignes 36-37 : species humana a philosophis ponitur sempiterna et nihilominus causata.

[30] Cf. plus haut, p. 64* n. 24 : quaecumque *non mediante motu facit.*

[31] AEGIDIUS ROMANUS, *De erroribus philosophorum,* c. 3, p. 14. Les textes parallèles signalés par Koch ont le même point de départ.

[32] Saint Thomas a posé nettement le problème : « In hoc ergo tota consistit quaestio, utrum esse creatum a Deo secundum totam substantiam et non habere durationis principium repugnent ad invicem vel non » (*De aeternitate mundi contra murmurantes,* nᵒ 298 de l'éd. SPIAZZI).

[33] Chapitre II, lignes 52-53.

[34] Cf. E. HOCEDEZ, *Aegidius Romanus, Theoremata de esse et essentia* (1930). Cette identité de l'espèce dans l'imagination et dans l'intelligence chez Gilles a été bien mise en relief par B. NARDI, *Note...* III, pp. 11-12 et 16-17.

ce sens on peut dire que, pour Gilles, l'intellect agent n'exerce pas une causalité abstractive. Quelle est, en revanche, la doctrine exposée au chapitre III du *De aeternitate*? Il est clair que pour l'auteur l'universel est constitué par l'acte de l'intelligence et qu'il est le fruit de l'abstraction, opération dans laquelle l'intellect agent exerce une causalité proprement efficiente [35]. Parce que l'universel n'existe pas *in rerum natura*, et que l'espèce intelligible est le fruit de l'abstraction, dans le jugement, ce n'est pas le concept en tant que tel (c'est-à-dire comme universel) qui est prédiqué des êtres singuliers, mais la nature considérée de façon absolue (*in se accepta*) sans référence au mode d'être qu'elle a acquis dans l'intelligence par l'œuvre de l'intellect agent [36]. Tout cela coïncide avec la position thomiste du problème [37].

Ainsi donc, les arguments de critique externe et de critique interne nous permettent de rejeter le témoignage des mss. *MOE*. Dès 1944 Koch avait remarqué que la *Quaestio de natura universalis*, éditée par G. Bruni d'après *VE*, était «undoubtedly pseudo-Aegidian», et il avait avancé une explication satisfaisante des mots «quaestio domini Aegidii de universalibus» ajoutés par une seconde main dans le ms. d'Erlangen [38].

Pour être complet il faudrait trouver aussi une raison plausible de la faute commise par *O* et *M*. On peut accepter, à titre d'hypothèse, l'explication proposée par M. Duin : l'ancêtre immédiat de *M* et *O* aurait caché délibérément la véritable origine du texte, «le nom de Siger étant assez compromettant dans certains milieux» [39]. Cette mesure de prudence pourrait expliquer aussi la suppression des chapitres I et II, les plus hétérodoxes de l'opuscule. En revanche nous ne pouvons accepter l'autre hypothèse formulée par M. Duin : l'attribution à Gilles aurait eu comme origine une faute de lecture qui aurait transformé les mots «Questiones difficiles Sigeri» (qu'on trouve en *D*) en «Questiones eiusdem fratris Egidii», qu'on lit dans les mss. *M* et *O* [40]. D'abord parce que le texte de *D* ne présente pas de difficultés de lecture, ensuite parce que *M* et *O* ne dépendent pas de *D*, mais d'une autre famille de manuscrits.

[35] *De aeternitate mundi*, cap. III, lignes 87-98.

[36] *Ibid.*, lignes 105-113.

[37] La « natura in se accepta » est l'équivalent de la « natura absolute considerata » du *De ente et essentia* de saint Thomas (c. III, éd. ROLAND-GOSSELIN; n⁰ 18 de l'éd. SPIAZZI). C'est cette nature qui est attribuée aux réalités singulières, et non pas l'espèce en tant que « secunda intentio ». Cf. aussi *De unitate intellectus*, c. V, § 110 (KEELER).

[38] J. KOCH, *Giles of Rome...* (1944), p. XXIX et n. 62.

[39] J. J. DUIN, *La doctrine de la Providence...* (1954), p. 245.

[40] *Ibid.*, pp. 245-246, n. 67.

CHAPITRE VI

CHRONOLOGIE DES TEXTES ÉDITÉS

I. Les écrits psychologiques

Le problème de la chronologie des écrits psychologiques de Siger a toujours été lié à une question d'histoire doctrinale : celle de l'évolution de sa pensée touchant la nature de l'âme intellective. Dans cette ligne de recherche trois faits ont modifié partiellement la chronologie proposée par M. Van Steenberghen en 1942. D'abord la découverte de fragments du *De intellectu* (perdu) de Siger, annoncée par Nardi en 1943 (¹). Ensuite la restitution de certains écrits du Clm 9559 à Boèce de Dacie, ce qui a ébranlé l'argument qui appuyait l'authenticité des *Quaestiones in libros De anima* contenues dans ce codex (²). Enfin la découverte des *Quaestiones super librum de causis*, annoncée par le P. Dondaine et le P. Bataillon en 1966 (³).

Les Quaestiones in tertium De anima

Plusieurs points de repère permettent de fixer le *terminus ad quem*. D'abord les *Quaestiones* citent le livre *Λ* (XII) de la *Métaphysique* d'Aristote comme livre XI (⁴), ce qui signifie que Siger ignore l'existence du livre *K* ; or ce livre demeura inconnu aux penseurs médiévaux jusqu'à la fin de 1270 ; saint Thomas fut des premiers à profiter de la version de Guillaume de Moerbeke connue comme *Metaphysica novae translationis* ; les *Quaestiones* sont donc antérieures à la fin de 1270. Cette conclusion est confirmée par une autre considération : le 10 décembre 1270 Étienne Tempier, évêque de Paris, fulmine la première condamnation de l'aristotélisme hétérodoxe ; les *Qu. in tertium de anima* doivent être antérieures à cette date, car quelques-unes des thèses condamnées y sont exposées sans aucune prudence (⁵).

Peut-on préciser le *terminus a quo* ?

(¹) B. NARDI, *Due opere sconosciute...* (1943). Cf. *Sigieri di Brabante...* (1945).
(²) G. SAJÓ, *Boèce de Dacie et les commentaires...* (1958).
(³) A. DONDAINE et L. J. BATAILLON, *Le manuscrit Vindob. 2330...* (1966).
(⁴) Cf. qu. 16, p. 63, ligne 80.
(⁵) Cf. F. VAN STEENBERGHEN, *Siger...*, II (1942), p. 556.

Siger apparaît pour la première fois dans un document de l'époque en 1266, sous les traits d'un jeune maître qui n'a pas encore oublié « ses mœurs d'étudiant ». M. Van Steenberghen en conclut que Siger a dû obtenir la maîtrise vers 1260-1265 [6]. Tel est le point de repère initial de notre recherche : Siger fait partie de la génération qui a inauguré l'interprétation radicale de l'aristotélisme à l'université de Paris et il a commenté le *Traité de l'âme* entre 1265 et 1270. Pour aller plus loin, il faudrait capter l'écho qu'ont eu les *Qu. in tertium de anima* dans les milieux universitaires de Paris, troublés par des disputes de tout genre. Ce n'est pas facile, d'autant plus que Siger ne doit pas avoir été seul à adopter l'exégèse averroïste du *Traité de l'âme* : « un groupe notable de maîtres et d'étudiants partagent ses idées, ainsi qu'il résulte des textes de Bonaventure et de Thomas, du témoignage de certains manuscrits du *De unitate intellectus* et de l'évolution ultérieure des événements » [7]. Dans ces conditions il est hasardeux de voir partout des répliques aux *Qu. in tertium de anima*. Si nous avançons quelques suggestions, seule la convergence des indices pourra fonder notre conclusion sur la date de cet écrit de Siger.

L'année 1268 est jalonnée de faits significatifs pour l'université de Paris. Entre le 25 février et le 7 avril, saint Bonaventure prêche ses *Collationes de donis*, dans lesquelles il dénonce certaines erreurs des « philosophes », parmi lesquelles il signale comme particulièrement dangereuses l'éternité du monde, le déterminisme de la volonté et le monopsychisme [8]. Le 10 octobre Étienne Tempier, chancelier de l'Université, est nommé évêque de Paris [9]. Enfin au cours de l'automne, le maître général des dominicains prie Thomas d'Aquin, « d'une manière inattendue », d'aller à Paris reprendre une chaire de théologie [10]. Peut-on déceler une relation entre ces faits et le cours de Siger sur le *Traité de l'âme* ?

Les *Collationes* de saint Bonaventure ne comportent aucune référence personnelle à Siger ou à quelque autre partisan chrétien de l'exégèse averroïste. Par le terme « philosophes », le saint Docteur vise les anciens penseurs païens [11]. Dans l'énoncé des trois erreurs prin-

[6] F. Van Steenberghen, *La philosophie au XIIIᵉ siècle* (1966), p. 374.
[7] *Ibid.*, p. 375.
[8] S. Bonaventura, *Collationes de septem donis Spiritus Sancti*, coll. 8, n. 16.
[9] F. Van Steenberghen, *La philosophie au XIIIᵉ siècle*, p. 587.
[10] A. Walz, *Saint Thomas d'Aquin* (1962), p. 149.
[11] S. Bonaventura, *Coll. de donis*, coll. 8, n. 15.

cipales, il ne fait mention ni de leurs auteurs ni de leurs partisans (¹²), mais il est facile de voir qu'il s'agit de deux thèses d'Aristote et du monopsychisme d'Averroès. Cette dernière est la plus grave des trois et d'une certaine manière elle enveloppe les deux autres. Mais le Docteur Séraphique fait allusion avant tout à des philosophes présocratiques, réfutés déjà par les philosophes païens eux-mêmes. Il dénonce l'erreur monopsychiste sans aucune référence personnelle et il rejette enfin la doctrine avicennienne du *dator formarum* sans en nommer l'auteur (¹³).

Même note impersonnelle lorsque Bonaventure condamne l'engoûment pour la philosophie (¹⁴). Rien ne permet de dire qu'il vise Siger ou l'un quelconque de ses collègues; d'ailleurs il est encore plus dur lorsqu'il stigmatise les théologiens qui ne s'ouvrent pas à la lumière supérieure de la science gratuite (¹⁵). En tout cas, on ne trouve aucune référence précise à nos *Quaestiones* dans les conférences *De donis*. Ce fait prouve-t-il que cet enseignement gravement hétérodoxe n'avait pas encore été donné? Il ne semble pas. Dira-t-on que le Ministre général eût certainement réagi contre un tel enseignement? Mais Bonaventure, de passage à Paris, pouvait fort bien ignorer le contenu exact des leçons qui avaient été données à la Faculté des arts dans un passé récent.

Le silence d'Étienne Tempier est un indice plus significatif : l'impétueux évêque, dont on connaît l'attachement à l'orthodoxie et à la tradition, n'était pas d'humeur à tolérer longtemps un enseignement ouvertement contraire à la foi. Il l'a montré clairement dans la suite. Eût-il attendu plus de deux ans avant d'intervenir par la condamnation du 10 décembre 1270, si les *Qu. in tertium de anima* avaient été professées dès avant 1268 ?

(¹²) *Ibid.*, n. 16.

(¹³) *Ibid.*, n. 19 : « Tertius error est pessimus qui comprehendit utrumque. Aliqui insani male intellexerunt de intellectu. Unde quidam dixerunt quod esset ignis ; quidam, quod aqua ; isti reprobati sunt per philosophos. Quod iste intellectus sit unus in omnibus, istud est contra radicem distinctionis et individuationis, quia in diversis intellectus habet esse distinctum : ergo habet principia suae essentiae propria et distincta et individuantia. Quod alii dicunt, quod una intelligentia (terme d'incontestable origine arabe et néoplatonicienne) irradiat super omnes, istud est impossibile, quia nulla creatura istud potest. Unde hoc est solius Dei ».

(¹⁴) Coll. 4, n. 12.

(¹⁵) *Ibid.*, n. 18 : « Prima claritas (celle de la philosophie) potest obscurari, sed ista (celle de la théologie) potest damnari ».

Considérons maintenant le retour de Thomas d'Aquin à Paris. Le caractère inusité de la mesure prise par le Maître général des dominicains permet de supposer que « cette dérogation devait avoir des motifs très importants et impérieux (¹⁶). Trois raisons graves ont été signalées comme pouvant expliquer cette mesure d'exception : nécessité de combattre l'aristotélisme hétérodoxe, de résister aux franciscains qui soupçonnaient certains dominicains de mettre la foi en péril par leur aristotélisme, enfin de repousser les nouvelles attaques menées contre les ordres mendiants. « Ce dernier point pourrait avoir été considéré comme le plus important; les deux chaires parisiennes se feraient bien admettre si des maîtres éminents les occupaient » (¹⁷). Il est donc possible que l'enseignement hétérodoxe à la Faculté des arts n'ait joué aucun rôle dans la décision du Maître général. Mais l'examen de la *Quaestio de anima* que Thomas d'Aquin mit au programme des disputes scolaires dès son arrivée à Paris, en janvier 1269, permet de considérer comme très invraisemblable l'existence des *Qu. in tertium de anima* de Siger au moment de la rédaction de cette *Quaestio* (¹⁸).

Voyons d'abord s'il est possible de repérer, dans la *Quaestio*, une allusion aux *Qu. in tertium de anima* de Siger. Il suffira à notre dessein de limiter notre examen comparatif à deux problèmes qui intéressent directement la doctrine chrétienne et qui sont étudiés expressément dans les deux écrits : le premier concerne la nature de l'intellect (a. 2 et 3 de la *Quaestio*), le second concerne le feu de l'enfer (a. 21).

En abordant la discussion de la doctrine averroïste sur l'âme intellective, Thomas avait déjà une longue expérience en ce domaine (¹⁹). Il connaît bien la noétique *d'Averroès*, qu'il réfute par son célèbre

---

(¹⁶) A. Walz, *Saint Thomas d'Aquin* (1962), p. 149.

(¹⁷) A. Walz, *ibid.*, pp. 149-150.

(¹⁸) La plupart des historiens pensent que tous les articles de la *Quaestio* ont été disputés à Paris, mais d'autres estiment que les premiers ont pu l'être en Italie. Quoi qu'il en soit, la rédaction définitive de cet écrit a été réalisée à Paris. Sur cette discussion, cf., en faveur de Paris, P. Glorieux, *Répertoire...*, I (1933), p. 93; M.-D. Chenu, *Introduction à l'étude...* (1954), p. 242; F. Van Steenberghen, *La philosophie au XIIIᵉ siècle* (1966), p. 309; en faveur de l'Italie, P. M. Pession, *Introductio generalis* à l'édition des *Quaestiones disputatae...* (1949), p. xv, n. 27; A. Walz, *op. cit.*, p. 164.

(¹⁹) Il avait discuté le problème à plusieurs reprises : *Commentaire des Sentences*, II, d. 17, q. 2, a. 1; *Contra Gentiles*, II, 59 sqq.; *S. theologiae*, I, q. 76, a. 1 et 2; *Qu. de spir. creaturis*, a. 2 et 9. La *Quaestio de anima* est à peu près contemporaine du *Commentaire sur le Traité de l'âme*, dans lequel Thomas discute aussi la thèse averroïste : cf. III, lect. 7 et 8.

recours à l'expérience personnelle : « si autem intellectus possibilis esset substantia separata, impossibile esset quod eo intelligeret homo » [20]. Il connaît parfaitement l'échappatoire averroïste, c'est-à-dire la doctrine de l'union entre les individus et l'intellect unique par l'intermédiaire des images ; il l'expose d'une façon très précise pour la réfuter ensuite [21]. Mais il s'agit toujours d'Averroès et aucune autre référence personnelle n'est perceptible dans les deux articles que saint Thomas consacre à ce problème central de la noétique : ses exposés ne trahissent « aucune polémique contre des adversaires contemporains... même la discussion des erreurs d'Averroès se déroule en toute sérénité » [22]. M. Van Steenberghen se pose à ce sujet les questions suivantes : « Saint Thomas ignore-t-il encore les positions exactes de Siger ? Veut-il éviter toute polémique avant d'être pleinement informé ? » [23]. Nous croyons plutôt que les *Quaestiones* de Siger sont postérieures à la *Quaestio* de saint Thomas.

Quelques indices plaident en faveur de cette troisième hypothèse. Voici le premier. Dans la *Quaestio*, la 4e objection de l'article 2 est un des arguments les plus forts que Siger ne cessera d'opposer à la thèse de Thomas d'Aquin : « nulla potentia animae est simplicior esse animae » [24] ; Thomas ne semble pas s'apercevoir de l'importance que revêt cet argument dans la noétique de Siger, car sa réponse est plutôt décevante [25]. Bien différente sera sa réaction dans le *De unitate intellectus*, rédigé un peu plus d'un an plus tard. Dans cet opuscule il reprend l'objection et la réfute par une de ses plus solides doctrines : celle de la *forma per se subsistens* et de l'émergence des formes par rapport à la matière [26].

D'autres indices semblent appuyer notre hypothèse. Dans l'article 3 de sa *Quaestio*, Thomas recueille une objection contre la multiplicité des intellects formulée en ces termes : « si intellectus possibilis multi-

---

[20] THOMAS D'AQUIN, *Qu. de anima*, a. 2, in corp.

[21] *Ibid.*

[22] F. VAN STEENBERGHEN, *La philosophie au XIIIe siècle* (1966), p. 430.

[23] *Ibid.*

[24] THOMAS D'AQUIN, *Qu. de anima*, a. 2, obj. 4. Cf. SIGER DE BRABANT, *Qu. in tertium de anima*, q. 7, p. 23, lin. 18 ss.

[25] S. THOMAS, *Qu. de anima*, a. 2, ad 4m : « dicendum quod intellectus possibilis consequitur animam humanam in quantum supra materiam corporalem elevatur ; unde per hoc quod non est actus alicuius organi, non excedit totaliter essentiam animae, sed est supremum in ipsa ».

[26] S. THOMAS, *De unitate intellectus*, c. III, § 84 (KEELER) : « Si autem contra hoc obiciatur... attingit ». Cf. aussi § 37-38.

plicatur in diversis, oportet quod species intelligibiles multiplicentur
in diversis, et ita sequitur quod sint formae individuales; sed formae
individuales non sunt intellectae nisi in potentia» (27). Sa réponse
prouve qu'il ne connaît pas la position de Siger et qu'il n'a pu saisir,
par conséquent, le cœur de l'argumentation du maître brabançon.
En effet, il explique que l'individualité n'est pas l'obstacle de l'intelligibilité, mais bien la matérialité; s'il en était autrement, même les
formes reçues dans l'intellect unique seraient intelligibles en puissance,
car il est individuel (28). Or Siger n'a jamais affirmé que l'individualité
puisse empêcher l'intelligibilité; au contraire, il affirme explicitement
que l'individuel est intelligible en acte pour autant qu'il soit imma-
tériel (29). Si saint Thomas avait connu cet écrit de Siger, il n'aurait
pas conduit son argumentation comme il l'a fait. Quant à supposer
qu'il ignorait la nature de l'enseignement de Siger, cela nous paraît
peu vraisemblable et nous sommes plutôt porté à penser que les
Qu. in tertium de anima n'existaient pas au moment où Thomas rédi-
geait à Paris sa *Quaestio de anima*.

Un dernier indice se trouve à l'article 21, dans lequel saint Thomas
soumet à la discussion le problème *utrum anima separata possit pati
paenam ab igne corporeo*. La discussion est menée sans passion, sur un
ton académique; aucune mention n'est faite d'un « philosophe naturel »
qui, dépassant les limites de sa science, aurait voulu trancher ce problème de nature théologique; aucune connexion n'est établie entre
ce problème et la doctrine averroïste. Or, dans les *Qu. in tertium de
anima*, Siger aborde ce problème, tout en reconnaissant qu'il s'agit
d'une « quaestio non multum philosophica », et il la traite dans une
perspective purement naturelle. Chose plus grave, il conclut en décla-
rant que, du point de vue philosophique, le problème est sans objet,
car selon la doctrine averroïste l'âme intellective, immatérielle et
unique, ne revêt jamais la condition d'âme séparée; l'espèce humaine
est éternelle et il y aura toujours des individus auxquels elle pourra
être unie (30). C'est bien cette position qui justifie l'indignation de
Thomas dans le *De unitate intellectus* : « Non caret etiam magna temeri-

(27) THOMAS D'AQUIN, *Qu. de anima*, a. 3, obj. 17.

(28) *Ibid.*, ad 17m.

(29) SIGERUS DE BRABANTIA, *Qu. in tertium de anima*, q. 16, p. 62, lin. 42-44 : « Ad
argumentum in oppositum dicendum quod duplex est particulare, unum materiale, et
tale non est actu intelligibile, aliud immateriale, et tale est actu intelligibile, et est
obiectum intellectus unum plurium, si ipsum sit intelligibile ».

(30) *Ibid.*, q. 11, p. 34, lin. 92-96.

tate, quod de his quae ad philosophiam non pertinent, sed sunt purae fidei, disputare praesumit, sicut quod anima patiatur ab igne inferni, et dicere sententias doctorum de hoc esse reprobandas. Pari enim ratione posset disputare de Trinitate, de Incarnatione, et de aliis huiusmodi, de quibus nonnisi caecutiens loqueretur » (31). Le changement de ton (et la liaison aperçue entre le monopsychisme et le problème qui nous occupe) ne s'explique que si on intercale les *Qu. in tertium de anima* entre les deux écrits du saint Docteur.

Un argument a été formulé contre la chronologie proposée : Siger, dans ses *Quaestiones*, semble ne pas connaître la traduction du *De anima* de Thémistius, qui « est cité une fois, mais à travers Averroès » (32). Or on sait que la traduction du commentaire de Thémistius sur le *Traité de l'âme* par Guillaume de Moerbeke a été achevée le 22 novembre 1267 (33). Les *Qu. in tertium de anima* devraient donc être placées avant cette date.

En réalité il ne s'agit pas d'une « citation » de Thémistius, qui est seulement nommé dans un texte d'Averroès cité par Siger. D'autre part, on peut inférer d'un passage du *De unitate intellectus* que les adversaires de saint Thomas négligeaient l'étude de Thémistius : Thomas leur reproche de s'enfermer dans l'exégèse d'Averroès, sans rien connaître des autres commentateurs, grecs et arabes (34). Le reproche du saint Docteur serait injuste et incompréhensible, s'il visait des écrits antérieurs aux débuts de 1268, car Thémistius était inaccessible avant cette date.

Voyons maintenant si on peut déceler l'influence de la *Quaestio de anima* sur les *Quaestiones* du maître brabançon. Les critiques adressées par le maître Prêcheur à la doctrine averroïste de l'union par l'intermédiaire des images semblent avoir ébranlé Siger et déposé en lui le germe d'une crise qui finira par l'abandon de l'explication averroïste dans le *De anima intellectiva* (35). Mais le cas le plus intéressant est celui de la question touchant les peines subies par l'âme séparée. On aperçoit un parallélisme partiel entre le texte de Siger et celui de Thomas, en particulier quant à la structure et aux diverses solu-

---

(31) THOMAS D'AQUIN, *De unitate intellectus*, cap. V, § 123 (KEELER).

(32) F. VAN STEENBERGHEN, *Siger...*, II (1942), p. 556.

(33) Cf. G. VERBEKE, *Thémistius* (1957), p. XII.

(34) THOMAS D'AQUIN, *De unitate intellectus*, cap. V, § 121.

(35) On comparera le texte de la *Quaestio disputata*, a. 2 *in corp.* (« species intelligibilis habet duplex subiectum...) et les *Quaestiones* de Siger, q. 15, p. 54, lin. 11-15; cf. q. 14, p. 52, lin. 64-68.

tions exposées. Siger a pu s'inspirer du texte de Thomas et l'influence de ce dernier sur Siger n'est pas invraisemblable.

Concluons. Rien ne nous oblige à placer les *Qu. in tertium de anima* avant 1268. Au contraire, plusieurs indices convergents portent à les situer en 1269 ou en 1270, vraisemblablement au cours de l'année académique 1269-1270 [36].

Le De anima intellectiva

La date du *De anima intellectiva* est étroitement liée à celle du *De intellectu* (perdu). Les historiens sont d'accord pour affirmer que le *De intellectu* a été la première réponse du maître brabançon au *De unitate intellectus* et que le *De anima intellectiva* est postérieur. Sur la base de cette chronologie relative, nous essaierons de préciser la date de ces écrits.

D'après un texte célèbre de François de Sylvestris, Siger a *envoyé* un traité *De intellectu* à Frère Thomas, en réponse au *De unitate* [37]. Ignorant encore l'existence du *De intellectu*, M. Van Steenberghen pensa qu'il s'agissait du *De anima intellectiva*; et puisque le Ferrarais dit que cette réplique a été « envoyée » à Thomas, il la situa après le 29 mai 1272, date du départ de ce dernier pour l'Italie [38]. B. Nardi ayant retrouvé depuis des fragments du *De intellectu*, transmis par Agostino Nifo, il apparut que cet écrit devait être la première réponse de Siger à Thomas, car Nardi a montré que François de Sylvestris

---

[36] En plaçant les *Quaestiones* de Siger avant le *De unitate*, M. Van Steenberghen s'est posé une difficulté provenant du défi lancé par Thomas à la fin de son opuscule : « non loquatur in angulis nec coram pueris qui nesciunt de tam arduis iudicare; sed contra hoc scriptum rescribat, si audet » (§ 124). Il a donné à cette difficulté une réponse satisfaisante : « toute difficulté s'évanouit si l'on admet que les écrits averroïstes de Siger antérieurs à 1270 n'ont existé que sous forme de reportations d'étudiants » (*Siger...*, II, 1942, p. 557). Mais on pourrait aussi voir dans la phrase de saint Thomas une clause de style, qui, sans exclure l'existence d'un écrit de l'adversaire, est une invitation à répondre par un nouvel écrit. Le *Contra retrahentes*, opuscule également rédigé en 1270, finit par ces mots : « si quis autem his contradicere voluerit, non coram pueris garriat, sed scribat, et scripturam proponat in publico, ut ab intelligentibus diiudicare possit quid verum sit; et ut quod erroneum est, auctoritate veritatis confutetur ». Le parallélisme avec le *De unitate* est frappant. Or le *Contra retrahentes* est la réponse au *De perfectione et excellentia status clericorum* de Nicolas de Lisieux. Cf. A. WALZ, *Saint Thomas d'Aquin* (1962), p. 153.

[37] FRANCISCUS DE SYLVESTRIS, *Commentaria in Summam contra Gentiles*, l. III, c. 45, IV, 2; cité par F. VAN STEENBERGHEN, *Siger...*, II (1942), p. 553, n. 3.

[38] F. VAN STEENBERGHEN, *Siger...*, II (1942), pp. 553-554.

dépendait de Nifo dans sa connaissance du *De intellectu*. Dans ces conditions l'argument de M. Van Steenberghen peut être appliqué au *De intellectu* et, dès lors, on conclura que cet écrit a été envoyé à Frère Thomas après mai 1272 (départ de Thomas pour l'Italie) et avant le 2 mai 1274 (date à laquelle sa mort fut connue à Paris) [39].

Reconnaissons toutefois que l'argument n'est pas décisif : Siger a pu « envoyer » sa réplique, non pas en Italie, mais tout simplement au couvent de Saint-Jacques à Paris et il faudra préférer cette interprétation s'il existe de sérieuses raisons d'avancer la date de composition du *De intellectu*. Or il semble bien que de telles raisons existent. En premier lieu, est-il vraisemblable que Siger ait attendu deux ans avant de répondre au *De unitate*? Ce dernier date de 1270 et est certainement antérieur au 10 décembre de cette année, car l'auteur ignore manifestement la condamnation du 10 décembre. En second lieu, à en juger d'après les fragments cités par Nifo, le *De intellectu* est encore radicalement averroïste et ne manifeste aucune hésitation dans sa doctrine touchant l'âme intellective unique. Or, dans le *De anima intellectiva*, Siger avoue que depuis longtemps il s'est débattu dans le doute au sujet du problème de la multiplication des intellects : « mihi dubium fuit a longo tempore quid via rationis naturalis in praedicto problemate sit tenendum et quid senserit Philosophus de dicta quaestione » [40]. Cette formule semble impliquer que, pendant quelques années au moins, Siger n'a su trouver de réponse rationnelle au problème en question. Ce fait nous invite à distancer le plus possible les deux écrits, d'autant plus que, dans son ensemble, le *De anima intellectiva* défend des positions très éloignées de celles qu'on trouve dans les fragments du *De intellectu*. Il est donc probable que ce dernier a été composé en 1271 ou même en 1270, avant la condamnation du 10 décembre. C'est la date proposée par B. Nardi et reprise sans discussion par M. Van Steenberghen, qui a donc renoncé à l'argument dont il avait fait état naguère [41].

Ce qui vient d'être dit suggère que la date de composition du *De anima intellectiva* ne doit pas être antérieure à 1273 ou 1274 et certains indices sont favorables à l'année 1274.

---

[39] On rejoint ainsi la date proposée par le P. G. DA PALMA, *La dottrina sull'unità...* (1955), p. 29 et par M. KUKSEWICZ, *De Siger de Brabant à Jacques de Plaisance...* (1968), pp. 48-49.

[40] SIGERUS DE BRABANTIA, *De anima intellectiva*, cap. VII.

[41] Cf. F. VAN STEENBERGHEN, *La philosophie au XIIIe siècle* (1966), p. 376.

Le P. G. da Palma a noté l'influence probable des *Quaestiones in Metaphysicam* sur le *De anima intellectiva* ([42]). Or ces *Quaestiones* datent de 1272-1274 ([43]). Un autre indice est fourni par les *Qu. super librum De causis*. Tout semble indiquer que cet écrit de Siger a été composé pendant les derniers mois de son activité académique, soit entre 1274 et 1276 ([44]). Or plusieurs passages du *De anima intellectiva* présentent des affinités avec des textes parallèles des *Qu. super librum de causis*. Le P. Marlasca en a signalé quelques-uns ([45]) et nous avons repéré d'autres parallèles importants :

De an. int., c. V, p. 93, l. 54-58.	*De causis*, q. 55, p. 187, l. 33-43.
« Est tamen attendendum quod, quamquam secundum Aristotelem anima intellectiva sit aeterna in praeterito et in futuro, tamen causata est. Nihil enim prohibet quaedam necessaria et aeterna habere causam suae necessitatis et aeternitatis, ut scribitur *octavo Physicorum*. »	« Sed ex eo quod in intelligentia est defectus potentiae ad non esse, oportet quod potentia ad esse quae est in intelligentia sit ad esse semper, sed tamen quod dependeat ex causa prima… Et ideo in quorum natura non est potentia ad non esse neque materia, quamquam de se non sint in esse necessaria, ab alio tamen habent essendi necessitatem et perpetuitatem : sunt enim in necessariis et sempiternis quaedam habentia causam suae necessitatis et sempiternitatis, ut vult Aristoteles *VIII° Physicorum* » ([46]).

Le doute concernant la véritable pensée d'Aristote au sujet de la multiplication des intellects est exprimé dans des termes très semblables à ceux du *De anima intellectiva* : « Vel si forte quaereretur quid sentit Aristoteles si intellectus sit unus omnium hominum sicut et suus Expositor, *non est bene certum ex verbis suis*. Quidam enim exponunt Aristotelem sic ut faciant eum sapere quod intellectus est unus

---

([42]) Cf. G. DA PALMA, *La dottrina sull'unità…*, p. 43.

([43]) Cf. C. A. GRAIFF, *Siger de Brabant…* (1948), p. XXVI.

([44]) Cf. A. MARLASCA, *Las Quaestiones…* (1970), p. 271.

([45]) *Ibid.*, pp. 252 et 257. Ainsi, par exemple, le *De an. intel.*, c. III, pp. 81-82, lin. 78-82 et 98-2 est strictement parallèle aux *Qu. super. librum de causis*, q. 26, p. 105, lin. 65-74. Nous citons l'édition récente du P. MARLASCA, *Les Quaestiones…* (1972).

([46]) A. MARLASCA, *Les Quaestiones…* Voir aussi q. 12, p. 65, l. 69-73 : « Nihilominus tamen philosophi sempiterna quaedam bene posuerunt causam habere suae sempiternitatis. Unde dicit Aristoteles in *octavo Physicorum* quod, quia aliquid semper sic se habet, ideo dicere ipsum principium in quibusdam recte dicitur, in quibusdam vero non recte. Nihil enim prohibet quaedam aeterna habere causam suae aeternitatis ».

omnium hominum; quidam autem aliter. Qualitercumque autem senserit, homo fuit et errare potuit; firmiter tenendum quod hominum multiplicatione multiplicatur» ([47]). Comme dans le *De anima intellectiva* ce doute finit par un appel à la foi. Toutes ces similitudes littéraires plaident en faveur d'un certain rapprochement temporel entre les *Qu. super librum de causis* et le *De anima intellectiva*. Un dernier indice rapproche les deux écrits : l'influence des commentateurs néoplatoniciens : le fait est évident dans le *De causis*; quant au *De anima intellectiva*, on peut dire que Thémistius y a remplacé Averroès comme source secondaire ([48]).

La convergence de ces indices nous invite à placer le *De anima intellectiva* au plus tôt en 1273 et plus probablement en 1274. Quant au *terminus ad quem*, M. Van Steenberghen estime que cet écrit ne saurait être postérieur à mai 1274, car Thomas d'Aquin y est cité avec Albert le Grand comme un auteur encore en vie ([49]).

II. Le De aeternitate mundi

Nous nous bornerons à exposer ici les résultats acquis par nos devanciers, nos propres recherches n'ayant fait que confirmer ces conclusions.

Le terminus a quo

Des données bien établies permettent de dire que cet écrit n'est pas antérieur à la fin 1271. En deux occasions Siger cite le livre *Λ* de la *Métaphysique* comme livre XII ([50]) et nous savons que ceci suppose la traduction du livre *K*, qui ne fut connue à Paris qu'en 1271 ([51]). M. Duin a ajouté de nouveaux indices : le *De aeternitate* est postérieur aux *Quaestiones in tertium De anima*, car Siger renvoie

---

([47]) *Ibid.*, q. 27, p. 115, l. 246-252.

([48]) Siger emploie directement la paraphrase traduite par Guillaume de Moerbeke. Voici l'emplacement des citations *littérales* de Thémistius dans le *De an. int.* : p. 70, 6-7; p. 75, 71-72; p. 85, 88; p. 88, 40; p. 88, 42; p. 107, 45; p. 109, 18. On peut voir, en apparat, les nombreux endroits où Siger s'inspire de Thémistius sans le citer. Cet emploi de Thémistius a échappé à M. Duin, *La doctrine de la Providence...* (1954), p. 269.

([49]) Cf. F. Van Steenberghen, *La philosophie au XIIIe siècle* (1966), p. 376.

([50]) Sigerus de Brabantia, *De aeternitate mundi*, c. IV, p. 131, lin. 65 et 74.

([51]) F. Van Steenberghen, *Siger...*, II (1942), p. 560; *La philosophie au XIIIe siècle...* (1966), p. 375.

à ce texte (⁵²); cet écrit est également postérieur à la traduction du Commentaire de Thémistius sur le *Traité* de l'âme (⁵³).

Le terminus ad quem

Le point de repère fondamental pour fixer le *terminus ad quem* est fourni par le ms. *Paris, Nat. lat.* 16.297, qui contient le *De aeternitate*. Comme on le sait, ce manuscrit appartenait à Godefroid de Fontaines, qui le composa à l'époque où il était étudiant à la Faculté des arts. Dans une étude minutieuse de ce codex, Mgr Glorieux a été amené à situer entre 1270 et 1272 la compilation de Godefroid (⁵⁴); par conséquent tous les traités qu'on y trouve réunis doivent se situer avant 1273. Le P. Dwyer et M. Van Steenberghen se sont servis de cet argument pour situer le *De aeternitate* entre 1271 et 1272 (⁵⁵). M. Duin a opposé certaines réserves aux conclusions de Mgr Glorieux, mais elles ne touchent pas le *De aeternitate* (⁵⁶).

Conclusion

Les analyses qui précèdent nous autorisent à proposer la chronologie suivante :

Qu. in tertium De anima :
   après 1268,
   avant 1270
   date probable : 1269 (2ᵉ semestre)

De aeternitate mundi :
   après 1271,
   avant 1273
   date probable : 1272

De intellectu :
   après 1269,
   avant 1272
   date probable : 1270 (fin) ou 1271

De anima intellectiva :
   après 1272,
   avant mai 1274
   date probable : 1274.

(⁵²) Cf. Sigerus de Brabantia, *De aeternitate mundi*, p. 126, lin. 91. Ce texte fait référence aux *Qu. in tertium De anima*, q. 14, pp. 47 sqq. Cf. J. J. Duin, *op. cit.*, p. 276.

(⁵³) Cf. Sigerus de Brabantia, *De aeternitate mundi*, p. 124, lin. 60. Selon M. Duin, Siger ne s'est mis à étudier Thémistius qu'après le *De unitate intellectus* de saint Thomas. Cf. J. J. Duin, *op. cit.*, p. 269.

(⁵⁴) P. Glorieux, *Un recueil scolaire...* (1931), pp. 42-48.

(⁵⁵) Cf. W. J. Dwyer, *Le texte authentique...* (1937), p. 48; F. Van Steenberghen, *Les œuvres et la doctrine...* (1938), p. 63; *Siger...*, II (1942), p. 560; *La philosophie au XIIIᵉ siècle* (1966), p. 375.

(⁵⁶) Cf. J. J. Duin, *op. cit.*, pp. 271-275. M. Duin accepte comme vraies « dans l'ensemble » les conclusions de Mgr Glorieux; il signale pourtant une exception : les *Theoremata de corpore Christi* de Gilles de Rome semblent être postérieurs à 1274. Cf. J. J. Duin, *op. cit.*, pp. 273-274.

Chapitre VII

PRINCIPES D'ÉDITION

Nous avons adopté l'orthographe moderne du latin, mais on trouvera, en apparat, les graphies les plus importantes qui intéressent l'étude du latin médiéval.

Les copistes emploient, pour les références aux sources, soit le chiffre arabe gothique, soit le chiffre romain, soit le chiffre écrit en toutes lettres. Par souci d'uniformité nous écrivons toujours le chiffre en toutes lettres.

Le texte est accompagné de deux ou trois apparats selon les cas. Pour les *Quaestiones in tertium de anima* et le *Tractatus de anima intellectiva* on trouvera deux apparats : le premier donne les unités critiques qui justifient la forme que nous avons donnée au texte[57]; dans le deuxième on trouvera la référence aux œuvres citées par Siger et aux sources qu'il emploie sans les citer ou qui éclairent le texte. Pour le *De aeternitate mundi* nous avons composé trois apparats : dans le premier on trouvera les accidents de la famille *ACD* et de l'édition Barsotti, qui a suivi cette famille; le deuxième contient les accidents de la famille *B-MOEV* et des éditions de Mandonnet et de Dwyer (pour ces éditions nous n'indiquons que les variantes par rapport à notre lecture des manuscrits qui ont servi de base à ces éditeurs); le troisième apparat contient les références aux ouvrages cités par Siger dans l'opuscule.

Voici la liste des signes et des abréviations employés :

< >   : limite les suppléances de l'éditeur; il est accompagné, en apparat, par l'abréviation *suppl.*

| : indique le changement de colonne ou de folio des mss. *ACD*, qui ont été pris comme texte de base.

exposant : les mots qui se trouvent plusieurs fois dans la même ligne sont distingués par un chiffre en exposant : est[1], est[2]

---

[57] Par « unité critique » nous entendons l'ensemble des variantes, y compris éventuellement le lemme, qui se rapportent à un mot ou à un groupe de mots solidaires au point de vue critique. Dans le cas du *De aeternitate* nous avons parfois repris de longs passages pour faciliter la lecture de la leçon de la famille *MBOEV*.

add.	: addidit	inv.	: invertit
al. man.	: alia manus	iter.	: iteravit
cf.	: confer	leg.	: legit
cod.	: codex	lin.	: linea
coni.	: conicimus	litt.	: littera
conf.	: confusum	man.	: manus
corr.	: correxit	marg.	: margo
del.	: delevit	om.	: omisit
dub.	: dubitanter	praem.	: praemisit
exp.	: expunxit	scr.	: scripsit
f.	: folium	sublin.	: sublineatum
ff.	: folia	sup.	: supra, superior
fors.	: forsitan	suppl.	: supplevi
hom.	: homoioteleuton	transp.	: transposuit
inf.	: inferior	v. g.	: verbi gratia

Références aux autres éditeurs :

BARSOTTI : textes dans R. BARSOTTI, *Sigieri di Brabante De aeternitate mundi* (1933).

DA PALMA : textes dans G. DA PALMA C., *La dottrina sull'unità dell'intelletto...* (1955).

DA PALMA[2] : textes dans G. DA PALMA C., *L'origine delle idee...* (1955).

DA PALMA[3] : textes dans G. DA PALMA C., *L'eternità dell'intelletto...* (1955).

DA PALMA[4] : textes dans G. DA PALMA C., *La conoscenza intellettuale...* (1958).

DA PALMA[5] : textes dans G. DA PALMA C., *L'immaterialità dell'anima intellettiva...* (1954).

DUIN : textes dans J. J. DUIN, *La doctrine de la Providence...* (1954).

DWYER : textes dans W. J. DWYER, *L'opuscule de Siger de Brabant « De aeternitate mundi »* (1937).

M. : textes dans P. MANDONNET, *Siger de Brabant...*, II (1908).

NARDI : textes dans B. NARDI, *Studi di filosofia medievale* (1960).

VAN STEENBERGHEN : textes dans F. VAN STEENBERGHEN, *Siger de Brabant...*, I (1931).

< SIGERI DE BRABANTIA >

< QUAESTIONES IN TERTIUM DE ANIMA >

De parte autem animae qua cognoscit et sapit etc. Circa istum tertium f. 357ᵛᵇ
librum contingit quaerere de intellectu quattuor. Primum est de
⁵ differentia intellectus ad alias partes animae, scilicet sensitivum et
vegetativum. Secundum est de intellectu in se, quid sit. Tertium est
de intellectu per comparationem ad corpora. Quartum est de virtutibus
intellectus, scilicet de intellectu possibili et agente, qualiter differant
inter se et quid sint.

¹⁰ ## <I. DE DIFFERENTIA INTELLECTUS
AD ALIAS PARTES ANIMAE>

<Quaestio 1>

<Utrum intellectivum radicatur in eadem
animae substantia cum vegetativo et sensitivo>

¹⁵ Circa primum, de differentia intellectus ad alias partes animae,
contingit quaerere duo. Primum, scilicet utrum intellectivum radicatur
in eadem animae substantia cum vegetativo et sensitivo, et secundum
utrum intellectivum secundum subiectum differat a vegetativo et
sensitivo.

²⁰ Circa primum sic arguitur et ostenditur quod intellectivum radicetur
in eadem substantia cum vegetativo et sensitivo. Dicit Averroes

---

1/2 Sigeri... de anima] *suppl.*   3 De] *L'initiale D est laissée en blanc*   qua] qᵃ *cod.*;
quam *leg.* Giele *et* da Palma, *sed corr.*   et] e *cod.*   etc. Circa] Et circa *cod.*
4 quattuor] quatuor *cod.*   6 secundum] tertium *cod.*   10/11 De differentia...
animae] *suppl.*   12 Quaestio 1] *suppl.*   3/4 utrum... sensitivo] *suppl.*; utrum
vegetativum, sensitivum et intellectivum sint radicaliter in eadem substantia *in marg.*
inf. al. man.   16 radicatur] radicadicatur *cod.*   17 eadem] parte *add. cod.*   se-
cundum] tertium *cod.*   18 subiectum differat] sicut diffinitio *cod.*   20 primum]
secundum *cod. et* Giele   21 cum] a *cod.*   Averroes] Aristoteles *cod.*

21 Averroes, *In De anima*, I, 7, p. 10, lin. 15-16.

supra principium *primi De anima*, ubi movet ARISTOTELES quaestiones
suas de anima, ibi dicit quod ARISTOTELES opinatur ista, scilicet
sensitivum, vegetativum et intellectivum esse unam substantiam in
subiecto.   25

Oppositum. Virtus radicata in forma immateriali non est eadem
cum virtute radicata in forma materiali. Hoc est planum. Sed intellectus est virtus radicata in forma immateriali. Probatio, quoniam *tertio
De anima* dicitur quod intellectus simplex est et immaterialis et
impermixtus. Vegetativum sicut sensitivum radicantur in eadem   30
substantia <materiali>. Ergo intellectivum non radicatur in eadem
substantia cum vegetativo et sensitivo.

Solutio. QUIDAM ponunt quod vegetativum, sensitivum <et intellec-
tivum> radicantur in eadem substantia simplici. Et dicunt isti quod
tota anima advenit ab extrinseco sub triplici virtute et differentia 35
animae, quarum una mediante, ipsa potest operari praeter corpus,
ut mediante intellectu intelligit; sed mediante alia duplici virtute,
scilicet vegetativo et sensitivo, non potest operari nisi in corpore.
Unde non potest vegetare nec sentire nisi in corpore. Et sic per rela-
tionem ad corpus differunt illae tres virtutes, cum omnes adveniant 40
ab extrinseco.

Qui sic ponit non habet unde evadat rationem AVERROIS, per quam
probat quod unus sit intellectus in omnibus (et quamvis sumat multas
solutiones aliorum), nisi per hoc quod vegetativum et sensitivum
adveniunt ab extrinseco. Sine dubio difficile <non> est improbare 45
quod adveniret anima ab extrinseco cum sua triplici virtute, scilicet
vegetativo et sensitivo et intellectivo, cum ARISTOTELES videtur velle

---

22 primi] *in marg.*   23 scilicet] quod *add. cod.*   26 immateriali] materiali *cod.*
et NARDI   27 materiali] <in>materiali NARDI   28 forma] virtute *cod.*   29
immaterialis et] pp *add. et exp. cod.*   30 impermixtus] permixtus *cod.*; permixtus
leg. NARDI *et* immixtus *proponit*   31 materiali] *suppl.*; non *suppl.* GIELE *et*
NARDI   33 vegetativum] et *add. al. man.*   33/34 et intellectivum] *suppl.*; *non*
suppl. NARDI   36 quarum... operari] quarum una mediante alico ipsi potest operari *cod.*; quarum una, mediante aliquo simplici, potest operari NARDI; quarum
una, mediante animo, ipsa potest operari GIELE   40 differunt] dicuntur (?) *leg.*
NARDI   tres] 3es *cod.*   42 ponit] ponat *cod.*   Averrois] Averroys *cod.*   43
unus] unu9 *cod.*; unicus *leg.* GIELE   43 sumat] sumant *leg.* GIELE   44 nisi] *om.*
NARDI   45 non] *suppl.*   46 quod] non *add. cod.*

29 ARISTOTELES, *De anima*, III, 4, 429 a 16-18; III, 5, 430 a 16-17.
33 QUIDAM : cf. ALBERTUS MAGNUS, *De anima*, III, tr. 2, c. 12; S. THOMAS, *Q. de
anima*, a. 11 *in corp.* et ad 10m; *S. Theol.* I, q. 118, a. 2, *ad* 2m.
42 AVERROES, *In De anima*, III, 5, p. 407, lin. 595-596; III, 20, p. 448, lin. 145-155.

contrarium *XV° Animalium*. Ibi enim dicit ipse : « solus intellectus
est ab extrinseco ».

50 Item ratione | potest illa ratio improbari. Constat quod vegetativum 358ra
et sensitivum educuntur de potentia materiae cum formatur pro-
genitum. Si ergo adveniret vegetativum et sensitivum ab extrinseco,
oporteret quod corrumperentur vegetativum et sensitivum prius
educta de potentia materiae per vegetativum et sensitivum adve-
55 nientia ab extrinseco, quod nullus poneret, quia nihil corrumpitur nisi
a suo contrario; vel necessario oporteret quod in homine esset duplex
vegetativum et duplex sensitivum, quod similiter est inconveniens.

Propter quod dicendum est aliter ad quaestionem. Dicendum enim
quod intellectivum non radicatur in eadem anima simplici cum vege-
60 tativo et sensitivo, sicut vegetativum et sensitivum radicantur in
eadem simplici, sed radicatur cum ipsis in eadem anima composita.
Unde cum intellectus simplex sit, cum advenit, tum in suo adventu
unitur vegetativo et sensitivo, et sic ipsa unita non faciunt unam
simplicem, sed compositam.

65 Per hoc patet ad illud quod dicit AVERROES quod ARISTOTELES
opinatur vegetativum, sensitivum et intellectivum esse unam animam
in subiecto. Verum est : unam compositam, non autem unam simplicem.

Secundum problema, scilicet utrum intellectivum differat a vegeta-
70 tivo et sensitivo, dimittitur hic usque ad tertium, scilicet de intellectu
per comparationem ad corpus.

---

48 XV°] *sic leg.* NARDI, *sed* XVI° *proponit*   dicit ipse : « solus] dicit : « ipse solus DA
PALMA   49 extrinseco] esse *cod.*; extra *corr.* NARDI   50 illa] *om.* DA PALMA
51 materiae cum formatur] animae conformatur *cod.*; conformatur *leg.* NARDI *sed corr.
sicut nos*   52 sensitivum ab] sēnb *cod.*   53 corrumperentur] corrumperetur *cod.*
54 materiae] animae *cod.*   55 nihil] n^e *cod.*   56 contrario] contrana *cod.*   58 di-
cendum] dicebat *cod.*   59 intellectivum] intellectus *leg.* DA PALMA   cum] et *cod.*;
59/60 cum ... sensitivo] et vegetativo et sensitivo *leg.* DA PALMA *et omittendum censet*
61 simplici] substantia *add.* NARDI   62 tum in] cum NARDI:; cum in *leg.* DA PALMA,
sed cum *omittendum censet*   67 unam] <animam> *add.* NARDI   65 Averroes]
Averroys NARDI   67 in] *om.* NARDI   69 problema] proba^{na} *cod.*

48 ARISTOTELES, *De gener. animalium*, II, 3, 736 b 27.
65 AVERROES, *In De anima*, I, 7, p. 10, lin. 15-16.

\<II. QUID SIT INTELLECTUS IN SE\>

\<Quaestio 2\>

\<Utrum intellectus sit aeternus vel de novo creatus\>

Consequenter quaestio de intellectu in se. Et quaeritur primo utrum sit aeternus vel sit de novo creatus. 5

Quod sit aeternus videtur et \<non\> de novo factus. Omne factum ab agente de novo, factum est ab agente transmutato. Sed intellectus creatus est intellectus factus ab agente \<non transmutato\>. Ergo non est factus de novo. Probatio maioris. Oportet enim quod, si aliquid sit factum de novo, quod hoc sit per aliquam causam novitatis, per 10 quam illud novum fiat. Demum oportet ibi esse aliquam causam novitatis. Sed ista causa novitatis non est nisi transmutatio in agente et patiente. Illud quod debet esse de novo factum non fit ex aliquo, quia si esset ex aliquo, tunc posset contingere ex alio quam ex agente, sicut ex materia subiecta. Sic igitur omne factum de novo factum 15 est ab agente transmutato. Minor etiam patet, quod intellectus scilicet factus \<est\> ab agente non transmutato, quia factus est a Causa prima, quae simplex et intransmutabilis.

Item, *primo Caeli et mundi* scribitur quod omne aeternum ex parte post, scilicet in futuro, aeternum est in praeterito. Sed intellectus 20 aeternus est in futuro : separatur enim a vegetativo et sensitivo sicut perpetuum a corruptibili. Quare similiter in praeterito, et sic non est factus de novo.

1 Quid... in se] *suppl.*   2 Quaestio 2] *suppl.*   3 Utrum... creatus] *suppl.*; utrum intellectus sit noviter creatus vel fuit ab aeterno *in marg. inf. al. man.*   4 quaestio] est *add.* Van Steenberghen   5 sit¹] si^t *cod. sed* i *exp.*   creatus] vel causatus *add.* da Palma³   6 non] *suppl.*   Omne] Esse *leg.* Duin   7 transmutato] transmutante *cod. et* da Palma³; transmutato *corr.* Duin   8 intellectus factus] vel actus *cod. et* da Palma³; intellectus factus *corr.* Duin   non transmutato] *suppl.* Duin; M. Giele *proposait une autre conjecture :* « *peut-être pourrait-on mettre aussi* primo, *et éliminer l'addition de* Duin »; primo *suppl.* da Palma³   11 Demum] Deinde *leg.* Duin *et* unde *proponit*   aliquam] a^a *cod.*   13 Illud] illo *cod.*   de] ex *cod.* Duin *et* Giele   14 aliquo] alico *cod.*   agente] primo *add.* da Palma³   15 subiecta] s^a *cod.*; secunda *leg.* Duin   factum¹] actum est *cod.*   16 et 17 transmutato] transmutando *leg.* da Palma³   17 est] *suppl.*   22 similiter] sequitur *leg.* Duin   23 factus] fñr *cod.*

19 Aristoteles, *De caelo*, I, 12, 282 b 1-5; 283 b 17-19.

Praeterea, *primo Caeli et mundi* habetur quod omne non generatum
25 est aeternum. Per hoc enim probat ipse <ARISTOTELES> mundum
esse aeternum. Sed intellectus non est generatus, cum sit ab extrinseco.
Ergo est aeternus et non de novo factus.

In oppositum est AUGUSTINUS, qui dicit quod anima creando
infunditur et infundendo creatur. Patet : quod infundendo creatur,
30 de novo creatur. Ergo intellectus est de novo creatus et non est
aeternus.

Solutio. Ista quaestio supponit quod intellectus iste non sit Primum
Agens. Est enim intentio de intellectu nostro. Et quod intellectus
noster non sit Primum Agens, probatio huius est : intellectus enim,
35 qui Primum Agens, est in fine bonitatis et simplicitatis et perfectionis.
Intellectus autem noster non est in fine bonitatis, simplicitatis et
perfectionis, cum sit ei admixta potentia. Est intellectus noster
potentia unumquodque intelligibilium et etiam intelligit cum phantasmate. Primo autem nihil est admixtum de potentia neque phantas-
40 mate. Ex quo manifestum est quod intellectus noster non est Primum
Agens.

Cum igitur quaeritur utrum intellectus sit novum factum vel
aeternum, per ARISTOTELEM patet quid dicendum, scilicet quod intellectus factum est aeternum et non factum novum. Dicit enim ARISTO-
45 TELES quod omne factum immediate a Prima Causa non est novum

---

29 infunditur] infundatur *cod.*   Patet : quod] Patet quod <quod> GIELE   crea-
tur] *omittendum censet* DA PALMA³   32 Solutio] saluco' *cod.*   sit] est *leg.* DUIN
34/35 intellectus enim, qui] intellectus ē qm *cod.*; intellectus est qui *leg.* DUIN *et omit-*
tendum censet; intellectus est quoniam *leg.* DA PALMA³ *et omittendum censet*   35 in
fine] ī fiñ *cod.*; in fine *leg.* DUIN; infinitae *corr.* GIELE   36 in fine] in fine *cod. et*
DUIN; infinitae *corr.* GIELE   simplicitatis] unitatis *fors. scr. cod.*; unitatis *leg.*
DA PALMA³   37 Est] cum *leg.* DA PALMA³   38 intelligibilium] intelliᵘ *cod.*; intellec-
tivus *leg.* DUIN; intelligat *leg.* DA PALMA³; intelligens *leg.* GIELE   intelligit] intelligat *fors. scr. cod.*; intelligat *leg.* DA PALMA³   38/39 phantasmate] phantasmatibus *leg.* DUIN   39 neque] nec *leg.* DUIN; neque de *leg.* DA PALMA³ *et omittendum*
censet de   42 Cum igitur] cum autem *leg.* DUIN; Consequenter *corr.* GIELE   43
Aristotelem] *punctum add. cod.*   45 omne] esse *leg.* DA PALMA³; *cf. lin. 54*

24 ARISTOTELES, *De caelo*, I, 12, 282 a 30 - b 1.
28 AUGUSTINUS, *locus non inventus*. Cf. S. BONAVENTURA, *In II Sent.*, d. 18, a. 2, q. 3 :
« animae non seminantur, sed, formatis corporibus, a Deo creantur et creando infunduntur
et infundendo producuntur ». S. THOMAS, I, q. 118, a. 3, *in corp.* : « animae non sunt
creatae ante corpora, sed simul creantur cum corporibus infunduntur ».
44/45 ARISTOTELES, *Phys.*, VIII, 6, 259 b 32 - 260 a 1; *Metaphys.* XII, 8, 1073 a 23 sqq.

factum, sed factum aeternum. <Propter> hoc enim posuit mundum
esse aeternum, quia erat factus immediate a Prima Causa. Unde,
si quaereretur ab Aristotele utrum intellectus sit factum novum
vel sit factum aeternum, ipse iudicaret intellectum esse factum aeternum sicut mundum. Et intellectus, quod intellectus est motor humanae 50
speciei, est unum factum aeternum, non multiplicatum multiplicatione
individuali.

Si tu quaeres quid est quod movet Aristotelem ad hoc, scilicet
quod dicat omne factum immediate a Causa Prima esse factum aeternum, patet quid dicendum. Dicit enim Aristoteles in principio 55
octavi <*Physicorum*> quod omne agens faciens de novo est trans-
mutatum. | Si ergo Prima Causa aliquid facit de novo, oportet quod
sua voluntas sit nova et quod transmutetur. Sed sua voluntas est sua
actio. Oporteret ergo quod sua actio esset nova et transmutaretur,
si aliquid faceret de novo. Et propterea, cum hoc sit inconveniens, 60
propter hoc ipse dicit mundum esse aeternum. Et praecipue verum est
illud, scilicet « omne agens aliquid formans de novo est transmutatum »,
in eis quae non fiunt ex aliquo.

Estne hoc necessarium? Dicendum quod, licet hoc sit probabile,
non tamen hoc est necessarium. Quod sic patet. Causatum enim pro- 65
cedit a volente secundum formam voluntatis: sic enim videmus in
agentibus per artificium. Quare similiter erit in Agente primo. Si ergo

f. 358rb

---

46 aeternum] ternum *cod.*   Propter] *suppl.*   hoc] hic *fors. scr. cod.*   47 aeternum]
sed *add. codd.*   erat] esset *fors. scr. cod.*; esset *leg.* DA PALMA³ *et omittendum censet*
48/49 factum novum vel sit factum aeternum] factus novum vel sit factus eterna *cod.*;
factus novus vel factus aeternus *leg.* DUIN   50 intellectus¹] *omittendum censet* DA
PALMA³   quod] quia *leg.* DUIN   51 speciei] spēca *cod.*; <et quod> *add.* DA
PALMA³   53 tu] tamen *leg.* DUIN   56 Physicorum] *suppl.*   59 transmutaretur]
transmutetur *leg.* DA PALMA³   60 sit] est *leg.* DUIN   61 praecipue verum] p̄cie
ūm *cod.*; principium *leg.* DUIN   est] <principium> *add.* DA PALMA³   62 scili-
cet] <quod> *add.* DA PALMA³   aliquid formans] aliquod formam *cod.*; aliquam
formam *leg.* DUIN; aliquid faciens *leg.* DA PALMA³   62/63 transmutatum, in ...
aliquo.] transmutatum. In eis quae non sunt ex aliquo, *leg.* DUIN (*en notant que le
ms. rattache les mots in ... aliquo à la phrase précédente*)   65 Quod sic patet. Causa-
tum] quod sic patet ne licet cā *cod.*; quod sic patet nunc. Haec causata *leg.*
DUIN (*qui ajoute en note*: causata] lecture douteuse); Quod sic patet ne hoc licet.
Causatum *leg.* DA PALMA³ *et omittendum censet* ne hoc licet   65/66 procedit] procedunt
leg. DUIN   67 Si] sed *cod.*

---

55 ARISTOTELES, *Phys.*, VIII, 1, 251 a 16-23; 6, 260 a 11-19.
61 ARISTOTELES, *Phys.*, VIII, ch. 1.

Primum voluit intellectum fieri de novo, cum factus est, factus est
de novo, quoniam aliter non fieret volitum <secundum> formam
70 voluntatis suae. Et si voluit ab aeterno intellectum fieri aeternum,
intellectus factus est aeternus, quia aliter volitum suum non fieret
secundum formam voluntatis suae. Qui ergo voluerit scire utrum
intellectus factus sit de novo vel factus sit aeternus, oportet eum
investigare formam voluntatis Primi. Sed quis erit qui eam investi-
75 gabit ?

Et si tu quaeras : si voluit intellectum fieri aeternum, quare magis
voluit sic quam quod factus esset de novo, dico quod sic voluit, quia
voluit. Voluntas enim eius non dependet a rebus sicut voluntas nostra,
quae licet non possit cogi a rebus, tamen trahitur et excitatur a rebus.
80 Voluntas autem Primi nec a rebus cogitur nec trahitur.

Dico autem quod, licet non sit necessaria positio ARISTOTELIS,
sicut ostensum est, ipsa tamen <est> probabilior quam positio
AUGUSTINI, quia non possumus inquirere novitatem vel aeternitatem
facti a voluntate Primi, scilicet quod non possumus cogitare formam
85 voluntatis suae. Ideo oportet quod inquiramus novitatem vel aeternitatem huius facti a natura sua propria, ut videamus utrum illud quod
generatur, per naturam propriam cogit quod sit factum de novo.
Sed omne illud quod immediate factum est a Primo, ut hoc factum,
scilicet intellectus, non habet <per> naturam propriam quod habeat
90 esse factum de novo, sed exigit quod sit factum aeternum. Omne
enim habens virtutem per quam potest esse in toto futuro, habuit

68 Primum] primun cod. 69 quoniam] qñ cod. (le jambaje de la lettre q est effacé) ;
an leg. GIELE et quia proponit; aut leg. DUIN; quia leg. DA PALMA³ secundum]
suppl. (DA PALMA³ suppléé sans le dire) 74 Sed quis erit qui] sed si quis eris quod
cod. 76 si²] scilicet cod.; scilicet leg. DA PALMA³ et quare proponit 77 sic¹]
secundum cod. GIELE et DA PALMA³ factus esset] esset factus leg. DUIN 79
quae] et cod., GIELE et DUIN tamen] cum cod. 81 positio] potentia cod. 82 sicut
ostensum est, ipsa] sīc onñ ē ipā cod.; sic dicentis, est ipsa leg. DUIN et GIELE
(M. GIELE ajoute : ms. plutôt sicut ostensum) est] suppl. quam]quod cod.
84 Primi] rᵘ (= respectu) cod.; prima leg. DUIN scilicet] secundum leg. DUIN
85 vel] et cod., DUIN et GIELE 86 huius] huiusmodi leg. DUIN a natura sua
propria] secundum naturam suam propriam leg. DUIN videamus] videmus cod.
et DUIN utrum] quod cod., DUIN et GIELE 86/87 quod generatur] scilicet
Augustini leg. DUIN; quod <non> generatur leg. DA PALMA³ 87 de novo] <vel
non> DA PALMA³ 89 non habet <per> naturam] ut habet naturam cod. et DUIN
(en note DUIN ajoute : ms. ht : faute pour sēc (secundum ?); DA PALMA³ suppléé per
sans le dire 90 esse] omē cod.; non est leg. DUIN (en note il ajoute : ms. omē)
91 virtutem] untatē cod. quam] quod cod.

virtutem per quam potuit esse in toto praeterito. Sed hoc factum, scilicet intellectus, virtutem habet per quam potest esse in toto futuro. Ergo habet virtutem per quam potuit esse in toto praeterito. Et sic intellectus, quantum est de natura propria, est factum aeternum et 95 non de novo. Propter hoc positio ARISTOTELIS probabilior est quam positio AUGUSTINI. Si igitur credatur ARISTOTELI, planum est quod non est credendum AUGUSTINO. Si vero credatur AUGUSTINO, erit aequaliter.

Respondebitur ad rationem in oppositum. Cum enim dicitur : omne 100 factum ab agente de novo, factum est ab agente transmutato, dicendum quod illud verum est, si illud factum de novo sit factum ab agente quod non agat forma suae voluntatis. Sed quia non est ita hic, quia intellectus est factus ab agente quod agit secundum formam suae voluntatis, tunc non oportet quod sit factum ab agente transmutato. 105 Quod est intellectum.

<QUAESTIO 3>

<UTRUM INTELLECTUS FACTUS FUERIT IN NUNC
TEMPORIS VEL NUNC AETERNITATIS>

Adhuc supponamus intellectum esse factum et novum factum, non tamen generatur. Et quaeramus utrum intellectus factus fuerit 5 in nunc temporis vel nunc aeternitatis, et sic quaeremus de modo factionis intellectus.

Et videtur quod factus sit in nunc temporis sic. Omne factum novum, factum est in instanti novitatis sive in instanti novo. Sed novitas

---

92 esse] DUIN *lit* esse, *mais il note* : *ms.* licet   hoc] licet *cod.*   93 quam] quod *cod.*   97 igitur] ergo *leg.* DUIN, DA PALMA³ *et* GIELE   100 rationem] questionem *cod.*   omne] esse *cod.*   101 transmutando *leg.* DA PALMA³   102 illud] *om.* DUIN si illud factum] si illud verum est si illud factum *cod.* et DUIN   103 forma] necessitatem *cod.*   104/105 suae voluntatis] sue^tis *cod.*   105 transmutato] transmutando *leg.* DA PALMA³
1 Quaestio 3] *suppl.*   2/3 Utrum ... aeternitatis] *suppl.* ; utrum intellectus sit factus in nunc temporis vel nunc aeternitatis *in marg. inf. al. man.*   4/5 Adhuc... generatur] Quia est intellectum (*cf. lin. 106 q. praecedentis*) ad hoc sufficienter (*en note* : supra ?), dicamus intellectum esse factum, et novum factum vitae generatae *leg.* DUIN. M. GIELE *lit comme nous, mais il ajoute* : peut-etre faut-il lire supra, dicamus *au lieu de* supponamus. *Pour* supponamus *cf. q. 4, lin 3.*   5 non tamen] inde *cod.*   6] sic] si *cod.*   9 instanti²] 9^ti *cod.* (*même remarque pour lin. 10 et 11*).

10 solum est in instanti temporis et non in instanti aevi vel aeternitatis.
Quare et intellectus sic factus novus, factus est in instanti temporis.
Contra. Omne instans temporis, si sit, est alicuius temporis. Quod
ergo factum est in instanti temporis, debet esse in fine transmutationis
praecedentis. Sed intellectus non est factus in fine alicuius trans-
15 mutationis. Probatio, quia cum fieret intellectus, nec fuit transmutatio in agente, cum ipse de se sit intransmutabilis, nec in materia,
cum non esset materia. Quare intellectus factus est in instanti aevi
et non <in> instanti temporis, cum non fuerit factus in fine alicuius
transmutationis.
20   Solutio. Dico quod intellectus non fuit factus in nunc temporis
nec in nunc aeternitatis, sed in tempore non continuo, sed composito
ex ipsis nunc.
Probo primo quod factus sit in tempore. Transmutatio enim omnis
est de opposito in oppositum, quae non possunt simul esse. Omnis
25 ergo transmutatio est in tempore, ex quo opposita, inter quae est
transmutatio, | non possunt esse simul. Sed anima intellectiva producta   f. 358va
fuit de non esse ad esse. Sed non fuit simul sub esse et non esse. Ergo
fuit in ista factione successio. Si ergo ponamus ita : omnis mensura
successiva est tempus, ergo manifestum est ex hoc quod intellectus
30 factus est in tempore.
Probo postmodum quod intellectus factus est in tempore composito
ex ipsis nunc. Ex quo enim factio ista non est simul, sed successiva,
ipsa exigit mensuram, quae non sit tota simul, sed unum post aliud,
ita quod ei respondeat unum nunc, scilicet quod exigat ante esse,
35 et aliud nunc respondeat ei, scilicet quod ingreditur esse, et sic videtur
quod nunc successiva sine medio requirantur ad factionem istam.
Ergo apparet quod intellectus sit in tempore composito ex ipsis nunc.
Si tu dices quod ARISTOTELES negat tempus esse compositum ex
ipsis nunc, dicendum est quod quoddam est tempus quod est mensura
40 motus continui, et tale tempus non componitur ex ipsis nunc; aliud
est tempus quod est mensura motus <non> continui, et tale tempus

---

11 intellectus] intellectu *cod.*   15 Probatio] *in marg. al. man.* : quaestio   17 aevi]
au *cod.*   18 in]*suppl.*   20 nunc] nõ *cod.*   21 nunc] nõ *cod.*   26 Sed] *sup.*
lin.; in *add. cod.*   27 fuit] *macula in textu*   28 successio] successiu *cod.*   Si]
sic *cod.*   31 postmodum] post momentum *leg.* GIELE   tempore] spĩto *cod.*
33 aliud] alium *cod.*   35 respondeat] *dub.*; rxndeat *cod.*   36 nunc] simul *add.*
cod.   41 non] *suppl.*   tempus] non *add. cod.*

---

38 ARISTOTELES, *Phys.*, VI, 10, 241 a 1-5; cf. S. THOMAS, *In Phys.*, VI, lect. 12.

componitur ex ipsis nunc. Dicendum est : quoddam est tempus quod
est mensura motus continui; aliud est tempus quod est mensura
consequens motum successive, non tamen continue, et tale tempus
bene potest esse compositum ex ipsis nunc. Poni potest, ut visum 45
est, quod intellectus est de novo factus, et visum est etiam prius quod
factio eius consistit in tempore composito ex ipsis nunc, licet eius
substantia nec sit in tempore nec sit in nunc temporis, sed sit in nunc
aevi.

\<Quaestio 4\>

\<Utrum intellectus sit generabilis\>

Quamvis autem prius suppositum sit quod intellectus immediate
educatur a Primo, tamen hoc potest habere dubitationem. Ideo quaeratur utrum intellectus sit generabilis.　　　　　　　　　　　　　　　5

Videtur quod sic. Dicit Aristoteles *septimo Metaphysicae* quod
generans compositum generat formam compositi. Forma ergo generati
compositi generata est. Sed intellectus est forma generati compositi.
Ergo intellectus est forma generata.

Item, quanto forma nobilior est, tanto magis est activa sui in 10
materia et multiplicativa sui in materia. Sed intellectus est forma
nobilior quam vegetativum et sensitivum. Sed \<cum\> multotiens
agant per generationem, videtur multo fortius quod anima intellectiva
se multiplicet per generationem et sic erit generabilis.

Et si dicatur quod intellectus \<non\> sit generabilis, et quod non 15
sit generabilis, hoc non est quia defectus sit in agente generationem,
sed in materia (materia enim impotens est ad hoc, ut de ipsa educatur
talis forma), contra : omnes formae quae sunt in actu in Motore
Primo, sunt in potentia in materia prima ; sed intellectus est de numero

---

44 motum] *coni.*; ītent *cod.*　　46 est[1]] *iter.*　　47 nunc] nō *cod.*　　48 sed sit in
nunc] nec sit in nō *cod.*
1 Quaestio 4] *suppl.*　　2 Utrum ... generabilis] *suppl.*; utrum intellectus sit generabilis *in marg. inf. al man.*　　3 suppositum] suppon[t] *cod.*
5 utrum ... generabilis] *sublin*; *in marg. al. man.* : quaestio　　6 sic] non *cod. et* Giele
septimo] 7 *cod.*　　10 quanto] qant *cod.*　　11 multiplicativa] intellectiva *cod.*;
cf. p. 15, lin. 48　　12 non] *suppl.*　　14 sic erit] *ita leg.* Giele; sit enim *cod.*　　15 non]
suppl.　　16 defectus] de facto *leg.* Giele　　agente] per *add.*Giele　　19 sed] est *cod.*

6 Aristoteles, *Metaph.*, VII, 8, 1033 b 15-20; cf. 15, 1039 b 23-26.

20 formarum quae sunt in Motore; ergo est in potentia in materia prima,
et sic est possibile educere eum de ipsa. Quare non est defectus per
impotentiam materiae.

Item, omnis forma quae est actus materiae et non est separata,
in materia est generabilis. Sed intellectus noster est forma, actus
25 materiae et non solum motor. Ergo est generabilis.

Oppositum vult ARISTOTELES, cum dicit quod intellectus est ab
extrinseco.

Item, omne generabile est corruptibile. Sed intellectus non est
corruptibilis : separatur enim a vegetativo et sensitivo sicut perpetuum
30 a corruptibili. Ergo non est generabilis.

Item, dicit ARISTOTELES quod intellectus est impermixtus et immaterialis et separatus. Sed si esset generabilis, esset materialis.
Ergo et cetera.

Iuxta hoc quaeritur utrum valeat medium ARISTOTELIS per quod
35 probat quod intellectus sit immaterialis. Dicit enim quod, si intellectus
esset materialis, non reciperet omnes formas materiales. Videtur hoc
esse falsum, quoniam phantasia <est> virtus materialis et tamen
recipit omnes formas materiales.

Oppositum videtur, scilicet quod medium ARISTOTELIS sit con-
40 veniens. Recipiens enim debet esse denudatum ab omnibus eis quae
recipit. Aliter enim nunc magis reciperet magis sibi cognata quam
alia. Sed intellectus recipit omnes formas materiales. Ergo debet
esse denudatum ab omni forma materiali.

Ad ista dicendum, cum quaeritur utrum intellectus sit generabilis,
45 dicendum quod inter omnes expositores ARISTOTELIS solus ALEXANDER
posuit intellectum esse generabilem. Unde ipse posuit intellectum esse

21 possibile] possibilis *cod.* educere] ed[e] *cod.* eum] ce *cod.*   29/30 separatur
... corruptibili] *om.* DA PALMA[5]   31 impermixtus] permixtus *cod.*   34 quae-
ritur] *in marg. al. man.* : quaestio; responsio *leg.* GIELE; *in marg. inf. al. man.* :
utrum medium Philosophi sit sufficiens per quod probat quod intellectus est immaterialis   35 quod[1]] *om.* DA PALMA[5] *et suppl.* cur   37 est] *suppl.*   40 Re-
cipiens] receptibile *cod. et* GIELE   eis] iis *leg.* DA PALMA[5]   41 nunc] non *leg.*
GIELE   magis[2]] *om.* DA PALMA[5]   cognata] 9ganta *cod.*; cognita *leg.* GIELE *et*
corr.; cognita *leg.* DA PALMA[5]   42 recipit] *macula in textu*   43 materiali] immateriali *cod.*   45 omnes] oppms *cod., sed primum* p *et primum ictum* m *exp.*; *om.*
DA PALMA[5]   46 generabilem] ingenerabilem *cod.*

26 ARISTOTELES, *De gener. animalium*, II, 3, 736 b 27.
31 ARISTOTELES, *De anima*, III, 4, 429 a 16-18; III, 5, 430 a 16-17.
34 ARISTOTELES, *De anima*, III, 4, 429 a 19-26.
45 ALEXANDER, *De anima*, 8, 22 - 9, 3; 10, 14-19; 10, 24-26; *De an. Mant.* 81, 24 sqq.;
82, 5; 84, 24; 90, 15; 104, 28-34. Cf. AVERROES, *In De anima*, III, 5, pp. 393-394.

nobilissimam formam materialem constitutam in optimo gradu mixtionis. Gradus primus est in quo consistit minima proportio miscibilium : in isto gradu mixtionis est complexus mineralium. In secundo
gradu est maior convenientia miscibilium, et per istam mixtionem 50
educitur <forma> vegetabilium. In tertio gradu adhuc est maior
adaequatio miscibilium, et per hunc gradum mixtionis educitur
<forma> sensibilium. Quartus gradus consistit in summa et optima
f. 358vb proportione et adaequatione | miscibilium. Secundum hunc gradum
mixtionis producitur homo. Et quia homo est in optimo gradu mix- 55
tionis, quando generatur homo, simul generatur intellectus in ipso.
Unde ipse dixit intellectum formam materialem nobilissimam esse
in optima ratione miscibilium.

Item in oppositum est ARISTOTELES, cum dicat quod intellectus
est ab extrinseco.   60

Licet igitur ARISTOTELES dixerit intellectum esse ingenerabilem,
et hoc dicimus omnes, quae tum fuit ratio per quam dixit ARISTOTELES
intellectum esse ingenerabilem, per quam posset reprobari positio
ALEXANDRI ? ARISTOTELES enim hoc non posuit sine ratione, propter
quam ipse ARISTOTELES debuit moveri ad ponendum intellectum esse 65
ab extrinseco. Hoc non est scire. Ecce ratio quae potuit ARISTOTELEM
movere. Dicit COMMENTATOR super hunc *tertium* quod « scire actiones
animae prius est apud nos quam scire eius substantiam ». Ergo actio
intellectus facit nos scire substantiam eius et sic, per consequens,
si est generabilis aut non. Virtute autem quadam existente in nobis 70
experimur in nobis acceptionem formae communis praedicabilis quae,
inquam, non scitur ut propria cuiuslibet, sed ut communis omnibus
suis singularibus. Hanc autem acceptionem non possumus experiri

---

48 gradus] .x. *cod.*　　48/49 Gradus ... miscibilium] *om.* DA PALMA[5]　　48 propor-
tio] in *add. et exp. cod.*　　49 in isto] in primo *corr.* DA PALMA[5]　　mineralium] mi-
niāliū *cod.*　　51 forma] *suppl.*　　vegetabilium] vegetativum *leg.* GIELE *et* DA
PALMA[5]; forma *non suppl.*　　In] *iter. cod.*　　52 mixtionis] mixtion *cod.*　　53 forma]
suppl.　　sensibilium] sensitivum *leg.* GIELE *et* DA PALMA[5]; forma *non suppl.*　　62
tum] t *cod.*; tamen *leg.* DA PALMA[5]　　per quam ... ingenerabilem] *om.* DA PALMA[5]
64 Alexandri] ax *cod.*　　66 potuit] pon^t *cod.*　　67 hunc] hnc *cod.*　　70 aut] autem
cod.　　71 communis] commune *cod.*　　72 scitur] scut^r *cod.*

59 ARISTOTELES, *De gener. animalium*, II, 3, 736 b 27.
67 AVERROES, *In De anima*, III, 1, p. 380, lin. 40-41. *Pour le passage qui suit cf.* AVER-
ROES, *In De anima*, III, 19, p. 441.

a forma materiali, sed experimur eam a forma immateriali. Est igitur
75 aliqua forma immaterialis in nobis; sed non alia nisi intelligibilis.
Quare intellectus est immaterialis. Sed si immaterialis est, ingenerabilis
est, etc.

Probatio primae propositionis, scilicet quod virtute quadam existente
in nobis experimur acceptionem formae communis etc. Nam scimus
80 aliquando aliquid inesse omnibus <triangulis>, cum tamen non simus
experti illud esse in omnibus triangulis particularibus, quia nec omnes
particulares triangulos vidimus, cum tamen sciamus habere tres
angulos inesse omnibus triangulis. Sic ergo aliquando scimus aliquid
inesse omnibus, cum tamen non simus experti illud inesse cuilibet
85 singulari. Hoc autem scimus per quamdam rationem communem,
quam scimus inesse omnibus. Hanc autem acceptionem communem
non scimus nisi per virtutem universalis acceptionis factae mediante
virtute aliqua in nobis existente. Et quicumque vult intueri et cognoscere, ipse sciet in se ipso huiusmodi esse acceptionem universalem.
90 Scimus ergo inesse <nobis> virtutem per quam scimus vel accipimus
formam communem, ut communem pluribus, non ut propria est
cuilibet singulari.

Probatio secundae propositionis, scilicet quod forma, qua acceptionem universalem fieri in nobis experimur, non sit materialis. Nam
95 virtus materialis non potest apprehendere speciem praeter conditiones
materiales, ut visus solum apprehendit colorem ut est huius colorati,
nec umquam potest iuxta illam speciem sensitivam sibi assumere
speciem communitatis vel quidditatem in universali, sed semper
apprehendit colorem ut est huius colorati, et similiter apprehendit
100 magnitudinem ut est huius magni.

Item, quod veram universalem acceptionem non faciat forma
materialis, hoc patet. Dicit enim COMMENTATOR quod forma quamdiu

---

75 aliqua forma.] aliquam formam *cod.*   alia] aliqua *cod.*   intelligibilis] ĩtllig'
cod.   79 formae] materiae *cod.*; *cf. lin. 71*   80 triangulis] *suppl.*; *om.* GIELE
simus] scimus *cod.* 83 angulos] l *cod.* (*peut-etre faut-il lire* tria latera)   84 simus]
scimus *cod.*   inesse] esse *cod.*   88 intueri] i9t'ui *cod.*   88/89 cognoscere] agnos-
cere *leg.* DA PALMA⁵   90 nobis] *suppl.*; *non suppl.* GIELE   91 est] *om.* DA
PALMA⁵   93 secundae] primae *cod.*   94 experimur] experimus *cod.*   mate-
rialis] immaterialis *cod.*   98 communitatis] 9ᶦtat *cod.*   semper] simpliciter *leg.*
GIELE   99/100 apprehendit magnitudinem] a magnitudine *cod. et* GIELE   1 fa-
ciat] facit *leg.* DA PALMA⁵   forma] formam *cod.*

2 AVERROES, *In De anima*, III, 4, pp. 384-385; III, 5, p. 388, lin. 38-42.

est <in> materia, est potentia intelligibilis. Ergo forma, si reciperetur
in virtute materiali, quando statim deberet intelligi, esset in materia,
et sic esset in potentia <intelligibilis>, et sic numquam haberemus 5
cognitionem in actu de forma.

Item, forma <quae> per suam substantiam materiae est coniuncta
et quae de potentia materiae est educta, utitur organo sive instrumento.
Sed actio sive operatio intellectus, qui modo est in nobis, separata
est nec utitur organo. Veritas est quod intelligimus cum phantasmate 10
abstractione formae intelligibilis, sed in ipso actu intelligendi non
utitur intellectus organo. Unde sub phantasmatibus sensibilibus
intellectus accipit quidditates rerum insensibiles, quod non faceret
imaginatio vel sensus. Immo quidquid apprehendit imaginatio vel
sensus, sub conditionibus materialibus comprehendit.   15

Si tu quaeres : qualiter ergo experimur acceptionem formae communis in nobis fieri ab intellectu ? Numquid est igitur haec ei propria
operatio ? Dico quod quodammodo est ei propria operatio, et dico
quod hoc experimur, quia intellectus noster est quodammodo sicut
aliquid compositum ex materia et forma : in toto enim potentia 20
percipitur operatio quae debetur formae unde forma est, et etiam quae
debetur materiae unde materia est. Similiter est in nobis. Nos enim
conscii sumus ex virtutibus corporis intellectum. Et percipimus
operationes quae in nobis sunt vel fiunt ratione virtutum corporis
et materiae, et similiter nos percipimus operationes quae fiunt in 25
nobis ratione intellectus. Unde ipse est intellectus noster, per quem
experimur huiusmodi acceptionem universalem fieri in nobis. Intellectus enim noster apprehendit se ipsum sicut operari. Si ergo accipiantur
praedicta, liquebit intellectum esse immaterialem et sic ingenerabilem.

---

3 in] *suppl.* (DA PALMA[5] *supplée sans le dire*)   est[2] <in> *add.* DA PALMA[5]   intelligi-
bilis] ĩtllcuiã *cod.*; intellectiva *leg.* GIELE (*mais il note : peut-etre faut-il lire* intellecta)   4 deberet] debet *cod.*   5 intelligibilis] *suppl.*; *non suppl.* GIELE   7 forma]
formam *cod.*   quae] *suppl.*; *non suppl.* GIELE   materiae est coniuncta] materia
est uniuscuiusque *leg.* DA PALMA[5] *et corr.*; est actus alicuius materiae   8 quae]
qua *cod.*   10 intelligimus] intelligamus *cod.*   phantasmate] <et> *add.* DA
PALMA[5]   14 imaginatio] ymaginatio *cod.* (*cette graphie revient régulièrement*)   17
Numquid] nõ quid *cod.*   18 operatio[1]] nõiaᵒ *cod.*   Dico ... propria] *iter. cod. et*
DA PALMA[5]   19 quodammodo] qn (= quando) *cod.*; quando *leg.* DA PALMA[5]   20
aliquid] est *add. cod.*   enim] est *cod.*   21 et] etiam *cod.*   23 ex virtutibus
corporis intellectum] *omittendum censet* DA PALMA[5]   intellectum] *dub.*   24/25 ratione ... materiae] ipē virtutum corporea materiae *cod.*; ipsa virtute corporea materiae
corr. DA PALMA[5]

30   Ad rationes | per quas probatur quod intellectus sit generabilis   f. 359ra
respondeo.

Ad primam dico quod verum est quod forma compositi generati generata est. Sed cum dicitur ulterius quod intellectus est forma generata
generati compositi, dico quod falsum est. Unde dico quod compositum
35 ex intellectu et corpore non est generatum. Et probatio huius est
quia dicit AVERROES quod, si formae essent ab extrinseco, scilicet a
datore formarum, suppositi non esset unum generans, sed aliud esset
generans materiam et aliud esset generans formam, sumendo generans
large. Per hoc dico ad propositum quod, <cum> intellectus sit ab extrin-
40 seco, compositum ex intellectu et corpore non est generatum. Quare
nec forma huius compositi, scilicet intellectus, debet esse generata.

Ad secundam rationem respondetur a QUODAM sicut videbatur.
Sed cum arguitur ulterius quod omnes formae quae sunt in actu in
Motore Primo, sunt in potentia in materia prima, hoc est verum,
45 scilicet omnes formae materiales. Intellectus autem non est forma
materialis.

Sed contra hoc arguitur : si intellectus, quia est forma nobilis, est
sui ipsius multiplicativus et tamen non potest se multiplicare in
materia, aut ergo frustra est ista potentia se multiplicandi, ex quo
50 non potest fieri per defectum materiae, aut non est defectus huiusmodi multiplicationis propter impotentiam materiae, sed solum
propter nobilitatem intellectus deest quod non multiplicet se intellectus
in materia, et hoc est verum. Propter quod potest responderi per
interemptionem quod cum dicitur : forma quanto nobilior est, tanto
55 est magis activa in materia, dico quod falsum est, immo nobilitas
eius impedit.

Ad tertiam rationem dicendum, cum dicitur : forma, quae est actus
materiae, est generabilis, <verum est> si illa forma sit actus materiae
quantum ad suam substantiam. Sed intellectus non est actus materiae
60 quantum ad suam substantiam, sed solum quantum ad suas actiones.
Ideo non valet ratio.

---

36 Averroes] Averroys *cod.* extrinseco] exñte *cod.* 37 suppositi] spevi *cod.* ge-
nerans] generatum *cod. et* GIELE 39 cum] *suppl.* 41 compositi] cōpoĭt *cod.*
43 in actu] in potentia actu *cod.* 49 frustra] frustᵃ *cod.* ; smaᵃ *leg.* GIELE *et* in materia
proponit 51 materiae] animae *cod.* 54 dicitur] forma *add. cod. et* GIELE 58 verum est] *suppl.* ; *non suppl.* GIELE 59 intellectus] noster *add.* DA PALMA5

---

36 AVERROES, *locus non inventus.*

Ad illud quod quaeritur de medio per quod probat <Aristoteles> quod intellectus non sit materialis, dicendum : medium illud conveniens est. Si enim materialis esset, non intelligeret omnes formas materiales, sed solum sibi cognatas. Cum igitur omnes cognoscat, 65 manifestum est quod est immaterialis.

Ad rationem in oppositum dicendum per interemptionem : imaginativa non apprehendit omnes materiales formas. Dicendum enim quod virtus imaginativa formam sensitivam tantum cum imagine recipit ; formas enim materiales, quae sunt quidditates rerum, non cognoscit. 70 Unde virtus visiva formas materiales sensatas recipit solum in praesentia sensibilium, imaginativa autem recipit eas in absentia.

Sed ulterius argues : quaedam est virtus materialis, ut existimativa, quae tamen etiam alias quam sensatas recipit. Unde bene accipit formas insensatas, ut inimicitiam in lupo. Dico ad hoc quod alia est 75 receptio formarum ab existimativa <et> ab intellectu. Nam virtus existimativa, etsi formam insensatam accipiat, numquam tamen illam formam accipit sine forma sensus. Unde, etsi ovis in lupo accipiat inimicitiam, hoc non est nisi quia simul apprehendit colorem talem, magnitudinem et sic de aliis. Intellectus autem, etsi quidditates 80 accipiat cum phantasmatibus sensibilibus, numquam tamen illas actu intelligit cum phantasmatibus sensibilibus simul.

<Quaestio 5>

<Utrum intellectus sit corruptibilis>

Consequenter quaeritur utrum intellectus sit corruptibilis. Videtur quod sic, quia quod est finitae virtutis est finitae durationis. Ergo est corruptibilis.   5

---

62 quaeritur] co^a cod.; cf. supra p. 11, lin. 34; arguitur corr. Giele   Aristoteles] suppl.; non suppl. Giele   enim] <intellectus> add. da Palma^5 65 cognatas] cognitas leg. da Palma^5 67 per] quod cod.   69 tantum cum imagine] aut cum imaginatione leg. Giele et da Palma^5 70 materiales] immateriales corr. da Palma^5 73 tamen] cã (tã ?) cod.   75 inimicitiam] inimicatam cod. et da Palma^5 76 et] suppl.; non suppl. da Palma^5 79 inimicitiam] inĩcati^{a3} cod.; inimicatam leg. da Palma^5 80 de] dea scrip. sed a exp.
1 Quaestio 5] suppl.   2 Utrum ... corruptibilis] in marg. inf. al. man.   3 utrum ... corruptibilis] subl.

Oppositum vult Aristoteles, cum dicit quod intellectivum separatur vegetativo et sensitivo sicut perpetuum a corruptibili.

Solutio. Dico quod intellectus non habet virtutem in se qua sic intellectum nostrum necesse sit corrumpi, cum non haberet contra-
10 rium. Nihil autem corrumpitur nisi a suo contrario. Nec de se similiter habet virtutem qua non necesse sit ipsum corrumpi et praeservari in futurum. Dico ergo quod intellectus de se est corruptibilis. Unde, sicut eductus est de nihilo, sic per naturam propriam reductibilis est in nihilum. Sed dico quod intellectus habet hoc ex influentia Primae
15 Causae, unde hoc solum a Prima Causa habet, scilicet quod sit perpetuus.

Si tu dices : ergo ex influentia Primae Causae habet intellectus quod sit perpetuus, aliquid ergo acquirit continue in futuro per quod possit perpetuari in futuro, dico quod intellectus non perpetuatur
20 per hoc quod continue recipiat aliquid de novo a Primo, sed quia secundum illud quod est <ab> alio, recipit ab origine sua a Primo per quod postea in aevum perpetuatur.

Sed si tu quaeras modum quo Primum perpetuat intellectum, dico | quod Primum perpetuat intellectum voluntate sua. Unde quia f. 359rb
25 sic voluit, scilicet quod intellectus perpetuaretur, ideo, voluntate sola Primi, intellectus recipit perpetuitatem. Et hoc satis exprimit propositio Platonis dicentis : « dii deorum, quorum ego pater et opifex, qui natura quidem vestra dissolubiles estis, voluntate autem mea indissolubiles » etc.

<Quaestio 6>

<Utrum intellectus sit compositus ex materia et forma>

Consequenter quaeritur utrum intellectus sit compositus ex materia et forma. Videtur quod sic. Certum est quod intellectus aliquam compositionem habet. Sed non componitur ex duobus entibus in

---

8/9 qua ... corrumpi] qua sit nccm nōm necce st corrumpi *cod.*; qua sit necessarium eum corrumpi Giele   9 haberet] haberent *cod.*   11 qua non] quin a *cod.*
17 ex] quo *add. cod.*   intellectus] esse *cod.*   18 ergo] intellectus *leg.* Giele
21 ab] *suppl.*   24 Unde quia] *sup. lin.*   27 pater et] natᵃ *cod.*   28 qui] quae *cod.*
1 Questio] *in marg. al. man*   6] *suppl.*   2 Utrum ... forma] *in marg. inf. al. man.*

6 Aristoteles, *De anima*, II, 2, 413 b 24-26.
27 Plato, *Timaeus*, 41 a.

actu, sed ex uno in potentia et reliquo in actu. Quod est in potentia
est materia, quod est actu est forma. Ergo componitur ex materia
et forma.

Item, omnis potentia receptiva est per naturam materiae. Intellectus
habet potentiam receptivam secundum COMMENTATOREM et secundum 10
ARISTOTELEM. Hanc habet per naturam materiae. Ergo, etc.

Item, omnia accidentia insunt composito per materiam. Sed intellectui insunt accidentia. Insunt ergo ei per materiam. Quare etc.
Probatio minoris, nam scire et intelligere accidunt intellectui. Probatio huius est, nam si scire et intelligere non essent accidentia intellec- 15
tui, essent tota substantia intellectus, nam intelligere intelligentis
tota est substantia eius. Hoc autem falsum est, nam intelligere et
scire intellectus nostri non est sui ipsius, sed alterius, scilicet coniuncti.
Quare etc.

Item, si intellectus est in genere substantiae, oportet quod participet 20
principia substantiae. Haec autem sunt materia et forma. Quare etc.

Oppositum : omnes philosophi qui determinaverunt de intellectu
vocaverunt eum substantiam separatam; quare etc.

Item, AVERROES ait supra finem *primi Physicorum* quod materiae
est annexa privatio, per naturam privationis transmutatio. Cum 25
igitur <in> intellectu nulla sit transmutatio, vult AVERROES quod
in eo nulla sit materia et in intellectu nulla sit passio vel transmutatio,
ut vult AVERROES, sed sola receptio.

Solutio. Certum est quod in intellectu sit aliqua potentia, cum non
sit actus purus in fine simplicitatis, in quo non est aliqua compositio. 30
Nam, si in actu primo esset compositio, in eo esset imperfectio, quia
non potest componi ex duobus actibus : dicit enim ARISTOTELES
septimo Metaphysicae quod actus separat. Oporteret ergo quod com-
poneretur ex materia et forma, vel ex uno actu materiali et reliquo

---

7 componitur] cōpoᵃ *cod.*   16 intelligentis] et itlli'ge'tis *cod.*   20 est] esset *cod.*
21 substantiae] substantia *cod.*   22 Oppositum] item *add. cod.*   omnes] omnis
cod.   23 eum] uñ *cod.*   24 ait] aut *cod.*   26 in] *suppl.*   28 ut vult Aver-
roes] *peut-etre faut-il lire* ARISTOTELES   30 in fine] ī fine *cod.*; infinitae *corr.* GIELE
33 septimo] Xᵒ *cod.*

10 AVERROES, *In De anima*, III, 3, p. 382.
11 ARISTOTELES, *De anima*, III, 4, 429 a 15-16.
24 AVERROES, *In Phys.*, I, t. 83.
26 AVERROES, *In De anima*, III, 2, p. 381.
32 ARISTOTELES, *Metaph.*, VII, 13, 1039 a 7. Cf. SIGERUS DE BRABANTIA, *De aeternitate mundi*, c. III.

₃₅ formali, et sic in eo esset de potentia, cum in eo esset de imperfectione. Et propter hoc in actu primo, cum sit in fine simplicitatis, non potuit esse compositio. Alia vero omnia, quae a sua simplicitate recedunt, compositionem aliquam recipiunt. Dicit enim DIONYSIUS quod mona- dem sequitur dyas, et BOETHIUS, quod omne quod est citra Primum,

₄₀ habet suum quod est. Ideo cum intellectus a puro actu Primi recedat et simplicitate, oportet quod aliquam compositionem habeat.

Propter quod dicitur a QUIBUSDAM quod duplex est materia, intelli- gibilis et non, <scilicet> materia sensibilis.

Sed contra hoc est ARISTOTELES. Dicit enim quod materia quae

₄₅ est intelligibilis est illa eadem sensibilis. Unde, licet in mathematicis sit materia sensibilis intelligibilis, nihilominus illa quantum ad suum esse est sensibilis.

Propter quod dicitur aliter quod quaedam est materia subiecta substantialitati, quaedam est subiecta substantialitati et corporeitati,

₅₀ quaedam est subiecta substantialitati, corporeitati et transmutationi. Unde dicitur quod materia subiecta substantialitati et corporeitati est in corporibus supercaelestibus, materia vero subiecta substantiali-

---

35 cum] cm̄ cod.   36 in fine] i fine cod. (c'est le seul cas où M. GIELE lit in fine) 37 Alia] alio cod.   38/39 monadem] monade(?) cod.   39 omne] ome cod.   43 sci- licet] suppl.; non suppl. GIELE   44 materia] om. DA PALMA⁵   49 quaedam] quae esse cod.; quae esse leg. GIELE sed corr. quae   subiecta] substantia cod. et GIELE substantialitati et corporeitati] substantiati et corporati leg. GIELE   50 corporeitati] corporeitate cod.   51/52 subiecta ... vero] om. DA PALMA⁵

38 DIONYSIUS, De div. nominibus, c. IV, parag. 21 (PG 721 E-D). Cf. c. V, parag. 6; c. XIII, parag. 2.
39 BOETHIUS, De Trinitate, c. II (PL 64, 1250); De hebdom. (PL 1311 C); cf. GILBERTUS PORRETANUS, In Boet. De hebdom., super regulam 8 (PL, 64, 1321).
42 QUIDAM: cf. ROLAND DE CRÉMONE: « Angeli ... sunt compositi ex materia et forma. Sed non ex materia quam sequitur quantitas, sed ex spirituali» (Maz. 795, f. 21 vb, cité par O. LOTTIN, Psych. et Morale, I, p. 431); Summa fratris Alexandri, II, nᵒ 328: « dicendum quod anima humana dicitur composita ex forma et materia intellectuali»; ODON RIGAUD: « ... distinguitur materia in differentia triplici: quedam que est subiecta forme substantiali, quantitati et contrarietati, ut materia in corporibus inferioribus; quedam que est subiecta forme substantiali et quantitati, ut in corporibus supercaeles- tibus; quedam que est subiecta forme substantiali tantum, ut in intelligentiis; et hec est materia spiritualis... » (Bruges, Ville 208, f. 204va, transcrit par O. LOTTIN, op. cit. p. 449). PHILIPPE LE CHANCELLIER connaît et rejette la doctrine de la triple matière; voir les textes dans O. LOTTIN, op. cit., p. 433).
44 ARISTOTELES, Metaph., VII, 10, 1036 a 9-12; cf. S. THOMAS, S. Theol. I, q. 85, a. 1, ad 2ᵐ; Q. de ver., q. 2, a. 6, ad 1ᵐ.

tati, corporeitati et transmutationi est in istis inferioribus. Dicitur
ergo quod intellectus componitur ex materia et forma, materia scilicet
subiecta substantialitati tantum.   55

Sed hoc nihil est. Haec enim distinctio materiae non est distinctio
materiae secundum suam substantiam, sed est distinctio materiae
secundum suum esse. Eadem enim <est> substantia materiae
secundum quod subicitur substantialitati vel corporeitati vel transmutationi, solum habens diversa esse, propter hoc quod ipsa infor- 60
matur diversis formis, quae, inquam, formae dant ei esse.

Credo esse dicendum <quod> in intellectu non sit materia aliqua
sicut nec in substantiis separatis. Et probatio huius est : dicit enim
ARISTOTELES in hoc *tertio* quod quae sunt de se actu intelligibilia,
sunt formae sine materia; quae vero sunt in potentia intelligibilia, 65
sunt formae materiales. Unde, sicut per formam aliquid est ens in
actu, sic per formam est intelligibile in actu; sicut per materiam
aliquid est ens in potentia, sic per materiam est intelligibile in potentia.
Cum igitur intellectus de se sit intelligibilis actu et se ipsum actu
intelligens, manifestum quod in ipso non est materia. Si enim in ipso 70
esset materia, non esset intelligibilis actu, sed solum in potentia.

Nec potes dicere quod haec sit materia corporeitati subiecta, quae
prohiberet intellectum esse intelligibilem <actu>; materia autem
subiecta substantialitati non prohiberet ipsum esse intelligibilem actu.
f. 359va Nam, sicut | prius dictum est, eadem est materia secundum substan- 75
tiam, quae subicitur huic formae et illi. Et ideo, si una prohibet
intellectum esse intelligibilem actu, et alia. Positio ergo ARISTOTELIS
et AVERROIS est quod in quo nulla est transmutatio, in eo nulla est
materia secundum ipsos. Et hoc est verum. Si enim <in> intellectu

---

54 componitur] componitus *cod.*   55 tantum] *dub.*; cm *cod.*; aū *leg.* GIELE *et* aut
proponit; *om.* DA PALMA[5]   tantum] <corporeitati> *suppl.* GIELE   56 nihil] nihilum
leg. DA PALMA[5]   56/57 distinctio materiae ... sed est] *om.* DA PALMA[5]   58 enim]
om. DA PALMA[5]   est] *suppl.*; *non suppl.* GIELE   59 secundum quod subicitur]
secundum quod subiectum *leg.* DA PALMA[5] *et corr.* quae est subiecta   60 habens] habemus *leg.* DA PALMA[5]   61 ei] sibi *cod. et* GIELE   62 quod] *suppl. cum* DA PAL-
MA[5]   63 probatio] enim *add. cod.*   68 in potentia] em *vel* enī *cod.*   72 potes]
pot' *cod.*; potest *leg.* DA PALMA[5] *et* aliquis *suppl.*   haec] *omittendum censet* DA
PALMA[5]   73 actu] *suppl.*; *non suppl.* GIELE   79 Si] scilicet *cod.*   in] *suppl.*
intellectu] intellectus *cod.*

64 ARISTOTELES, *De anima*, III, 4, 430 a 4-7.
77 ARISTOTELES, *Phys.*, I, 7, 190 b 10-15.
78 AVERROES, *In Phys.*, I, t. 64.

80 esset materia, aliquid eorum quae materiam sequuntur ratione materiae reperiretur in intellectu. Si autem nullum talium quae materiam
sequuntur, scilicet transmutatio vel aliquid aliud, in intellectu reperitur
(si enim reperiretur, oporteret quod huic esset primo et prius transmutatio localis, cum in qualicumque transmutatione translatio localis
85 reperiatur; transmutatio autem in intellectu <non> reperitur, scilicet
per se, sed solum per accidens), ergo, cum nullum eorum quae materiam
vel rationem materiae sequuntur reperiatur in intellectu, manifestum
quod in intellectu non est materia.

Est igitur in intellectu aliqua compositio. Haec autem non est ex
90 materia et forma, ut visum est. Dicendum quod intellectus componitur
ex materiali et formali, sicut ex forma generis et forma differentiae.
Unde componitur ex forma materiali et actu. Non enim omnes formae
simplices sunt. Cum enim partes omnes definitionis formae sint,
oportet quod unum sit materiale respectu alterius et quod aliqua
95 illarum <sit> composita. Sic ergo patet ad illud.

Ad primum obiectum dicendum quod verum est quod intellectus
aliquam compositionem habet, nec illa compositio <est> ex duobus
actibus puris. Unde est ex duobus actibus, quorum unus est materialis
respectu alterius, reliquus vero est formalis.

100 Ad aliud dicendum quod duplex est potentia receptiva : una, quae
est in receptione et abiectione et transmutatione, et talis est per
naturam materiae; alia est quae consistit in receptione pura, et ista
non est per naturam materiae. Talis est in intellectu.

Ad aliud dicendum quod, si intelligere esset proprium intellectus
105 et ei inesset per naturam intellectus, sic intelligere et scire essent
substantia intellectus. Unde quod ei accidat intelligere, hoc non est
per naturam ipsius, quasi ei accidat per substantiam suam, sed per
naturam totius coniuncti cui communicat, cui accidit intelligere.

Ad aliud dicendum quod substantia illa quae communis est ad
110 omnes substantias actu existentes (communis, inquam, per abstrac-

80 materiam] materia *cod.*   81 reperiretur] reperiuntur *cod.*   84 qualicumque]
qual' *cod.*   84 translatio] tᵃnsl' *cod.*   85 non] *suppl.*   86 cum] ad *cod.*
87 sequuntur] sequitur *cod.*   88 manifestum] <est> *add.* DA PALMA⁵   89 est]sit
leg. DA PALMA⁵   90 componitur] componitus *cod.*   91 ex²] *om.* DA PALMA⁵
93 definitionis] diffinitionis *cod.*   95 sit] *suppl.*   97 est] *suppl.; non suppl.*
GIELE   98 Unde] cum *add. cod.*   101 receptione] receptionem *cod.*   102 mate-
riae] materia *cod.*; et transmutatione *add. cod.*   107 quasi] quia *cod.*   109 illa]
illam *cod.*   110 inquam] ı̄ qua *cod.*

tionem), non oportet quod illa sit composita, sed pura forma simplex.
Et quod dicit Boethius quod relictis extremis egit Aristoteles
de medio, hoc est intelligendum, sicut apparet per interpretationem
Boethii ibidem, de sensibilibus. Unde Aristoteles solum intendebat
ibi determinare de substantiis sensibilibus, et illae sunt compositae. 115
Quare non valet argumentum. Sic etiam potest responderi ad aliud
argumentum.

\<III. DE INTELLECTU PER COMPARATIONEM
AD CORPORA\>

\<Quaestio 7\>

\<Utrum intellectus sit perfectio corporis
quantum ad substantiam\>   5

Consequenter quaeritur de unione intellectus ad corpus. Et primo
utrum intellectus sit perfectio corporis quantum ad substantiam vel
non quantum ad substantiam, sed quantum ad suam potestatem.
Et intelligo intellectum esse perfectionem corporis quantum ad suam
substantiam, \<hac\> ratio\<ne\> quod dat ei esse coniuncti, cum 10
ab essentia fluat esse; et si det esse ipsi coniuncto, non habebit esse
in se, sed solum in alio. Intelligo autem intellectum esse perfectionem
quantum ad suam potestatem, quia perficit corpus quoad suam
cooperationem.
Quod igitur intellectus non sit perfectio corporis quantum ad suam 15
substantiam, probatio. Si enim intellectus esset perfectio corporis
per substantiam suam, operatio eius proportionaretur \<corpori\>,

---

112 extremis] 9ïe *cod.*   113 interpretationem] interemptionem *fors. scr. cod.*
1/2 III. De intellectu ... corpora] *suppl.*   3 Quaestio] *in marg.*   7] *suppl.*
4/5 Utrum ... substantiam] *suppl.*; utrum intellectus sit perfectio corporis quantum
ad substantiam, vel quantum ad potestatem suam *in marg. inf. al. man.*   7 ad]
suam *add.* da Palma   10 hac] *suppl.*   ratione] ratio *cod. et* Giele; ratione da
Palma   quod] autem *leg.* Giele   14 cooperationem] comparationem *cod.*
17 proportionaretur] propor^{nu} *cod.*   corpori] *suppl.*; *non suppl.* Giele

---

112 Boethius, *Comment. Praedicamentorum*, in *expos. praedic. substantiae*, lib. I, col.
114. Cf. S. Thomas, *In II Sent.*, d. 3, q. 1, a. 1, ad 1^m (voir objection); *De spir. creat.*,
1, ad 23^m; *De natura generis*, c. V; *S. Theol.*, I, 29, 1, ad 5^m.

quod est contra ARISTOTELEM. Probatio : potentia a qua egreditur operatio non est simplicior sua substantia; si igitur intellectus per
20 suam substantiam perficiat corpus, eius operatio non potest esse nisi in corpore; quare in operando necessario utetur corpore, cum potentia, a qua egreditur operatio, non sit simplicior sua substantia, nam actus, qui per substantiam suam est actus corporis, est actus organicus; quare etc.

25 Item, supponamus quod intellectus aliquando separatur. Quando separatus erit, manebit cassus. Ergo aliqua operatio eius separabitur cum ipso. Sed, si per suam substantiam perficeret corpus, nullam haberet operationem sibi propriam. Quare nulla sibi appropriatur | ab   f. 359vb ipso, et sic intellectus post sui separationem esset otiosus, quod falsum
30 est.

Oppositum arguitur. Illud quod dat esse corpori, perficit ipsum per suam substantiam. Sed intellectus dat esse corpori. Ergo perficit ipsum quantum ad sui substantiam.

Item, <si> non esset perfectio corporis quantum ad sui sub-
35 stantiam, non diceretur actus corporis, sed tantum motor, sicut motores caelestium orbium non dicuntur actus illorum orbium, sed motores ipsorum tantum.

Solutio. Intellectus perficit corpus, non per suam substantiam, sed per suam potentiam, quia, si per suam substantiam perficeret, non
40 esset separabilis. AVERROES attendens hoc in *secundo* dixit : cum non utatur corpore, non potest ipsum perficere per suam substantiam, quod attendens ARISTOTELES dixit in *secundo* quod intellectus nullius corporis est ad substantiam actus, id est, nullius partis corporis, ita quod legatur transitive. Sic enim dicit alia translatio, scilicet nullius
45 partis corporis, id est, quia non utatur ea tanquam organo, sed quia communicat operanti per illam partem sic, scilicet imaginationi.

---

20 operatio] substantia *cod. et* GIELE   21 cum potentia] cō pō *cod.*   22 nam] enim *cod. et* DA PALMA   26 cassus] casus *cod.*   34 si] *suppl.*   35 tantum] alu *vel* ctlu *vel* tt'm *vel* cau *scr. cod.*   36 caelestium] illiorum *leg.* GIELE *et in* alio- rum *corr.*   38 corpus] corpori *cod.*   40 Averroes] Aristoteles *scr. cod., sed corr.* 41 utatur] in *add. cod.*   43 partis] partes *cod. et* GIELE   46 imaginationi] yma- ginationi *cod.*

18 ARISTOTELES, *De anima*, III, 4, 429 a 24-26.
40 AVERROES, *In De anima*, II, 21, p. 160, lin. 10-27.
42 ARISTOTELES, *De anima*, II, 1, 413 a 6-8.

Hoc attendens Aristoteles dixit in *primo* : intelligere autem est phantasia, etc.

Item, non haberet operationem propriam.

Item, uteretur organo. Omnis enim actus qui est actus per sui 50 substantiam corporis, est organicus. Propter quod est perfectio corporis solum per suam potentiam, cum sit separabilis. Et hoc scripsit Aris- toteles cum dixit in *secundo* : si intellectus est actus corporis sicut nauta navis, sic est separabilis.

Ad rationem in oppositum sic est dicendum per interemptionem. 55 Dico enim quod intellectus non dat esse corpori quantum ad formam suam intellectus; immo intellectus, essentiam suam habens, esse habet in se et non <in> alio.

Ad aliud dicendum quod non est simile. Nam plus communicat intellectus noster nobiscum quam motores caelestium orbium. Ergo 60 etc.

<Quaestio 8>

<Utrum intellectus sit in qualibet parte corporis>

Consequenter quaeritur de modo essendi in corpore, et quaeritur utrum sit in qualibet parte. Videtur quod non. Impossibile est idem indivisibile simul esse in pluribus. Sed intellectus est indivisibilis. 5 Ergo impossibile est ipsum esse in pluribus.

In oppositum. Intellectus perficit totum per quamlibet partem. Sed perficere partem non potest per partem sui. Ergo perficit illam per se totum. Ergo est totus in qualibet parte.

Solutio. Secundum illos qui ponunt quod intellectus perficit corpus 10 per suam substantiam, potest dici quod intellectus est in qualibet

---

53 cum dixit] *om.* da Palma   55 rationem] alium *cod.*   dicendum] quod *add.* *cod.*   56 corpori] corpu *cod.*   58 in] *suppl.*   60 nobiscum] nobis *leg.* da Palma quam] qua *cod.*   caelestium] aliorum *cod.*
1 Quaestio] *in marg. al. man.*   8] *suppl.*   2 Utrum ... corporis] *in marg. inf. al. man.*   7 perficit] pfid⁰ *cod.*   8 perficere] ficere *cod.* ; facere *leg.* Giele   9 parte] partet *cod.*   10 qui] que *cod.*   11 potest] p̄ *cod.*

47 Aristoteles, *De anima*, I, 1, 403 a 7-10.
52/53 Aristoteles, *De anima*, II, 1, 413 a 7-8.

parte corporis, et exponatur hoc esse in informando quamlibet partem.
Unde intellectus est in qualibet parte corporis, quia informat quamlibet partem per accidens. Informat autem totum per se et quamlibet
15 partem per accidens, et hoc est satis intelligibile.

Si vero dicatur quod intellectus est perfectio corporis non secundum
substantiam suam, sed secundum suam potestatem, tunc diceretur
quod intellectus est in corpore, et exponatur alio modo hoc esse,
scilicet quod intellectus est in corpore, scilicet operans in corpore,
20 et hoc potest esse dupliciter, scilicet intelligens vel movens. Tunc
dico quod intellectus non est in qualibet parte corporis quantum ad
istum actum qui est intelligere. Sed ideo est intelligens in corpore
quod est intellectus in aliqua parte, non utens tanquam instrumento
vel organo ipso, sed propter hoc quod communicat cum operante
25 per illam partem, scilicet cum phantasia. Secundum autem aliam
operationem intellectus est in corpore, id est intellectus est movens
corpus vel motor in corpore. Sic est intellectus in qualibet parte eo
quod movet quamlibet partem per accidens, totum autem movet per se.

Ad rationem dicendum quod verum est quod indivisibile non potest
30 esse vel situari secundum suam substantiam in pluribus, bene tamen
potest informare plura vel movere plura, et sic patet ad illud.

<Quaestio 9>

<Utrum sit unus intellectus in omnibus>

Consequenter quaeritur qualiter intellectus nobis copulatur, utrum
scilicet sit unus intellectus in omnibus, non numeratus numeratione
5 hominum, vel sit intellectus plurificatus et numeratus secundum
numerationem hominum.

Quod sit unus intellectus in omnibus videtur. Nulla forma immateria-

---

12 informando] informant *cod.*   13 et 14 informat] informant *cod.*   17 substantiam suam] suam substantiam *leg.* DA PALMA   diceretur] est *add. cod.*   19 scili-
cet] intellectus *add. cod.*   22 ideo] illud *fors. scr. cod.*   23 utens] <ea> *add.* DA
PALMA   24 hoc] *iter.*   25 scilicet] sicut *cod. et* GIELE   26 corpore] cor^ia *vel*
cor^ra *cod.*   id est] hoc est *leg.* DA PALMA   27 motor in] *sic coni.* DA PALMA;
mobilis *cod.*

1 Quaestio] *in marg. al. man.* (*écrit deux fois, la 2e fois en écriture plus fine*)   9] *suppl.*
2 Utrum … omnibus] *suppl.; in marg. inf. al. man.* : utrum intellectus sit unus in
omnibus

lis, una in specie, est multiplicata secundum numerum. Sed intellectus est forma immaterialis, una in specie. Ergo non est multa in numero.

Item ratio COMMENTATORIS ad illud. Si intellectus numeraretur 10 numeratione hominum, intellectus esset virtus in corpore. Intellectus f. 360ra non est virtus in corpore. | Ergo non numeratur numeratione hominum.

In oppositum. Motores orbium secundum multiplicationem suarum sphaerarum multiplicantur. Ergo similiter motor hominum. Quare etc.

Item, si esset unus intellectus omnium hominum, uno accipiente 15 scientiam, omnes acciperent scientiam, quod videtur esse inconveniens. Et confirmatio huius est : non continuantur nobiscum intellecta, nisi intellectus nobiscum continuetur. Si ergo est unus intellectus in omnibus, omnia intellecta erunt unum.

Solutio. Ad videndum utrum intellectus unus sit in omnibus, oportet 20 quod consideremus naturam eius separatam, similiter naturam eius inquantum copulatur nobis.

Dico quod in natura intellectus non est quod multiplicetur secundum numerum. Scribitur *septimo Metaphysicae* quod generans non generat aliquid <multum> in numero et unum in specie nisi per materiam. 25

Item, divisio generis qualitativa est. Sed divisio speciei in individua quantitativa. Si enim essent plures mundi, essent plures motores, et si essent plures motores haberent et materiam. Ex his praenotatis concluditur quod intellecus, <cum> sit immaterialis, in eius natura non est quod multiplicetur secundum numerum.   30

Item hoc apparet ratione sumpta a finali causa multiplicationis

10 numeraretur] numerantur *cod. et* GIELE   12 numeratur] numeraretur *cod.*; inrt⁹ add. *sed exp. cod.*   16 acciperent] accprerent *cod.*   17 intellecta] intellectiva *cod.* 19 intellecta] ĭtᵃ *cod.*   23 natura] materia *cod.*   24 septimo] .n. *cod.* (*confusion entre* n *et* Λ)   25 multum] *suppl.*; *non suppl.* GIELE   26 speciei in individua] generis individua *cod. et* GIELE   28 materiam] naturam *cod.*   praenotatis] p̄ nũat *cod.*   29 cum] *suppl.*; *non suppl.* GIELE   30 multiplicetur] intelligitur *cod.*   numerum] naturam *cod.*   31 sumpta] sumpti *cod.*

10 AVERROES, *In De anima*, III, 5, p. 402, lin, 432-434.
13 In oppositum : cf. ARISTOTELES, *Metaph.*, XII, 8, 1073 a 33 sqq.
24 ARISTOTELES, *Metaph.*, VII, 8, 1034 a 4-8.
26 Item : cf. ARISTOTELES, *Metaph.*, III, 3, 999 a 2 sqq.; AVERROES, *In Phys.* I, 6 (t. IV, f. 5v, Venetiis, 1550); S. THOMAS, *In Metaph.*, III, lect. 8, n. 436.
27/28 Si enim : cf. ARISTOTELES, *Metaph.*, XII, 8, 1074 a 31-33; AVERROES, *In De anima*, III, 5, pp. 403-404.
31 Item : cf. ARISTOTELES, *De anima*, II, 4, 415 b 3-7; *De gener. animalium*, II, 1, 731 b 31 - 732 a 1; *De caelo*, I, 9, 277 b 27 sqq.; AVERROES, *In De anima*, II, 34; *In De caelo*, I, 98 (f. 70ʳ BC, Venetiis, 1550); S. THOMAS, *S. Theol.* I, 47, 2 *in corp.*; *In II Sent.*, d. 3, q. 1, a. 4.

individuorum sub una specie. Non est nisi quia esse specificum de se non potest salvari in uno secundum numerum. Quare in separatis non est necessaria multiplicatio individuorum sub una specie.

35 Tu dices quod, licet quantum est de natura intellectus non exigatur multiplicatio secundum numerum, cum non sit materialis, tamen creatur sub habilitate perficiendi materiam.

Item, cum materiae accidentes sint diversae, et intellectus perficientes eas sunt diversi. Haec videtur esse positio AVICENNAE, scilicet 40 quod intellectus multiplicetur a principiis corporis.

Nota tamen in principio solutionis quod si intellectus esset perfectio corporis per suam substantiam, non esset quaestio utrum intellectus multiplicantur secundum multiplicationem diversorum individuorum hominum. Immo planum est quod sic.

45 Cum ergo tu dicis quod intellectus multiplicatur propter materias quibus appropriatur, quaeratur quid erit causa appropriationis. Non videtur esse causa nisi ponendo quod intellectus sit virtus in corpore. In separatis enim a materia quae reperiuntur sub una specie, non reperitur vilius et melius, ut dicit ARISTOTELES. Si ergo formarum 50 immaterialium, quae sunt sub una specie, si sit ita quod una non est melior quam alia, ergo non magis habet appropriari huic materiae quam alii. Et ideo arguit AVERROES quod, si intellectus multiplicaretur secundum multiplicationem hominum individuorum, esset virtus in corpore.

55 Et ideo aliter dicitur quod intellectus est unus, non multiplicatus secundum multiplicationem hominum individuorum, quia sic esset virtus in corpore diversorum hominum; vel non <est unus>, quia, licet sit unus in substantia, diversas tamen potestates facit in diversis hominibus.

33 numerum] naturam *cod.* 38 accidentes] *dub.*; lñdētes *cod.* sint diversae] sit diverso *cod.* 40 multiplicetur] multiplicantur *leg.* DA PALMA principiis] principii *cod.* 41 perfectio] perfectior *cod.* corporis] 9^{ris} *cod.* 42 quaestio] quo *cod.* 43 multiplicationem] *om.* DA PALMA diversorum] divisionem *cod. et* DA PALMA 45 ergo] igitur *leg.* DA PALMA dicis] dič *cod.* 48 specie] spe *cod.* 49 Si ergo] scilicet genus *leg.* GIELE 53 et 56 multiplicationem] ml'^{ne} *cod.* 55 ideo] enim *add. cod.* dicitur] *scr. coarct.*; *fors. legendum* dicit *vel* docet. 57 est unus] *suppl.* 58 facit] fit *vel* fct *fors. scr. cod.*

39 AVICENNA, *De anima*, V, 3, pp. 105-107 (VAN RIET): « Dicemus etiam aliter quod quaelibet anima non fit singularis ex tota collectione speciei, nisi ex dispositionibus *accidentibus* ei ».
49 ARISTOTELES, *Metaph.*, III, 2, 996 a 30 - 996 b 1.
52 AVERROES, *In De anima*, III, 5, p. 402, lin. 432-434.

Nec propter hoc, nec propter aliud. Unus est intellectus diversorum : 60
una enim est substantia intellectus, et similiter una potestas. Ex quo
intentionum imaginatarum est una ratio, manifestum quod ipsius est
una potestas.

Nota ergo quod intellectus et sensus copulantur nobiscum in actu,
sed diversimode. Sensus enim copulatur nobis per partem eius quae 65
est materia. Sed intellectus copulatur nobis per partem eius quae
est forma. Unde, quia sensus copulatur nobis, ideo sensata copulantur
nobis. Non sic de intellectu, sed e converso : non enim per hoc quod
intellectus copulatur nobis, ideo intellecta copulantur nobis, sed quia
intellecta copulantur nobis. Unde nota quod, sicut intellectus, quantum 70
est de natura sua, est in potentia ad intentiones imaginatas (sic enim
in potentia <est> ad hoc, ut copuletur nobis), per hoc quod copulatur
actu intentionibus imaginatis, cum se haberet in potentia ad illas,
per hoc copulatur nobis in actu. Et propter hoc, cum huiusmodi
intentiones imaginatae numerentur secundum hominum numeratio- 75
nem, ideo per intentiones imaginatas intellectus numeratur in nobis.
Nec intelligas quod intellectus unus prius sit in duobus vel in tribus
vel in mille quam intentiones imaginatae, sed potius e converso est.
Unde per hoc quod intentiones imaginatae, quae post efficiuntur actu
intellecta, nobis copulantur, per hoc intellectus nobis copulatur, et 80
f. 360rb   secundum quod diversificantur huiusmodi intentiones | imaginatae
in diversis hominibus, secundum hoc diversificatur intellectus, licet
ipse secundum suam substantiam sit unus et licet etiam potestas eius
sit una. Et hoc intendens AVERROES dicit quod intellectus speculativus iam ipse in omnibus est unus secundum recipiens, diversus autem 85
secundum receptum.

Per iam dicta patet solutio ad secundam rationem. Cum enim dicitur
quod, si intellectus in hominibus esset unus, uno acquirente scientiam,

---

62 intentionum imaginatarum] n. (*dernier mot de la ligne*) onū ymagiore *cod.*   64
actu] act *cod.*   68 e converso] a converso *cod.*; a contrario *leg.* GIELE; e contrario
leg. DA PALMA   72 est] *suppl.*   copuletur] copulatur *cod.*   74 in] *om.* DA PALMA
75/76 hominum numerationem] hom̄ ul'num'aconē *cod.*   76 intentiones] intēpcōnes
cod.   77 Nec] unde *cod. et* DA PALMA   unus] <non> *add.* DA PALMA   78 quam]
vel quod *cod.*; vel quod *leg.* DA PALMA *sed* [? quam] *add.*   e converso] e contrario
leg. DA PALMA   79 post] postea *leg.* DA PALMA   81 diversificantur] diversificatur
cod. intentiones] y *add. cod.* (*première lettre du mot suivant, reprise à la colonne* b)
82 intellectus] inch⁹o *cod.*

84 AVERROES, *In De anima*, III, 5, p. 407, lin. 581-583. Pour tout le raisonnement
antérieur cf. AVERROES, *In De anima*, III, 5, pp. 404-405.

omnes acquirerent, dico quod hoc est verum, si intellectus secundum
90 substantiam prius sit in omnibus quam intentiones imaginatae. Hoc
autem falsum est. Immo prius intentiones imaginatae quam intellectus
sit in hominibus. Et quia illae diversificantur secundum diversitatem
hominum, ideo diversus intellectus est in diversis hominibus. Quare,
cum non sit necesse quod, si unus imaginetur, quod alius, quod si
95 unus <non>, quod alius, nec per consequens, si unus acquirat scientiam, quod alius.

Ad confirmationem patet quid dicendum. Sumit enim ibi oppositum
suppositionis AVERROIS. Cum enim dicitur quod intellecta non continuantur nobis nisi per hoc quod intellectus continuatur nobis,
100 falsum est, immo intellectus <non> continuatur nobis nisi per hoc
quod intellecta nobis. Et sic patet per illud.

Ad illud quod primo arguebatur, dicendum quod, cum dicitur :
unus motor non debet habere nisi unum mobile, verum est de motoribus
qui habent mobile incorruptibile ; intellectus autem <habet> mobile
5 corruptibile ; propter quod debuit habere plura mobilia.

Vel arguitur : dicendum ad rationem quod intellectus non est motor
hominum nisi post apprehensionem intentionum imaginatarum et
non secundum substantiam suam.

Item adhuc : eo modo quo est motor, eo modo non est unus, sed
10 multiplicatus ; unde intellectus speculativus in hoc homine est corruptibilis, est tamen secundum se et simpliciter aeternus, ut dicit AVER-
ROES. Et ita videtur sensisse ARISTOTELES cum dixit in hoc *tertio* ante
illam partem : « Indivisibilium autem », « quae vero secundum potentiam prior est in uno, omnino autem neque in tempore », id est : licet
15 intellectus in uno homine sit prius in potentia quam in actu, tamen
simpliciter non est prius in potentia quam in actu.

91 prius] <sunt> *add.* DA PALMA   quam] qua *cod.*   95 non] *suppl.*   nec] et
cod. et GIELE   97 confirmationem] 9sixatōnē *cod.*; *cf. p. 26, lin. 17*   98 Aver-
rois] aū *cod.*   100 non] *suppl.*   4 qui] quod *cod.*   habet] *suppl.*   9 adhuc]
ad hoc *fors. legendum*   11 est] eet *cod.*   12 ita] liᵃ *fors. scr. cod.*   13 Indivisibilium autem] *écrit en lettres plus grandes et souligné*   14 neque]i3 *cod.*

98 AVERROES, *In De anima*, III, 5, p. 405.
11/12 AVERROES, *In De anima*, III, 5, p. 407, lin. 593-596.
12 ARISTOTELES, *De anima*, III, 5, 430 a 20-23. Cf. AVERROES, *In De anima*, III, 20,
pp. 443 sqq.

\<IV. DE VIRTUTIBUS INTELLECTUS, SCILICET DE INTELLECTU POSSIBILI ET AGENTE>

\<QUAESTIO 10>

\<UTRUM INTELLECTUS SIT PASSIBILIS>

Consequenter quaeritur de operibus intellectus prout est in corpore, 5
et quaero primo utrum intellectus sit passibilis. Videtur quod sic.
Dicit enim COMMENTATOR quod intellectus est de natura virtutum
passivarum.

Item, intellectus est possibilis. Ergo est passibilis.

In oppositum est ARISTOTELES in hoc *tertio*, qui dicit quod intellectus 10
est impassibilis.

Item, omnis passio fit per naturam materiae. Sed intellectus non
habet materiam, ut prius \<visum est>. Esset enim virtus in corpore.
Ergo non est passibilis.

Solutio. ARISTOTELES duo dicit super quae debemus nos fundare, 15
scilicet quod intellectus \<non> est passibilis, susceptivus tamen
speciei in potentia. Unde notandum quod duplex est passio.

Una quae consistit in receptione cum alicuius abiectione. Talis
passio est in materia sive per naturam materiae, eo quod ipsa semper
est sub actu aliquo et sub altero contrariorum. Sed cum ipsa est sub 20
uno actu, non potest simul recipere alium. Talis passio non est intelligibilis. Unde quantum ad talem dicit ARISTOTELES quod oportet
intellectum esse impassibilem. Hoc satis innuit cum dicit quod intellectus non patitur ab intelligibili sicut sensus a sensibili, eo quod
sensibilia aliquam transmutationem possunt inducere in sensum, 25
quoniam intensio sensibilium corrumpit sensum.

1/2 IV. De virtutibus ... agente] *suppl.*   3 Quaestio 10] *suppl.*   4 Utrum ...
passibilis] *in marg. inf. al. man.*   6 quaero] quo *cod.*   passibilis] possibilis *cod.*
7 natura] materia *cod.*   13 visum est] *suppl.*   15 Solutio] sic *cod.*   16 non]
suppl.   24 patitur] patiatur *cod.*   25 aliquam] a causa *cod.*   possunt] pt *cod.*
26 intensio] intentio *leg.* GIELE

7 AVERROES, *In De anima*, III, 3, p. 382, lin. 25.
10 ARISTOTELES, *De anima*, III, 4, 429 a 15-16.
15 ARISTOTELES, *De anima*, III, 4, 429 a 15-16.
22 ARISTOTELES, *De anima*, III, 4, 429 a 29 - b 1.

Alia vero est passio, quae consistit in sola receptione, et sic passio, quae consistit in sola receptione, non est per naturam materiae, et talis passio est in intellectu. Hoc intellexit ARISTOTELES cum dixit :
30 susceptiva tamen speciei est huiusmodi potentia. Unde intellectus de natura passionis solum habet receptionem et non abiectionem alicuius sicut materia, eo quod, cum intellectus actu informatur aliquo intelligibili, potest adhuc intelligere sine abiectione alicuius intelligibilis.
35 Rationes ad utramque partem procedunt suis viis.

<QUAESTIO 11>

<UTRUM ANIMA SEPARATA PATI POSSIT AB IGNE>

Quaeritur consequenter de anima in statu separationis, et est quaestio non multum philosophica, scilicet utrum anima separata
5 pati possit ab aliqua natura elementari, ut ab igne.

Et videtur quod non. ARISTOTELES dicit in hoc *tertio* : agens debet esse nobilius patiente. Sed <nec> ignis, nec aliquod corpus elementare, nobilius est anima separata. Ergo anima separata non potest pati ab igne.

10 Item, omne quod patitur, per naturam materiae patitur. Patiens ergo debet habere materiam. Sed anima non habet materiam, | ut f. 360va prius visum est. Quare non potest pati ab igne.

Item, anima non patitur a corpore nisi ab eo cui unitur; ab eo autem quod unitur sibi patitur, patitur enim corpus. Anima autem in statu
15 separationis non unitur igni. Ergo ab igne non potest pati passione vel tristitia.

Si dicas quod anima potest pati ab igne, non quia ipsa secundum suam substantiam comburatur ab igne, sed quia videt se in igne, et ideo quia videt se esse in igne, ideo ab igne patitur, contra hoc

---

28 receptione] et sic passio *iter. cod.* 29 dixit] dicit *cod.* 30 speciei] species *cod.* 32 actu] actus *cod.*
1 Quaestio 11] *suppl.*; quaestio *in marg. al. man.* 2 Utrum ... igne] *suppl.*
4 quaestio] quo *cod.* 7 Sed <nec> ignis] s.igñ *cod.* 8 separata²] sepata *cod.*
11 anima] omnia *cod.* 14 patitur, patitur] patitur et patitur *cod.* 17 ipsa] ipsam *cod.*

6 ARISTOTELES, *De anima*, III, 5, 430 a 19.

arguitur. Dicit ARISTOTELES in *Ethicis* quod delectatio est a contem- 20
platione. Sed cum anima videt se esse in igne, ipsa non videt hoc
visione imaginativa, sed visione intellectiva. Quare cum hoc non videat
visione materiali, ipsa non potest pati passione vel tristitia materiali.

Oppositum potest sic ostendi. Universaliter culpae debet respondere
poena. Sed anima quidquid commisit cum uniretur corpori, commisit 25
per corpus. Ergo post separationem eius a corpore debet puniri poena
corporali. Sed non est corpus quod tantum possit ei facere de poena
quantum ignis. Ergo ab igne debet pati.

Solutio. Non videmus quod ARISTOTELES aliquid dixerit de ista
quaestione, quia non invenimus quod ipse alicubi determinaverit 30
de statu separationis. Ipse tamen recitat quod PYTHAGORAS dixit
ignem esse in centro terrae, eo quod, cum ignis sit nobilissimum corpus,
debet ei respondere nobilissimus locus. Et ideo, cum centrum sit
medium, ideo dicebat ignem inclusum in centro terrae et illum ignem
dixit esse carcerem, in quo cruciabantur a Iove condemnati. Et 35
considerabant quod medium est nobilissimus locus eo quod nos videmus
cor animalis situari in medio animalis; constat autem quod in nobiliore
loco situatur cor, cum sit membrum nobilissimum animalis. ARISTO-
TELES vero solvit dicens quod ignis non est in centro terrae. Et rationem
ipsorum dissolvit distinguens medium, scilicet quod duplex est medium, 40
scilicet naturae et magnitudinis. Dicit ergo quod medium naturae
est nobilior locus, sed medium magnitudinis non est melior nec nobilior
locus nisi cum hoc sit medium naturae. In animali autem medium
naturae et magnitudinis sunt idem. Sed centrum est medium magnitudinis in circumferentia, et <non> est medium naturae, propter 45
quod centrum non est nobilior locus, sed circumferentia, et ideo ignis
in centro non est. Sed non reprobat utrum cruciare possit illos, qui
sunt condemnati.

---

20 delectatio est] delectatione quae est *cod.*   24 universaliter] unialiter *cod.*
25 poena] corporalis *add. cod.*   26 puniri] puni *cod.*   27 tantum] tact *cod.*   28
pati] .a. *add. cod.*   30 quod] quia (*en toutes lettres*) *cod.*   31 Pythagoras] picta-
goras *cod.*   34 centro] centrum *cod.*   35 cruciabantur] cu'abantur *cod.*   a Iove]
diōne *cod.*   36 considerabant] 9fixabānt *cod.*   est] esse *cod.*   nos] noˢ *cod.*
39 Et] ad *add. cod.*   42 medium] est *add. cod.*   44 magnitudinis] non *add. cod.*
sunt] sint *cod.*   45 non] *suppl.*   47 cruciare] c'uciari *cod.*

---

20 ARISTOTELES, *Eth. Nic.*, X, 10, 1177 a 12-18.
31 ARISTOTELES, *De caelo*, II, 13, 293 a 17 sqq. Cf. S. THOMAS, *In De caelo*, II, lect. 20.

Ad quaestionem istam dicunt QUIDAM quod anima separata potest
50 pati ab igne; non autem patitur quia comburitur, sed quia videt se
in igne esse.

Contra hoc arguitur. Et licet anima videat se in igne, non tamen
percipit quod ei noceat ignis. Quare ergo patitur ab igne?

Propter quod addunt ALII quod anima patitur ab igne quia videt
55 se esse in igne : videtur ei quod comburatur ab igne; et ideo sic patitur
ab igne, sicut somnians aliquando multum patitur ab igne, quia videtur
sibi per somnium quod sit in igne et quod comburatur.

Sed hoc nihil est. Nam, si anima patitur ab igne quia videtur ei
quod comburatur ab igne, tunc anima non patitur ab igne, sed a
60 specie ignis. Item passio non esset passio, sed deceptio, quod videtur
esse falsum, nam ARISTOTELES in hoc *tertio* dixit quod intellectus ille,
qui est sine materia, non est falsus, sed semper verus. Quare, si iste
intellectus non decipitur, nec anima separata decipitur.

Aliter dicunt ALII quod ignis potest considerari uno modo in se et
65 absolute, et ab ipso sic considerato non potest anima pati; alio modo
potest considerari in quantum est instrumentum divinae ultionis,
et ab eo sic considerato | potest anima pati.   f. 360vb

Sed mirum videtur, cum passio magis facta abiciat a substantia,
qualiter anima patiatur continuo ab igne et non corrumperetur ab igne.
70 Item, ARISTOTELES *primo* huius dicit quod non quaelibet ars utitur
quolibet instrumento, sed solum instrumento sibi conveniente. Instrumentum enim debet habere aliquam communicationem cum passo.
Sed ignis nullam convenientiam videtur habere cum anima. Quare,
ut videtur, non poterit esse instrumentum suae punitionis nisi ab eo
75 cui unitur in principio. Sicut anima corpori in suis passionibus unie-
batur, ita post separationem unitur et ideo poterit ab eo pati.

---

50 patitur] non *add. cod.*   53 noceat] nocat *cod.*   58 Sed hoc] *iter.*   anima pa-
titur] *iter.*   60 quod] quia *cod.*   61 nam] enim in hoc *cod.*   63 anima] ani-
mata *cod.*   72/73 passo. Sed] passio quam *cod.*   74 punitionis] p'nn[nis] *cod.*

49 QUIDAM : GREGORIUS DE NYSSA, *Dial.* IV, c. 19, cité par S. THOMAS, *Q. de anima*,
a. 21 *in corp.* Cf. aussi S. THOMAS, *S. Theol.*, I, q. 64, a. 4, ad 1[m].
54 ALII : cf. AUGUSTINUS, *De Gen. ad litt.*, XII, c. 3, n. 60-61; AVICENNA, *Metaph.*,
tract. 9, c. 7; S. THOMAS, *In IV Sent.*, d. 44, q. 3, a. 2; *Q. de anima*, a. 21, *in corp.*
61 ARISTOTELES, *De anima*, III, 6, 430 b 28.
64 ALII : cf. S. THOMAS, *Q. de anima*, a. 21 *in corp.*
68 Cf. ARISTOTELES, *Top.*, VI, c. 9 : « omnis passio magis facta abicit a substantia ».
70 ARISTOTELES, *De anima*, I, 3, 407 b 20-25.

Qualiter autem unietur corpori ? Dico quod unietur ei non sicut forma materiae, sed sicut locatum unitur loco, quia operatur in eo. Unietur ergo anima igni, quia erit operans in eo. Nunc autem ignis bene potest esse instrumentum divinae iustitiae quantum ad hoc 80 quod ipse determinat locum suum ita quod ipsa non possit alibi esse operans, sed solum in ipso igne. Anima ergo ita detinetur ab igne, detenta tristatur, et in hoc patitur, cum ipsa desideret alibi operari, et non possit. Dicit enim AVERROES quod omnis voluntas est delectabilis. Quod ergo impedit voluntatem animae ei unire, in quo quidem 85 delectaretur, si eam compleret, facit eam tristari, et sic anima patitur ab igne.

Rationes evidenter possunt solvi per iam dicta.

Si tu dices : cur anima operaretur in igne, ubi locatur ? Propter hoc enim locatur alicubi, quod ipsa velit determinare <ubi> operetur. 90 Si ergo anima locatur in igne, quam operationem operatur in igne ?

Forte, si quaereretur ab ARISTOTELE utrum anima intellectiva esset passibilis, ipse responderet quod ipsa intellectiva separata impassibilis est, et forte ipse cum COMMENTATORE eius diceret quod ipsa inseparabilis est, et si separetur ab hoc corpore, non tamen ab omni corpore 95 simpliciter separatur. Et hoc quod ARISTOTELES dixit contra PYTHA-GORAM, quod non quaelibet anima ingreditur quodlibet corpus, debet intelligi per hoc quod ipse velit dicere quod intellectus, licet non sit nisi unus in substantia, non numeratus substantialiter secundum numerationem hominum, tamen ita appropriat corpus hominis quod 100 non se inclinat ad corpus, id est, brutorum. Unde, cum intellectus in potentia se habeat ad intentiones imaginatas, determinate respicit intentiones imaginatas hominum, eo quod omnes intentiones imaginatae hominum unius rationis sunt. Ideo intellectus unicus in omnibus

78 locatum] loca *cod.*   81 determinat] determinant *cod.*   ipsa] ipse *cod.*   83 ipsa] quia *add. cod.*   85 quo] qua *cod.*   89 cur] cum *cod.*   90 ubi] *suppl.* 91 quam] qua *cod.*   92 si quaereretur] sequereretur *cod.*; si quaeretur *leg.* GIELE 93 intellectiva separata] *om.* DA PALMA   separata] sepata *cod.*   94 eius] cuius *cod.*; suo *corr.* DA PALMA   96/97 Pythagoram] picta^{na} *cod.*   97 corpus] non *add. cod.*   98 ipse] per hoc quod *iter.*   99 numeratus] nu'at^r *cod.*   2 habeat] hreãt *scr. sed litt.* r *exp.*   respicit] rescipit *cod.*   4 unicus] unius *cod.*

79-87 Cf. S. THOMAS, *Q. de anima*, a. 21 *in corp.*
84 AVERROES, *In Metaph.*, V, text. 1.
94 AVERROES, *In De anima*, III, 5, p. 407, lin. 593-596; III, 20, pp. 448-449.
96 ARISTOTELES, *De anima*, I, 3, 407 b 20-23.
3/4 Cf. AVERROES, *In De anima*, III, 31, p. 471, lin. 40-46.

₅ est et secundum substantiam suam et secundum suam potestatem.
Cum ergo dicit ARISTOTELES quod nec quaelibet anima ingreditur
quodlibet corpus, nihil plus vult dicere nisi quod illa anima, quae
determinata est ad corpus hominis, quodcumque sit, sive illud sit
unum sive illud sit plura, non ingreditur quodlibet corpus, supple
₁₀ aliud in specie, quoniam non ingreditur corpora brutorum, bene
tamen ingreditur quodlibet corpus quod est in specie hominis. Sic
patet illud.

<Quaestio 12>

Utrum intellectui sit innata
cognitio aliquorum intelligibilium

Inchoatum est prius dicere de operibus intellectus prout est in
₅ corpore, et ad evidentiam huius visum est quod intellectus est in
potentia ad intelligibilia. Nunc quaerendum est qualiter ista potentia
vadat ad actum.

Et ad evidentiam huius videndum est prius de duobus, quorum
primum est utrum intellectui sit innata cognitio aliquorum intelli-
₁₀ gibilium. Et videtur quod sic, auctoritatibus et rationibus.

Auctoritatibus igitur sic.

Primo, dicit ARISTOTELES *nono Metaphysicae* quod addiscentem
necesse est habere aliquid eius quod habet docens scientiam. Sed
<hoc> non potest esse nisi addiscenti sit innata cognitio aliqua.
₁₅ Quare etc.

Item, ARISTOTELES *primo Posteriorum*, removens dubitationem
PLATONIS in *Menone*, dicit quod illud quod nos addiscimus, quodam
modo scimus, ignoramus autem simpliciter. Sed hoc non esset nisi

---

8 quodcumque] quod cum *cod.*   11 sic] sicut *cod.*
1 Quaestio 12] *suppl.*   2/3 Utrum ... intelligibilium] *in marg. inf.*   6 intelligibilia]
intellectiva *leg.* DA PALMA² *et corr. in* intelligibilia   8 Et ... videndum] *subl.*; *in
marg.* q° (?) *al. man.*   11 Auctoritatibus] auctoribus *cod.*   13 aliquid eius quod
habet docens scientiam] aliqua quod non habet eius dns (docens *vel* dans) scientiam
cod.   14 hoc] *suppl.*; *non suppl.* GIELE   18 esset] esse *cod.*

12 ARISTOTELES, *Metaph.*, IX, 8, 1050 a 1; cf. I, 9, 992 b 25 - 993 a 2; cf. S. THOMAS,
In Metaph., IX, lect. 7, n. 1854.
16 ARISTOTELES, *Anal. Post.* I, c. 1, 71 a 26 sqq.
17 PLATO, *Menon.* 80 c-81 d.

intellectui esset innata aliqua cognitio. Ergo etc. Arguebat enim PLATO sic : cum aliquid volumus addiscere, aut illud penitus ignoramus, 20 et sic impossibile est scire, aut simpliciter scimus, et sic addiscere nostrum solum est reminisci. Et ARISTOTELES solvit quod scilicet illud quod volumus addiscere, licet ignoremus in particulari, scimus f. 361ʳᵃ tamen in universali. | Quare etc.

Item, ARISTOTELES secundo Metaphysicae <hoc> dicit capitulo de 25 statu causarum. Dicit enim quod sciens generatur non ex penitus sciente nec ex penitus nesciente, sed ex medio inter scientem et nescientem. Hoc non esset nisi intellectui esset innata aliqua cognitio. Quare etc.

Praeterea, AVERROES super principium secundi Metaphysicae, super 30 illud verbum quod dicit ARISTOTELES : nullus ignorat locum ianuae in domo, dicit quod in quolibet genere entium sunt quaedam quae neminem latent, et sunt sicut locus ianuae in domo et sunt in uno-quoque nostrum habita naturaliter. Quare videtur quod intellectui sit innata cognitio aliquorum intelligibilium. 35

Praeterea, illa sunt nobis innata in quorum cognitione non contingit nos errare. Sed aliqua talia sunt, in quorum cognitione non contingit errare intellectum nostrum, sicut vult AVERROES quarto Metaphysicae. Dicit enim quod circa prima principia non contingit errare, ut circa istud : de quolibet affirmatio vel negatio, et similia. Quare saltem 40 cognitio principiorum innata est intellectui nostro.

Praeterea, hoc videtur ratione. Sicuti nono Metaphysicae scribitur, nihil movetur ad aliquid nisi habeat in se aliquid eius ad quod movetur.

---

22 solvit] voluit leg. DA PALMA² scilicet] omittendum censet DA PALMA² 23 igno-remus] ignoramus leg. DA PALMA² 24 universali] quare etc. Item Aristoteles secun-do Metaphysicae in marg. inf. (réclame du f. suivant) 25 hoc] suppl. 30 Prae-terea] prima cod. 31 ignorat] ignorans leg. DA PALMA² 32 quolibet genere] noãˡ3 gᵉ cod. 34 nostrum] unum cod. 37 nos errare … non contingit] om. DA PAL-MA² (homoioteleuton) 38 vult] ul' cod. quarto] 4º vel Xº cod. 40 quolibet] qualibet cod. 41 cognitio] primorum add. DA PALMA² 42 Praeterea] prima cod. Sicuti] sui cod.; sicut leg. GIELE 43 nihil] ul' cod.

---

25 ARISTOTELES, Metaph., II, 2, 994 a 25-30.
30 AVERROES, In Metaph., II, 1, f. 48ᵛ E (Venetiis, 1560).
31 ARISTOTELES, Metaph., II, 1, 993 b 5; cf. S. THOMAS, In Metaph., II, lect. 1, n. 277.
38 AVERROES, In Metaph., IV, 8, f. 99ᵛ D; cf. IV, 9, f. 101ʳ B (Venetiis, 1560). Cf. ARISTOTELES, Metaph. IV, 3, 1005 b 15-20.
42 ARISTOTELES, Metaph., IX, 8, 1049 b 35 - 1050 a 1. Cf. Phys., VI, 6.

Si igitur moveatur intellectus ad cognoscendum aliquid, oportet quod
45 habeat in se aliquid eius ad cuius cognitionem movetur. Quare ei
innata est cognitio aliqua. Quare etc.

Hoc idem arguitur in simili. Materia debens exire in actum aliquem
debet habere aliquid sibi concreatum et innatum, per quod in actum
illum exit. Materia enim ex pura natura sua non exit in actum, sed
50 per suam rationem activam. Quare intellectus similiter, si debet exire
in actum, debet habere aliquid sibi innatum per quod deveniat in
actum intelligendi. Quare etc.

Praeterea, dicitur in hoc *tertio* quod intellectus est sicut tabula
nuda, praeparata tamen ad picturas, et vult COMMENTATOR quod
55 intellectus praeparatus est ad intelligendum. Ergo oportet aliquid
sibi esse innatum per quod praeparetur ad alia intelligibilia. Quare
etc.

Item, visus debens exire in actum videndi, aliquid habet sibi
innatum per lumen (micat enim oculus), per quod quidem lumen
60 potest exire in actum videndi. Ergo similiter intellectus debens exire
in actum aliquem, debet habere de lumine intelligibili sibi innatum,
per quod possit devenire in actum intelligendi.

In oppositum sic. ARISTOTELES in hoc *tertio* dat principia intelligendi
tria, quae sunt intellectus materialis sive possibilis, et hoc est princi-
65 pium materiale, et intellectus agens et intentiones imaginatae; requiruntur vero sufficienter ad actum intellectus. Sic ergo ARISTOTELES
sufficienter posuit principia per quae contingit intellectum exire in
actum intelligendi, et non posuit quod ipsi intellectui sit innata
cognitio aliqua.

---

44 Si] *sic leg.* DA PALMA², *sed in* ut *corr.*   51 etc.] a. *add. cod.*; Praeterea *leg.* DA
PALMA²   47 arguitur] qʳ *fors. scr. cod.*   48 debet] oportet *cod.*   concreatum
et] *om.* DA PALMA²   48/51 in actum illum ... innatum per quod] *om.* DA PALMA²
(*homoioteleuton*)   49 pura] ex *add. cod.*   exit] exigit *cod.*   51 debet] oportet *cod.*
52 actum intelligendi] act ir *cod.*; intelligendi *om.* DA PALMA²   53 Praeterea] prima
cod.   54 et] ut *cod.*   56 praeparetur] praeparatur *leg.* DA PALMA²   58 debens]
debent *cod.*   59 micat enim oculus] michat n. ocħ *cod.*; *om.* DA PALMA²   60
exire] exigere *cod.*   61 innatum] innato *leg.* DA PALMA²   65/66 requiruntur
... intellectus] reliqū uº sufficiens ūt īt⁹ *cod.*; reliquum vero sufficiens virtus intellectus
leg. DA PALMA   66 Sic] si *cod.*   67 principia] prius *cod.*

53 ARISTOTELES, *De anima*, III, 4, 430 a 1.
54 AVERROES, *In De anima*, III, 14, p. 430.
63 ARISTOTELES, *De anima*, III, 5, 430 a 10-14 et III, 8, 432 a 5-10. Cf. AVERROES,
In De anima, III, 18; IOAN. DE IANDUNO, *De anima*, III, q. 23, col. 342 (Venetiis,
1587).

Et ne videatur rationem non procedere per hoc quod supra dicebat 70
in quadam ratione ad oppositum quod visus exeat in actum videndi
per lumen innatum, propter hoc dicendum est ad illam quod lumen
in oculo non est in eo inquantum est organum videndi, sed inquantum
est corpus perspicuum et inspissatum. Etenim, si vere esset illud
lumen in oculo, tum posset sine lumine extrinseco visus exire in actum 75
videndi, quod tamen non contingit. Latet lumen innatum ei, ita
quod <non> sit cognitio luminis, quia tunc videret suum lumen;
nisi sensus moveretur vel nisi subito percuteretur, aut tenebris existentibus vel palpebris clausis : tunc videt suum <lumen> quasi carbo
esset accensus. Ergo est manifestum quod sensui non est aliqua cognitio 80
sui essentialiter innata ad hoc quod exeat in actum. Quare similiter
non intellectui erit aliqua cognitio. Quare etc.

Dixerunt QUIDAM ad hoc, intellectum nostrum in se <habere>
aliquam cognitionem innatam et hanc cognitionem innatam vocaverunt intellectum agentem, habitum intellectivum, moti per verbum 85
ARISTOTELIS qui dicit : intellectus agens est quidam habitus ut lumen.

70 supra dicebat] suῂ ebat *cod.*   71 visus] u't⁹ (= virtus) *cod.*; intellectus *leg.* GIELE
et DA PALMA²   actum] actu *cod.*   72 dicendum] dicedum *cod.*   lumen] est *add.*
cod.   74 vere] vero *vel* non *cod.*; non *leg.* GIELE *et* DA PALMA², *sed omittendum censent*
75 tum] cum *leg.* DA PALMA²   posset] oculus *add. cod.*   lumine] lum̄ *cod.*   76
contingit] continget *cod.*   Latet] talet *cod.*   77 non] *suppl.*   tunc] tamen *leg.*
DA PALMA²   lumen] quod tamen non contingeretur ille lumen innatum ei ita quod
sit cognitio sui luminis quia videret tunc suum lumen *iter. cod.*; DA PALMA² *reproduit
le texte tel qu'il est donné par le ms., mais propose la reconstitution suivante* : Etenim si
esset illud lumen in oculo, cum posset oculus sine lumine extrinseco exire in actum
videndi (quod non contingit), non lateret ei illud lumen innatum, ita quod oculo esset
cognitio sui luminis, quia videret suum lumen aut tenebris existentibus vel palpebris
clausis, quin sensus moveretur vel quin subiectum percuteretur : tunc videret suum
lumen ac si carbo esset accensus. Quod non videtur (*cette reconstitution nous paraît
inutile et inexacte*)   78 moveretur] movere etur *cod.*   subito] subiectum *leg.* DA
PALMA²   79 clausis] clasis *cod.*   lumen] *suppl.*; *non suppl.* GIELE   80 accensus]
raro *vel* rato *add. cod.*   81 essentialiter] eenilⁱʳ *cod.*   actum] actu *cod.*   82
intellectui] *coni.* (*illisible, sauf la première lettre*)   83 habere] *suppl.*   84 hanc]
hunc *cod.*   85/86 per verbum Aristotelis qui] p (*fin de la ligne*) humand' q *cod.*
86 quidam] qdā *cod.*

71 Cf. ARISTOTELES, *De sensu et sensato*, c. 2, 437 a 20 sqq.; cf. S. THOMAS, *In De sensu*,
lect. 3.
83 QUIDAM : cf. S. BONAVENTURA, *In II Sent.*, d. 24, p. 1, a. 2, q. 4; S. THOMAS, *Q. de
anima*, a. 5 *in corp.*; *C. Gent.*, II, 77; *S. Theol.* I, 79, a. 4 *in corp.*; *Q. de spir. creat.* a.
10 *in corp.* et ad 4ᵐ. Cités par G. DA PALMA, *Le origine delle idee* ... p. 292, n. 12, qui
montre que Siger n'a pas compris la pensée des deux maîtres.
86 ARISTOTELES, *De anima*, III, 5, 430 a 15.

Unde dixerunt intellectum agentem habitum intellectivum innatum intellectui materiali, per quem intellectus materialis exiret in actum cum vellet, sicut qui habitum alicuius rei penes se habet, cum vult
90 exit in actum illius rei. Sed hoc non valet, quoniam agens, scilicet intellectus, secundum AVERROEM non est habitus, | sed est pars animae f. 361rb nostrae potissima. Et praeterea iste habitus intellectivus, cum sit confusus, non potest educere in actum distincte intellectum nostrum. Nihil enim ad actum distincte potest educi sine agente distincto. Istud patet
95 de materia : quoniam enim ipsa materia confusa sit in potentia ad omnes formas, non potest de se <esse> sub una forma sine agente distincto. Quare similiter nec intellectus materialis sine agente distincto potest educi ad actum. Quare etc. Et praeterea non dicit ARISTOTELES de intellectu agente quod sit habitus, sed sicut per habitum
100 exit habens habitum in actum cum vult, sic per intellectum agentem exit intellectus possibilis in actum.

ALII dicunt, et videtur esse positio ALBERTI, quod intellectui nostro est innata aliqua cognito, ut scilicet primorum principiorum, quae neminem latent, ut puta de quolibet affirmatio vel negatio, et similia;
5 non quod ipsa sint intellectus agens, sed sunt instrumenta intellectus agentis, per quae educit intellectum possibilem ad actum.

Sed ista positio non valet. Si enim intellectus agens habeat instrumentum, hoc videtur esse intentiones imaginatae magis quam aliud. Et licet dicat ARISTOTELES quod intellectus agens est id quo est
10 « omnia facere ut ars ad materiam sustinuit », differenter tamen agunt intellectus et ars. Nam ars per se sufficit ad ponendum formam in materia. Non sic intellectus, sed eget intentionibus imaginatis. Hoc dicit AVERROES. Quare manifestum quod non valet quod dicunt.

89 sicut ... habet] sicut quod habitum alicuius rei prius se habet *leg.* GIELE *et corr.* habet *in* habens; DA PALMA² *leg. sicut* GIELE, *sed corr. in* sicut habens habitum alicuius rei   qui] quod *cod.*   91 secundum] scilicet *cod.*   Averroem] intellectus *add. cod.* 92 potissima] potesima *cod.*; potestativa *leg.* GIELE   intellectivus] intellectivum *cod.*; intellectuum *leg.* GIELE   95 materia¹] mis *cod.*   96 esse] *suppl.*; *non suppl.* GIELE   98 praeterea] prima *scr. sed* ma *exp.*   99 sed] quoniam *cod. et* GIELE 4 puta] pt *sup. lin.*   7 habeat] habet *leg.* DA PALMA²   9 licet] .n. *add. cod.* id] in *cod.*   10 sustinuit] sub strenūt *cod.*; sub instrumento *leg.* DA PALMA² 13 manifestum] est *add.* DA PALMA²

91 AVERROES, *In De anima*, III, 18, pp. 437-438.
2 ALBERTUS MAGNUS, *S. Theol.*, II, tr. 15, q. 93, m. 2 *in corp.*; cf. aussi *Poster. Anal.*, I, tr. 1, c. 3 (éd. JAMMY, t. 1, p. 517), *cité par Mgr Pelzer dans son manuscrit.*
9 ARISTOTELES, *De anima*, III, 5, 430 a 12-13; cf. AVERROES, *In De anima*, III, 18.
13 AVERROES, *In De anima*, III, 18, p. 438, lin. 34-35.

Dico et credo quod intellectui nostro non est innata aliqua cognitio intelligibilium, sed est in pura potentia ad omnia intelligibilia, nullius 15 intus habens innatam cognitionem, sed ex phantasmatibus intelligit quidquid intelligit. Cum autem exit de potentia intelligendi ad actum, hoc non est quia intelligibilium aliquorum sit ei innata cognitio, sed hoc est quia intellectus a suo factore vel a natura sua habuit potentiam naturalem qua cognoscens est naturam omnium intelligi- 20 bilium cum sibi offeruntur. Et ista potentia est intellectus materialis sive possibilis. Oblatio autem intelligibilium fit per intentiones imagi- natas et per intellectum agentem. Unde actu intellecta intellectum materialem in actu faciunt. Intelligas tamen quod intellectus possibilis non est <naturae> materialis ad comprehensionem intelligibilium, 25 quia plus aguntur intelligibilia ab intellectu quam agatur <intellec- tus> ab intelligibilibus. Hoc attendens ARISTOTELES dicit in hoc *tertio* quod anima est sicut manus et <sicut> manus est organum organorum, ita intellectus est species specierum. Unde, sicut manus est organum activum aliorum organorum, sic intellectus est species 30 activa specierum. Et prius dixit ARISTOTELES quod « bene iam dixerunt dicentes animam esse locum specierum, nisi quod non tota, sed intellec- tiva »; locus autem non est materia locati, sed forma eius, et sic intel- lectus non est naturae materialis respectu intelligibilium, sed magis formalis, eo quod aliquo modo excitatur ab intelligibilibus sibi oblatis. 35
Alia ostensio huius, scilicet quod intellectum non oportet habere

14 Dico] Responsio propria *in marg. al. man.*   16 intus] int⁹ *cod.*; intellec- tus *leg.* GIELE   17 quidquid] in *add. cod.* (*fin de la ligne*)   19 Cum au- tem] et ante *cod.*; et tc ante *leg* GIELE *et corr. in* Et cum autem; Et quando *leg.* DA PALMA²   19 sua] qua *cod.*   20 naturam] natura *leg.* DA PALMA²   21 cum] quae *corr.* DA PALMA²   23 intellectum agentem] DA PALMA² *dub.*; actum intelligentem *cod.*   intellectum²] intellectus *cod.*   24 tamen] ea *cod.* intellectus] intelligas *cod. et* DA PALMA²   possibilis] se *add. cod.*; sed *leg.* DA PAL- MA²; *omittendum censet* GIELE   25 naturae] *suppl.* (*cf. lin. 34*); *non suppl.* DA PALMA²   ad] an *cod.*   26 agatur] agantur *cod.*   26/27 intellectus] *suppl.*; *non suppl.* GIELE   28 anima] non *add. cod.*   sicut] *suppl.*; *non suppl.* GIELE   est] sicut *add. cod. et* GIELE   organum] manus *cod.*   29 ita] et *cod. et* GIELE   30 activum] actuum *cod.*   31 iam] *om.* DA PALMA²   32 nisi]non *cod.*   nisi ... tota] *leg.* DA PALMA², *sed corr. in*: non tota; non quod tota *corr.* GIELE   32/33 intellectiva] intelligitur *leg.* DA PALMA² *sed corr.*   35 modo] <non> *add.* DA PAL- MA²   36 Alia ostensio] vl' occā *cod.*; Alia probatio *leg.* GIELE;   36/49] *les diver- gences avec* DA PALMA² *sont si nombreuses que nous devons donner tout le texte proposé par lui* : « sed (*ms.* vel) occasio <ne> horum (*ms.* huius) et tamen (*ms.* scilicet quod) intel-

27 ARISTOTELES, *De anima*, III, 8, 432 a 1-2.
31 ARISTOTELES, *De anima*, III, 4, 429 a 27-28.

aliquam cognitionem innatam aliquorum intelligibilium, est ex sensu.
Visus enim non exit in actum quia prius quid sensibile <habuit> :
ab Agente enim non plus habuit visus nisi potentiam naturalem
40 comprehendendi sensibile sibi oblatum.

Est tamen intelligendum propter dissolutionem quarumdam rationum, quod, sicut est in visu potentia sibi innata secundum quam est
in visu quod quaedam nata sunt primo videri et faciunt maximam
cognitionem, et mediante illo alia visu cognoscuntur (et hoc, scilicet
45 lumen, propter hoc <quod> multum habet, id est visibilitatis,
propter <hoc> habet primo et per se a visu videri et omnia alia
mediante ipso), ita sunt quaedam quae intellectui oblata maximam
faciunt cognitionem, et circa illa non contingit errare. Vult hoc natura
intelligentis, scilicet ut sint quaedam intelligibilia per quae intellectus
50 surgit in cognitionem aliorum, et huiusmodi sunt prima principia,
non quia ipsorum cognitio sit intellectui innata; ideo non est intellectus
in potentia ad prima principia sicut ad alia; facilius enim intelligit
illa quam alia, eo quod ipsa maiorem sui faciunt cognitionem apud
intellectum quam alia. Sic patet quod intellectus | solum habet sibi f. 361va
55 innatam potentiam naturalem quae cognoscitiva <est> omnium
intelligibilium, facilius tamen et per prius primorum principiorum
quam aliorum, scilicet mediatorum.

Tunc ad rationes dicendum : cum dicis quod discens debet habere
aliquid eius quod habet docens scire, dicendum quod habet potentiam
60 naturalem sibi innatam etc. Praeterea, aliquis primo scit prima

lectum ... intelligibilium, <ut evidens> est ex sensu. Visus enim non exit in actum
quia prius <habet> quid sensibile. Ab Agente enim <Primo> non plus ... oblatum; [cum] tamen ... rationum, quia sicut est in visu potentia[m] sibi innata [m sicut]
in qua est in visu quod quaedam quae nota sunt primo videri quia (ms. et) faciunt maximam (ms. animam) cognitionem, et mediante illo <lumine> reliqua (ms. aliqua)
visu cognosca<n>tur, quia (ms. et) hoc scilicet lumen [propter hoc + + propter]
habet primo ... non contingit errare multum hac natura intelligentis (!) sicut sunt
ipsa intelligibilia ... »   38 habuit] *suppl.*   41 Est] cum *cod.*   42 quod] quia
cod. et GIELE   potentia sibi innata secundum quam] potentiam sibi innatam sicut
in qua *cod.*   42/43 est in visu quod] *omittendum censet* GIELE   43 quaedam]
quae *add. cod.*   maximam] āiā *cod.*; *cf. lin. 47*; aliquam *leg.* GIELE   44 visu] misu
cod.   cognoscuntur] cognoscatur *cod.*   45 quod] *suppl.*; *non suppl.* GIELE
46 hoc] *suppl.*   48 Vult] multum *cod.*   49 scilicet] sic *cod.*   sint] sunt *cod.*
quaedam] ipsa *cod.*   51 innata] nata *cod.*   52 enim] tamen *cod.*   55 quae
cognoscitiva] quae cognoscitivus *cod.*; *sic leg.* DA PALMA[2] *sed in* qua cognitio
corr.   est] *suppl.*   56 tamen] videtur *leg.* DA PALMA[2] *et in* habetur *corr.*
58 Tunc] ad rationes *in marg. al. man.*   dicis] dia s. *cod.*; dicitur *corr.* DA PALMA[2]
59 docens] debens *cod.*   60 Praeterea] p'ma *cod.*

principia, secundo scit alia, ut conclusiones. Tunc igitur dicendum quod aliquis non dicitur proprie addiscens <nisi> respectu secundo scitorum, ut conclusionum. Quando dicis : debet aliquid habere etc., verum est, scilicet <de> addiscente respectu secundo scitorum, iste enim debet aliquid habere eius quod habet docens scire, scilicet 65 prima principia quae sunt primo scita. Sed hoc non est verum de addiscente respectu primorum principiorum.

Per illud patet ad secundum. Si enim volumus addiscere aliquid de secundo scito, oportet quod sciamus in universali, scilicet prima scita sive prima principia. 70

Ad tertium dicendum : secundum quod sciens secundo scitorum, ille generatur ex medio inter scientem penitus et nescientem, sed non sciens primo scitorum.

Ad quartum, quod dicit AVERROES quod in unoquoque genere entium etc., item ab unoquoque nostrum <sunt> habita naturaliter, 75 forte AVERROES fuit de illa opinione; vel dicendum quod sunt habita naturaliter, non quia ipsa sunt innata intellectui, immo facta sunt sicut et alia; facilius tamen facta et sunt instrumenta ad alia facienda, sicut patet in fabro, qui utitur quibusdam instrumentis ad alia facienda et tamen ipsa similiter facta sunt; similiter ab unoquoque nostrum 80 dicuntur esse habita aliqua naturaliter, pro tanto quia ipsa sunt manifestissima intellectui, et ideo intellectus potest cito facere ea et illis mediantibus alia facere. Hoc satis videmus prout unicuique sensui satis manifestum est suum obiectum, nec tamen ipsum dicitur innatum sensui. 85

---

61 scit] ipse *cod.*; tempore *leg.* GIELE   62 nisi] *suppl.*; *non suppl.* GIELE   63 dicis] dicit *leg.* DA PALMA² 187 de addiscente] addiscens *cod. et* GIELE; *cf. lin. 66/67*   65 docens] debens *cod.*   scilicet] secundum *cod.*   67 addiscente] addiscere *leg.* DA PALMA²   69 scito] scit̄ (= scitum) *cod.*   71 secundum] s. *cod.*; secundum *leg.* GIELE   scitorum] scitatarum *cod.*; scita *corr.* DA PALMA²   72 penitus] *omittendum censet* DA PALMA²   non] est *add. cod. et* GIELE   73 scitorum] scita *corr.* DA PALMA²   74/75 genere entium] generum *cod. et* GIELE (*cf. supra lin, 32, p. 36*)   75 sunt habita] habitus *cod. et* GIELE (*cf. supra lin. 34, p. 36*)   77 intellectui] intellectus *leg.* DA PALMA², *sed in* intellectui *corr.*   78 facilius tamen facta] facimus tn̄ ft̄a *cod.*; facimus cum facta *leg.* DA PALMA² *et omittendum censet* : cum facta; facimus tamen ista *corr.* GIELE   79 utitur] notor *cod.*   instrumentis] instrumentum *cod.*   80 et tamen] et tn̄ *cod.*; et cum *leg.* DA PALMA², *sed in* quamvis et *corr.*   81 aliqua] alia *cod.*   82 cito] ato *leg.* GIELE *et in* actu *corr.*; *om.* DA PALMA²   83 satis] *om.* DA PALMA²   85 innatum] natum *cod.*

68/70 Cf. S. THOMAS, *In II Sent.*, d. 9, a. 2, ad 4ᵐ; d. 28, a. 5, ad 3ᵐ; *C. Gent.*, II, 75; *De ver.*, q. 11, a. 1; *S. Theol.* I, q. 117, a. 1; *De unitate intellectus*, c. 5.
74 AVERROES, *In Metaph.* II, 1, f. 48ᵛ E (Venetiis, 1560).

Ad quintum dicendum : cum dicitur quod innata sunt nobis illa circa quae non contingit errare, principia sunt huiusmodi etc., patet quid dicendum, quoniam per interemptionem antecedentis, ut patet per praedicta.

90 Ad aliud quod postea dicitur : nihil movetur ad aliquid etc., dicendum quod illud quod movetur ad aliquid, aut educitur de potentia eius ad quod movetur, et sic oportet quod habeat aliquid eius ad quod movetur, aut fit in eo aliquid quod movetur ab extrinseco, et sic non oportet quod habeat aliquid eius ad quod movetur. Intelli-
95 gibilia autem non educuntur de potentia intellectus, sed fluunt in eo ab extrinseco. Et ista simul valde bona essent si diceretur qualiter intelligibilia non fluunt ab extrinseco et qualiter fluunt in eo ab extrinseco. Hoc tamen videbitur inferius. Vel aliter dicendum quod plus videtur intellectus movere intelligibilia quam moveri ab intelli-
100 gibilibus. Prima solutio erat ad maiorem, sed ista ad minorem. Unde dicendum quod intellectus non cognoscit intelligibilia per formam intelligibilium sibi innatam, sed per potentiam naturalem sibi innatam ad hoc faciendum, sicut videns quod orbis hic inferior dicitur agere calorem calidi, non per formam caloris sibi innatam ad hoc
105 faciendum.

Ad aliud dicendum quod intellectus praeparatus est ad intelligibilia sicut tabula ad picturas. Sed hoc non est per cognitionem aliquorum intelligibilium sibi innatam, sed per potentiam sibi innatam naturalem praeparatus est ad intelligibilia.

110 Ad ultimam rationem solutum est per quamdam rationem factam.

<Quaestio 13>

<Utrum intellectus possibilis agentem intelligat>

Quaeritur adhuc de modo intellectus prout noster est et quaeritur primo utrum intellectus possibilis agentem intelligat. Et videtur

88 antecedentis] antecedens *cod.*; antecedentem *corr.* DA PALMA[2]   96 essent] eeñti *cod.*   97 fluunt[2]] fiunt *cod. et* GIELE; sunt *leg.* DA PALMA[2]   98 extrinseco] (*?* intrinseco) *add.* DA PALMA[2]   inferius] influxus *leg.* DA PALMA[2] *et* (!) *add.*   104 calorem calidi] ca[m] ca[d’] *cod.*; calorem, causat *leg.* DA PALMA[2]   107/108 aliquorum] aliorum *cod. et* GIELE
1 Quaestio 13] *suppl.*; *in marg. al. man.* : quaestio   3 Utrum ... intelligat] *suppl.*; *in marg. inf. al. man.*

quod sic. Scribitur in *De causis* : omnis intelligentia suam essentiam ₅
intelligit per unionem intellectus cum intelligentia. Unde intelligentia
sibi ipsi est praesens et se ipsam intelligit per hoc. Sed intellectus
possibilis, secundum quod videtur, est quaedam substantia in se ens,
separata; item semper praesens est intellectui agenti, cum sit idem
in essentia cum ipso. Ergo intellectus possibilis agentem potest in- ₁₀
telligere.

f. 361ᵛᵇ   Item arguitur per simile. Lumen de | potentia visibilibus, ut de
coloribus, facit actu visibilia, et similiter ipsum lumen est visibile.
Ergo similiter intellectus agens, qui de potentia intelligibilibus facit
actu intelligibilia, ipse erit intelligibilis possibili intellectui.   ₁₅

Item arguitur auctoritate AVERROIS, qui dicit quod intellectus
possibilis perficitur per intellectum agentem et sic ipsum intelligit.
Quare etc.

Oppositum arguitur. Intellectus agens non est intentio imaginata
nec intentionem imaginatam habens, cum non cadat sub imaginatione. ₂₀
Quare non potest intelligi per intentiones imaginatas : quare nec
intelligi ab intellectu possibili.

Item, quod sentimus, sentimus nos sentire. Ergo quod intelligimus,
intelligimus nos intelligere. Sed nos non intelligimus intellectum
nostrum possibilem intelligere intellectum agentem. Quare possibilis ₂₅
intellectus intellectum agentem non intelligit.

Solutio. Dico quod intellectus noster possibilis intellectum agentem
potest intelligere, sed secundum actionem istam non continuatur
nobis. Sicut enim anima rationalis, prout nobis copulatur, duplicem
habet partem, scilicet intellectum agentem et possibilem, sic et ipsa ₃₀
separata vel considerata prout est substantia separata, in se habet
intellectum possibilem et agentem, et ipsa rationalis anima se ipsam

---

5/6 omnis ... cum intelligentia] omnis intelligentiam suam essentialiter intelligit per
unionem intellectus cum intelligentia *leg*. GIELE   8 quod] pro *cod.*   9 item] ita
cod.   12 visibilibus] visibilis *cod.*   14 potentia] in *add. cod.*   15 intelligibilia]
ĩtllialⁱᵃ *cod.*   15 possibili intellectui] po¹' ĩtllcũ *cod.*   19 arguitur] qr *cod.*; videtur
prop. GIELE   20 non cadat sub imaginatione] nō nō cadat c̄ ymagiⁿᵉ *cod.*; cum
non continuetur cum imaginatione *corr.* GIELE   21 intentiones] int'ep'tōnes *cod.*
23 sentimus, sentimus] sentimus sensimus *cod.*   25/26 Quare ... agentem] *iter. cod.*
27 Solutio] Responsio *in marg. al. man.*   31 separata] sepat- *cod.*

5 *De causis*, paragr. 12, p. 175 (BARDENHEWER); prop. 13, p. 81 (éd. du *Commentaire
de S. Thomas* par H.D. SAFFREY).
16 AVERROES, *In De anima*, III, 20, p. 451, lin. 218-219.

intelligit per possibilem receptione, per agentem vero actione. Sicut
enim format et causat actu intellecta in possibili quando nobis conti-
35 nuatur, sic quando nobis non continuatur, eius intellectus agens.
Propter hoc dico quod tota anima rationalis se ipsam intelligit recep-
tive per possibilem, active vero per agentem. Et quod hoc sit verum,
testatur AVERROES, qui dicit : « intellectus possibilis per agentem
perficitur et ipsum intelligit ». Et AVERROES similiter hoc innuit
40 per illam litteram : « sed neque aliquando vero intelligit, aliquando
vero non intelligit autem », reprehendens expositionem THEMISTII
et ALEXANDRI. Hanc litteram exponit de intellectu possibili. Unde
intellectus possibilis per conversionem eius ad agentem neque aliquando intelligit, aliquando non intelligit, sed semper.
45   Et hoc iterum apparet satis per rationem. Si enim anima rationalis
est substantia separata, habens in se aliquid per quod ipsa potest
intelligere active, videtur quod ipsa se ipsam potest intelligere. Et
quod intellectus possibilis secundum hanc actionem, scilicet <intelli-
gere> intellectum agentem, non continuetur nobiscum, hoc declaratur
50 sic. Intellectus possibilis non continuatur nobis nisi per intentiones
imaginatas quas recipit, actu tamen intellectas vel abstractas, sicut
nec intellectus agens copulatur nobis nisi per intentiones imaginatas
quas facit. Sicut enim experimur in nobis intellectum possibilem
informari intentionibus imaginatis, sic experimur in nobis abstrac-
55 tionem intellectorum universalium, quam facit intellectus agens. Unde,
quia hoc experimur in nobis fieri, non solum intellectus possibilis
intelligit vel cognoscit intellectum agentem, immo etiam nos propter
huiusmodi operationes, quas experimur in nobis, intelligimus et
cognoscimus nostrum intellectum agentem. Quia igitur neque intel-
60 lectus possibilis nec intellectus agens nobis copulatur nisi per intentiones imaginatas, intellectus autem possibilis agentem non intelligit
per intentiones, propter hoc dico quod intellectus possibilis ipsum
potest et limpide potest intueri, cum sit in substantia idem cum ipso,

---

33 receptione] recepta *cod.*   34 actu] actio *cod. et* GIELE; *omittendum censet* DA
PALMA   35 eius] [i.e. animae] *add.* DA PALMA   36/37 receptive] recep^{ce} *cod.*
41 expositionem] expō *cod.*   47 Et] e *cod.*   48/49 intelligere] *suppl.*; *non suppl.*
GIELE   50/53 Intellectus ... facit] Intellectus agens (possibilis *ms.*) non continuatur nobis nisi per intentiones imaginatas, quas facit *leg.* DA PALMA   54 informari]
informali *cod.*   55 intellectorum] intellectuum *cod.*   quam] q^a *cod.*; quas *leg.* GIELE
58 intelligimus] intelligimur *cod.*   agentem] possibilem *cod. et* GIELE   63 intueri]
uniari *cod.*

38 AVERROES, *loc. cit.*
39 AVERROES, *In De anima*, III, 20, p. 448, lin. 132-135.

sed secundum istam actionem nobis <non> continuatur. Et propter hoc conclusive infertur quod intellectus non est actus corporis secun- 65 dum suam substantiam, sed solum per suam operationem. Si intellectus nobis copularetur per suam substantiam, quaecumque actu unirentur in intellectu, etiam nobis unirentur, sicut videtur de sensu : quia sensus species secundum suam substantiam est actus corporis, ideo quaecumque sensata sensui uniuntur, nobis etiam uniuntur. Cum 70 igitur intellectus possibilis secundum actionem illam, secundum quam intellectum agentem intelligit, non continuetur nobis, manifestum est quod intellectus noster non est perfectio corporis secundum suam substantiam, sed solum secundum operationem vel potestatem. |

f. 362ra   Rationes ad utramque partem suis viis procedunt.   75

Primae enim bene ostendunt quod intellectus possibilis agentem intelligat. Rationes vero ad aliam partem bene concludunt quod nos non experimur in nobis qualiter intellectus possibilis agentem intelligat vel quod etiam non intelligat, non tamen concludunt quin ipsum intelligat.   80

<QUAESTIO 14>

<UTRUM AD HOC QUOD INTELLECTUS NOSTER INTELLIGAT EXIGANTUR SPECIES RECEPTAE IN INTELLECTU POSSIBILI>

Consequenter quaeritur quis est modus actionis, secundum quam actionem intellectus nobis copulatur. Et quaeritur utrum ad hoc 5 quod intellectus noster intelligat, exigantur species receptae <in> intellectu possibili. Videtur quod sic. Dicit ARISTOTELES quod anima est locus specierum, scilicet intellectiva. Sed non est locus specierum nisi per actum intelligendi. Quare videtur quod ad actum intelligendi requirantur rationes receptae in intellectu possibili.   10

---

64 non] *suppl.*   continuatur] continuetur *cod.*   66 Si] enim *add.* GIELE et DA PALMA   70 sensui — nobis] nobis — sensui *cod.*, GIELE *et* DA PALMA   uniuntur[1]] unirentur *leg.* GIELE   72 intelligit] et *add. cod.*   manifestum] materia *cod.*
75 Rationes] ratione *cod.*
1 Quaestio 14] *suppl.*; *in marg. al. man.* : quaestio   2/3 Utrum ... possibili] *in marg. inf. al. man.*   6 in] *suppl.*

7 ARISTOTELES, *De anima*, III, 4, 429 a 27-28.

Item, omne quod intelligat, per rationem aliquam intelligit. Huiusmodi autem ratio <non> videtur esse, nisi species receptae sint in
ipso intellectu possibili. Et hoc idem dicit ARISTOTELES : lapis non
est in anima, sed species lapidis. Quare etc.

15   Item, sensus nihil sentit nisi ad praesentiam sensibilis. Unde numquam sentit nisi aliquid praesentialiter offertur sibi. Quare similiter
in intellectu. Huiusmodi autem non sunt nisi species. Quare ad actum
intelligendi necesse est species esse receptas in intellectu possibili.

In oppositum. Videtur quod non sit necesse ad actum intelligendi
20 species esse receptas in intellectu possibili propter hoc, quia non videtur
possibilis hic modus receptionis in intellectu possibili. Cum enim
intellectus sit substantia simplex et immaterialis sine organo, non
videtur quod huiusmodi species per se ipsas possint multiplicari
in intellectu possibili. Et ideo videtur quod multitudines non se faciant
25 in intellectu possibili. Quare etc.

Ad hoc intelligendum, sciendum est quod multitudo actionum abstractarum quae apparent in nobis, fecit nos scire multitudinem
<virtutum> intelligibilium in nobis. Experimur autem in nobis
duas operationes abstractas. Prima operatio abstracta est receptio
30 intelligibilium universalium abstractorum. Alia operatio abstracta,
quam in nobis experimur, est abstractio intelligibilium, cum prius
essent intentiones imaginatae. Per hoc ergo quod in nobis experimur
has duas operationes fieri, scimus quod necesse est in nobis duas
virtutes esse, quibus mediantibus fiant istae operationes. Scire enim
35 actiones animae prius est apud nos quam scire eius substantiam.
Huiusmodi autem operatio, scilicet haec eadem, facit nos scire intellectum esse immaterialem. Mirum est quomodo ALEXANDER intellectum agentem dixit esse immaterialem, intellectum autem possibilem

---

12 non] *suppl.*   18 esse] ē (= est) *cod.*   possibili] a *add. cod.*   22 organo]
orgno *cod.*   23 ipsas] non *add. cod.*   24 multitudines] intellectiones *fors. scr.*
28 virtutum] *suppl.; non suppl.* GIELE   29 receptio] operatio *cod. et* GIELE   30
abstractorum] quam *add. cod.*   abstracta] abstractarum *cod.*   34 operationes] et
add. cod.   37 immaterialem] .a. *add. cod.*

---

13 ARISTOTELES, *De anima*, III, 8, 431 b 30-432 a 1.
26/28 Cf. AVERROES, *In De anima*, III, 19, p. 442, lin. 68-72; III, 20, p. 451, lin. 215-222.
32/34 Cf. AVERROES, *In De anima*, III, 18, p. 439, lin. 71-76.
34/35 Cf. AVERROES, *In De anima*, III, 1, p. 380, lin. 40-41 : « Scire actiones animae
prius est apud nos quam scire eius substantiam ». Cf. aussi ARISTOTELES, *De anima*,
I, 1, 403 a 10-13.
37 ALEXANDER, *De anima*, 21, 22-24; 88, 24.

dixit esse virtutem in corpore. Quare enim AVERROES est contra
ipsum ? Sic. Virtus materialis non iudicat infinita, eo quod virtus 40
materialis solum apprehendit rem sub suo esse materiali; intellectus
autem in propositione universali, universali iudicio infinita iudicat.
Ergo virtus non materialis bene potest iudicare infinita, eo quod
ipsam rem non apprehendit sub suo esse materiali, sed sub quadam
ratione communi. Si possibilis intellectus esset materialis, tunc non 45
posset recipere actu intellecta, eo quia omnis forma materialis solum
intelligibilis <est> in potentia et non in actu.

Item, sicut intellectus possibilis nobis copulatur, sic etiam intellectus
agens. Sicut enim intentiones imaginatae recipiuntur in intellectu
possibili, sic etiam ipsae ab intellectu agente aguntur. Quare sic 50
intellectus agens esset virtus in corpore.

Ex praedictis apparet quod ad intelligere uterque requiritur intellectus, scilicet possibilis et agens, possibilis tamquam recipiens, agens
autem tamquam efficiens. Praeter etiam ista duo requiritur tertium,
scilicet intentiones imaginatae. Sicut enim dicit AVERROES super 55
illud verbum ARISTOTELIS : « agens est efficiens omnia, sicut ars ad
materiam sustinuit», differenter se habet agens ad possibilem et ars
ad materiam (nam ars per se sufficit ad ponendum formam in materia),
quia non sufficit intellectus agens per se ad hoc quod faciat possibilem
actu intelligere.   60

Item, si ad intelligere nostrum non requirerentur intentiones imaginatae, tunc possemus intelligere sine sensu et imaginatione, quod
falsum est.

f. 362rb   Dico ergo quod ad intelligere nostrum requiritur receptio | intelli-
gibilium abstractorum universalium cum factione eorum et etiam 65
abstractio eorumdem, cum prius fuerunt intentiones imaginatae. Duo

41 apprehendit] app'hn..t (macula in textu)   rem] esse cod. cf. lin. 44   42 pro-
positione] pp'e cod.   infinita] non add. cod.   43 virtus non] non virtus cod.
44 ipsam] ipsa leg. DA PALMA   46 recipere] reciperet cod.   47 est] suppl.   actu]
.a. add. cod.   50 sic²] si cod.   52 uterque] utᵐ3 cod.   57 differenter] indifferen-
ter cod.   possibilem] possibile cod.   60 actu] actum leg. DA PALMA   64 re-
quiritur] requiruntur leg. GIELE   65 cum] cõ cod.   66 fuerunt] fuñt cod.

39 AVERROES, In De anima, III, 19, p. 441, lin. 30 sqq.
45-47 Cf. AVERROES, In De anima, III, 5, p. 388, lin 38-42.
55 AVERROES, In De anima, III, 18, p. 438, lin. 35-38; cf. ARISTOTELES, De anima,
III, 5, 430 a 12-13.
61-63 Cf. AVERROES, In De anima, III, 18, p. 438, lin. 41-43.
64-66 Cf. AVERROES, In De anima, III, 18, p. 439, lin. 66-78.

prima, scilicet receptio intelligibilium cum factione eorum, ista dico
sufficere ad naturam intellectus in se; sed tertium, scilicet abstractio
intelligibilium, cum prius fuerunt intentiones imaginatae, requiritur
70 propter continuitatem intellectus nobiscum. Non enim posset copulari
nobiscum, nisi essent intentiones imaginatae. Cum enim se habeat
in potentia ad illas, per illas copulatur nobiscum. Hoc vult attestari
AVERROES, cum dicit: causa huius quod apparet est exercitium et
usus virtutis, quae est imaginatio; ARISTOTELES autem hanc virtutem
75 vocavit intellectum passivum.

Sed tamen incidit dubium: tu dicis quod ad intelligere nostrum
requiritur receptio intelligibilium, scilicet in intellectu possibili. Itaque
intentiones imaginatae ab intellectu agente <aguntur in> possibili.
Nonne per viam multitudinis? Hoc enim videtur impossibile, scilicet
80 quod intentiones imaginatae efficiantur in intellectu possibili per viam
multitudinis, cum intellectus sit substantia simplex, immaterialis et
sine organo.

QUIDAM, moti per litteram quae dicit quod intellectus agens est
habitus ut lumen, imaginantur quod, <sicut> lumen propter sui
85 irradiationem potentia colores facit actu colores, sic intellectus agens
imaginatas intentiones existentes in organo phantasiae illustrando
irradiat, et sic ipsas facit actu intelligibiles.

ALII imaginantur quod intellectus possibilis respiciat ad phantasmata in organo phantasiae actu existentia, recipit ea et actu intelligit.
90 Sed hoc nihil est, dictum intellectum irradiare et illuminare, immo
falsum est et ab ignorante dictum. Praeterea, quantumcumque lumen
colorem irradiet, tamen numquam color abstraheretur quantum ad
esse verum quod habet in obiecto, nisi haberet esse intentionale.
Ergo similiter quantumcumque intellectus intentiones imaginatas
95 irradiet, numquam tamen abstrahuntur per irradiationem.

Nec est dicere tertium, quod intentiones imaginatae existentes in

---

67 cum] sū *cod.*   75 passivum] passibilium *fors. scr.*   78 aguntur in] *suppl.*
83 moti] modi *cod.*   quae] qui *cod.*   84 sicut] *suppl.*; *non suppl.* GIELE   86
organo phantasiae] intellectu possibili *cod. et* GIELE   88 respiciat] rescipiat *cod.*
92 color] calor *cod.*   93 esse] omne *cod.*

---

73 AVERROES, *In De anima*, III, 20, pp. 453-454, lin. 301-306; cf. III, 5, p. 405, lin.
515-520.
74 ARISTOTELES: c'est l'interprétation d'AVERROES, *In de anima*, III, 20, p. 452,
lin. 244-246.
88 et sqq. Cf. AVERROES, *In De anima*, III, 18, p. 438, lin. 40 sqq.

organo phantasiae de se moveant intellectum agentem, et tunc intellectus eas faciat intelligibiles. Hoc enim dicere esset imponere quod
intellectus agens reciperet, quod tamen est contra AVERROEM dicentem
quod intellectus agens nihil penitus recipit.   100

   Dico quod intellectus agens nihil penitus recipit, et dico quod
intellectus agens intelligibilia universalia abstracta actu facit in
intellectu possibili. Unde dico quod, praesentibus imaginatis intentionibus in organo phantasiae, facit intellectus agens intentiones
universales intentionibus imaginatis, et ab illis intentionibus similibus 5
abstrahit rationes rerum intelligendi universales. Unde facit sibi
rationes rerum intelligendi universales, non per hoc quod faciat
intentiones imaginatas ab organo phantasiae resultare in intellectum
possibilem, sed quia facit sibi et informat intentiones sibi similes
intentionibus particularibus imaginatis, et ab illis abstrahit rationes 10
intelligendi rerum universales. Et potest poni unum solum simile.
Dicit enim ARISTOTELES in illa parte : « quoniam autem duabus differentiis », quod phantasmate absente refingit sibi sensus idolum simile
et tunc illud recipit. Et similiter anima rationalis duo facit : agit
enim rationes rerum intelligendi universales et postmodum recipit 15
illas et intelligit eas. Visum enim est prius quod ad intelligere nostrum
exigitur receptio intelligibilium et abstractio eorum, cum primo
fuerunt intentiones imaginatae. Intelligibilia enim abstracta et similiter
intelligibilia recepta prius fuerunt intentiones imaginatae, et hanc
receptionem et abstractionem intelligibilium in nobis experimur. Unde 20
f. 362va   per possibilem | intelligit anima rationalis intelligibilia, per agentem
vero causat actu intellecta.

   Sed iuxta hoc possunt incidere dubia.

   Cum enim dicis quod intellectus nobis copulatur per intentiones
imaginatas, et similiter receptio intelligibilium et abstractio eorum 25

---

97 organo] orgno *cod.*   1 Dico ... recipit] *iter. sed del. cod.* (M. GIELE *élimine toute*
cette phrase en la considérant comme une répetition de la phrase précédente)   6 intelli-
gendi] a. *add. cod.*   8 organo] oīno *cod.*   9 possibilem] possibili *cod.*   sed quia
facit] *iter. sed del. cod.*   informat] informant *cod.*   12/13 « quoniam ... differentiis »]
subl. (*écriture plus grande*)   14 rationalis] possibilis *cod.*   15 postmodum] postremo
etiam *leg.* GIELE *dub.*   18 imaginatae] ymote *cod.*   22 vero causat] nõ cãre *cod.*
24 intentiones] intentione *cod.*   25 receptio] receptiva *cod.*   eorum] eodem *cod.*

99 AVERROES, *In De anima*, III, 19, p. 441, lin, 15-16.
12 ARISTOTELES, *De anima*, III, 3, 427 a 17; cf. 427 b 15-20 et AVERROES, *In De anima*,
II, 150; 153 et 156.

nobis unitur per species imaginatas, qualiter ergo actu intellectus
nobis insit? Non enim videtur quod actu intelligere nobis possit
inesse. Intellectus enim per suam substantiam agit. Sed intellectus
per suam substantiam non copulatur nobis, immo secundum suam
30 substantiam est a nobis separatus. Ergo intellectus nobis <non>
copulatur, immo a nobis separatur. Et sic videtur quod actu intelligere
numquam est nobis.

Item, tu non potes dicere quod actio intellectus nobis copuletur
nisi quia intellecta nobis copulantur. Sed probo quod sic adhuc non
35 possit actuale intelligere nobis copulari, quoniam intellectus actu
non copulatur nobis per partem eius quae est <materia, quoniam sic
esset virtus in corpore, nec per partem eius quae est> forma, quia actu
intellecta numquam copulantur nobis, sed sub ratione imaginatorum.
Quod si actu intellecta sub ratione intellectorum non copulantur nobis,
40 sed solum sub ratione imaginatorum, etiam actu intelligere, scilicet
actio intellectus, numquam copulabitur nobis.

Iuxta hoc quaeritur utrum per intentiones imaginatas nobis copulatur
intellectus et ad eius actionem, secundum quod copulatur nobis
intellectus, exiguntur intentiones imaginatae propter receptionem
45 intellectorum in intellectu possibili et propter causationem actu
intellectorum ab agente; sed ad intelligere intellectus in quantum est
substantia separata, exigunturne species, quae debeant recipi in
intellectu possibili et quae debent fieri actu intellecta ab agente?
Sive, per alia verba, exigiturne receptio intelligibilium in intellectu
50 possibili et abstractio eorum ab agente? Solvenda sunt argumenta.
Per solutionem argumentorum manifestabitur modus intelligendi.

Ad primum ergo dicendum quod, licet anima rationalis per suam
substantiam agat, tamen virtus eius recipiens intelligibilia, scilicet
possibilis intellectus, et virtus eius, scilicet intellectus agens, causans
55 intellecta, dependentiam habent ad corpus. Unde anima rationalis
per suam substantiam dicitur agere eo quod ipsa agit sine organo
suae substantiae. Quantum tamen ad hanc virtutem quae est intellectus
possibilis, mediante qua recipit intelligibilia, et quantum ad hanc

26/27 qualiter ... insit] qualiter actu intelligere nobis possit inesse *in marg. inf.*
27 nobis insit] *sup. lin.*   30 non] *suppl.*   34 adhuc] ad h.. *cod.* (*le* h *est suivi d'une
grature*); huc *in marg.*   non] noti *fors. scr.*   35 actu] autem *cod.*   36/37 materia
... est] *suppl.*; cf. p. 52, lin. 64-67   38 ratione] racõe *cod.*   imaginatorum] quare
intellectus *add. cod.*   40 imaginatorum] imaginatarum *cod.*   etiam] quod *add. cod.*
45 intellectorum] intellectuum *cod. et* GIELE.   49 intellectu] i *cod.*   53 virtus]
virt⁹ *cod.* (*habituellement* v't⁹); uu⁹ *leg.* GIELE

virtutem quae dicitur intellectus agens, mediante qua facit actu intellecta, eget organo alterius virtutis, scilicet organo phantasiae. 60 Unde quantum ad has actiones anima dependentiam habet ad corpus propter hoc quod ipsa communicat cum organo virtutis corporalis quantum ad has actiones.

Et tu arguebas secundo : intelligere non copulatur nobis per partem eius quae est materia, quoniam sic esset virtus in corpore, nec per 65 partem eius quae est forma, quia actu intellecta sub ratione intellectorum non copulantur nobis, sed solum sub ratione imaginatorum. Videtur quod propter hoc actu intelligere non copuletur nobis. Et potest ratio confirmari per simile. Ponamus quod Prima Causa intelligat unum lapidem hic existentem, tu vero imaginaveris eumdem. 70 Cum igitur illud quod est intellectum a Prima Causa imaginatum sit a te, nonne propter hoc intelligere Primae Causae copularetur etc. ? Constat quod non. Similiter arguendo <de> intellectu : ex quo actu non intellecta sunt in nobis sub ratione imaginatorum, videtur quod per hoc actu intelligere ipsius intellectus non potest nobis copulari : 75 nos enim non possumus actu intelligere, sed solum habemus intentionem imaginatam ipsius; quare suum intelligere non apparet nobis.

COMMENTATOR solvit : intellectus copulatur humanae speciei, et
f. 362ᵛᵇ intellectus copulatur | huic individuo humanae speciei. Et intellectus copulatio humanae speciei essentialior est quam copulatio quae est 80 huic individuo, propter hoc quod humana species aeterna est <et> quia intellectus <qui> ei copulatur aeternus est. Copulatio autem intellectus huic individuo humanae speciei minus essentialis est. Unde etiam individuum separatur, licet intellectus a specie humana numquam separetur. Si enim appropriaretur unicuique individuo suus 85 intellectus, ita quod huic individuo hic intellectus, huic individuo ille, et sic de aliis, necessario esset virtus in corpore. Unde in natura intellectus non est quod ipse copuletur huic individuo, sed in natura eius <est> quod sit in potentia ad intentiones imaginatas cuiuscumque hominis. Et cum ipsi sint omnes eiusdem rationis, propter 90

61 dependentiam] dependentias *fors. scr.*   62 hoc] *om.* DA PALMA   69 confirmari] confixari *cod.*   Prima] secunda *cod.*   70 imaginaveris] ymagenaveris *cod.*
72 copularetur] copulatur *leg.* GIELE   73 de] *suppl.*   79 huic] Qualiter copulatur …
in marg. sup. al. man.   80 copulatio] copulatur huic individuo *cod.*   81 et] *suppl.*
82 qui] *suppl.*   87 in natura] materia *cod.*   89 est] *suppl.*   89/90 cuiuscumque]
cuicumque *cod.*

78 AVERROES, *In De anima*, III, 5, pp. 401-409; III, 20, p. 448; III, 37, pp. 500-502.
Cf. A. NIFO, *De intellectu*, I, tr. 3, c. 26, cit. par B. NARDI, *Sigieri* … (1945), p. 20.

hoc intellectus, unus ex se existens, essentialiter unitur sive copulatur humanae speciei, sicut accidentaliter se habet ad intentiones imaginatas huius individui. Nec intelligo dicere quod essentialior sit copulatio intellectus humanae speciei quam <copulatio> intellectus huic
95 individuo, per hoc quod intellectus sit actus humanae speciei per suam substantiam, immo in natura eius essentiali est ut sit <in> potentia cognoscitivus humanae speciei, sicut est ei essentiale quod sit in potentia ad intentiones imaginatas cuiuslibet hominis. Accidit autem quod copuletur huic individuo, sicut ei accidit quod copuletur
100 intentionibus imaginatis huius individui.

Ad rationem tunc dico quod intellectus huic copulatur, quia intentiones imaginatae : aliter enim numquam fuissent actu intellecta. Et propter hoc etiam actu copulatur nobis intellectus, quia ipse nobiscum aliquam habuit copulationem, priusquam actu copularetur
5 intentionibus imaginatis, eo quod intellectui a sua naturali origine est quod sit in potentia ad intentiones imaginatas, ut sicut est in potentia ad illas, sic est similiter in potentia ad nos. Unde in natura intellectus est quod ipse recipiat intentiones imaginatas per partem sui quae dicitur intellectus possibilis, et quod actu agat illas intelli-
10 gibiles per partem suam quae dicitur intellectus agens. Et sic apparet quod ratio illa procedat ab insufficienti.

Et ad confirmationem per simile dicendum quod illud simile peccat in duobus. Primum peccatum est quod Prima Causa non fuit in potentia ad intentiones imaginatas a te, sicut intellectus fuit in potentia
15 ad intentiones imaginatas; <si> autem intellectus Primae Causae esset in potentia ad illas, tunc bene sequeretur quod intelligere Primae Causae nobis copularetur; sed intelligere intellectus <non> posset nobis copulari absque eo quod se haberet in potentia ad illas.

---

92 accidentaliter] accidentale *cod.*   94 copulatio] *suppl.*   96 est] eius *cod.*   in]
suppl.; *non suppl.* GIELE   1 dico] dicos *cod.*   huic] tunc *cod.*   4 aliquam ha-
buit] acā huic *cod.*   actu] acc̄ *cod.*   5 naturali] materiali *cod.*   6 ut] et *corr.*
DA PALMA   7 natura] natal' *cod.*   8 per partem] super naturam *cod. et* GIELE
11 procedat] procedant *cod.*   12 confirmationem] configurationem *cod.*   illud]
quod *add. cod. et* GIELE   13 in potentia ad intentiones] īnōtentōnes *cod.*   14
intellectus] intelltē *cod.*   15 si] *suppl.*   autem intellectus] *inv. cod.*   17 non]
suppl.   18 illas] *iter.*

<Quaestio 15>

<Tria dubia de intellectu recolliguntur>

<1. Qualiter intellectus copulatur nobis>

Dubia de intellectu breviter recolligo.

Est dubium primo qualiter intellectus copulatur nobis. Si enim 5
copulatur nobis per partem quae est materia, sic virtus esset in corpore.
Unde <sic> non potest nobis copulari. Item sensus : sensus enim
secundum suam substantiam est actus corporis, ideo quaecumque
sensata insunt sensui, insunt etiam nobis. Sic igitur intellectus non
copulatur nobis per partem eius quae est materia. Nec per partem 10
eius quae est forma nobis copulatur : intellecta enim secundum quod
intellecta sunt, non insunt nobis, id est non sunt in organo substantiae
nostrae, sed solum sub ratione qua imaginata sunt. Quare intellectus
nec per partem eius quae est materia, nec per partem eius quae est
forma, potest copulari nobis, et sic nullo modo.   15

Facilis esset solutio dicenti quod intellectus copulatur nobis secundum suam substantiam. Iste enim diceret quod, quia intellectus
copulatur nobis per suam substantiam, ideo actu intellecta nobis
copulantur. Sed quaestio sic non potest absolvi eo quod supponeretur
falsum manifestum et impossibile : si enim intellectus per sui substan- 20
tiam esset actus corporis, non haberet aliquam actionem separatam.
Nihil enim quod per sui substantiam est coniunctum materiae, habet
operationem separatam.

f. 363ʳᵃ   Item, si per sui naturam | esset actus corporis, contingeret quod,
sicut possibilis intelligeret agentem, sic et nos intelligeremus agentem, 25
quod est contra Averroem dicentem : intellectus possibilis perficitur
per agentem et ipsum intelligit, sed secundum istam actionem non
copulatur nobis.

Item, Aristoteles dicit quod, si intellectus est actus corporis

---

1/3 Quaestio ... nobis] *suppl.*   4 Dubia] dicta *cod.*   recolligo] intelligo *cod.*
5 Si] sicut *cod.*   6 sic] enim *add. cod.*   7 sic] *suppl.*   copulari] cāri *cod.*   11
intellecta] intellectus *cod.*   20 enim] .m *cod.*   21 actus] actu *cod.*   non] n̄c *cod.*
27 intelligit] intelligat *cod.*

26 Averroes, *In De anima*, III, 20, p. 451, lin. 218-219.
29 Aristoteles, *De anima*, II, 1, 413 a 7-8.

30 sicut nauta navis, tunc est separabilis, quia manifestum est quod non
est actus corporis per suam substantiam, sed per suam potestatem.
Manifestum est ergo quod per hoc non potest absolvi quaestio.

<2. QUALITER POSSINT DIVERSA
INTELLIGI A DIVERSIS HOMINIBUS>

35   Est etiam aliud dubium, qualiter possint diversa intelligi a diversis
hominibus. Non enim diversitas ista intelligendi provenit ex diversitate intellectus. Cum enim intellectus sit unus communis omnibus
secundum suam substantiam, videtur quod quaecumque intelligibilia
recipiantur in intellectu alterius, scilicet Socratis, recipiantur etiam
40 in intellectu alius, sicut Platonis, cum unus sit intellectus utrobique,
et sic intelligere Socratis erit intelligere Platonis. Nec etiam diversitas
intellectorum potest causare diversitatem intelligendi in diversis
hominibus. Omnia enim intellecta sunt eiusdem intellectus, licet
numerarentur intentiones imaginatae secundum numerationem ho-
45 minum diversorum. Cum intellectae intentiones non poterunt numerari,
ut videtur, secundum numerationem hominum, ideo, sicut intellectus
omnium est unus, sic intellecta, cum sint in eo, erunt unum, et sic
adhuc intelligere Socratis erit idem cum intelligere Platonis.

<3. QUARE EXIGITUR RECEPTIO INTENTIONUM ET
50   ABSTRACTIO EARUM>

Item quaeritur, cum ad actiones intelligendi requirantur intentiones
receptae in intellectu possibili <quae> prius fuerunt intentiones
imaginatae, siquidem abstracta et causata intellecta ab agente intel-
55 lectu prius fuerunt intentiones imaginatae, nonne ergo receptio intentionum et abstractio earum exigitur propter hoc quod intellectus
copuletur nobiscum, vel etiam propter naturam intellectus in se?

---

32 absolvi quaestio] absolvr quo *cod.*   33/34 Qualiter ... hominibus] *suppl.*   35 a-
liud] ad *cod.*   possint] possit *cod.*   37 communis] possibilis *cod. et* GIELE   39 So-
cratis] Sortis *cod.* (*meme remarque pour les lignes 41 et 48*)   Socratis] quod *add. cod.*
40 in intellectu] int⁹ *cod.*   41 intelligere] intelligeret *cod.*   46 ideo] aĩo *cod.*
49/50 3. Quare ... earum] *suppl.*   51 cum] cur *leg.* VAN STEENBERGHEN   in-
tentiones] imaginatae *add. cod. et* GIELE   52 receptae] recepto *cod.*   in] n. *cod.*
quae] *suppl.*   53 siquidem] similiter *cod.*   56 earum] eorum *cod.*

<\scSolutio trium dubiorum\sc>

Ad ista intelligendum, cum quaeritur qualiter intellectus nobiscum copulatur, dico quod intellectus nobis copulatur. Est enim intellectus illud per quod apparent nobis abstracta. Et dico quod intellectus 60 nobis actu copulatur eo quod intelligit ex intentionibus imaginatis : quia nobis actu copulantur <intentiones>, ideo intellectus, cum eas intelligit, actu nobis copulatur, ita quod non copulatur nobis per partem eius quae est materia, sicut sensus est actus corporis per partem eius quae est materia. Nec intelligo dicere quod intellectus 65 in sui natura aliquam habeat copulationem. De natura sua solum est in potentia ut nobis copuletur. Nisi enim de natura sua esset <solum> in potentia ut nobis copuletur, copulari autem deberet nobiscum, necesse esset forma et actus corporis nostri per suam substantiam. Et necessarium est ei qui ponit unum intellectum in omnibus, quod 70 hoc sit per intentiones imaginatas. Si enim tu diceres quod, quia actu intellectus copulatur humanae speciei, propter hoc humanae speciei actu copulantur intellecta, tunc quaererem qualiter in hoc individuo homine esset diversitas intellectorum. Hoc enim esse non potest propter diversitatem intellectus, cum ipse unus sit in sua substantia, 75 immo provenit ista diversitas ex parte intentionum imaginatarum. Quare manifestum est quod copulatur nobis per intentiones imaginatas. Sed tunc ulterius : qualiter copulatur intellectus nobis per hoc <quod> copulatur intentionibus imaginatis? Hoc non est quia intellectus intelligat aliquid imaginatum ab aliquo, sicut Prima Causa potest 80 aliquid intelligere quod sit imaginatum ab alio, sed copulatur nobis quia copulatur intentionibus imaginatis et intelligit ex eis effective.

Sed hoc non sufficit. Intellectus enim non intelligit ex intentionibus imaginatis quia imaginatae, sed quia universales rationes sunt abstractae. Videbatur supra quod intellectus in nobis operatur per hoc 85 quod a natura sua aliquam habet copulationem nobiscum. Hoc tamen non est verum nec sufficit, quia intellectus de natura sua non unitur nobis nisi in potentia, et ideo per huiusmodi copulationem in potentia

---

57 Solutio ... dubiorum] *suppl.*   60 abstracta] abstracte *cod.*   intellectus] in *add. cod. et* Giele   62 intentiones] *suppl.*; *non suppl.* Giele   66 aliquam] aªm *cod.*; a materia *leg.* Giele, *sed cf. lin. 86*   67 solum] *suppl.*   68 autem] tamen *cod.*   deberet] debet *cod.*   70 qui] et *cod.*   quod] quia *cod.*   71 hoc] hic *cod.*   78 quod] *suppl.*   79 hoc] licet *fors. scr.*   80 prima] pma *cod.*   81 aliquid] ab *fors. scr.*   85 Videbatur] videbay *cod.*   supra] solide *cod.*   86 a natura sua aliquam] a nº suã aª *cod.*

non est potens actu copulari nobis, immo solum nobis copulatur per
90 intentiones imaginatas, quia illae actu copulantur nobis.

Tunc quaeritur quare aliqua intellecta copulantur uni individuo,
quae non copulantur alteri. Hoc enim non est propter diversitatem
suae substantiae, cum ipsa sit una, nec propter diversitatem suae
potestatis, cum sua potestas sit una. Tunc arguatur sic : diversa,
95 quae faciunt quod intellectum unum ita copuletur uni quod non
alteri, sunt causa quare intellectus copuletur actu nobiscum; sed
diversae intentiones imaginatae sunt <causa> diversitatis intellec-
torum diversis hominibus; quare | intentiones imaginatae sunt causa   f. 363rb
quare intellectus copulatur nobis in actu, quod verum est.

100 Item, ad rationem ostendentem quod intellectus non possit copulari
nobis in actu, dicendum est per interemptionem. Unde dicendum
quod intentiones intellectae copulantur nobis sub ratione qua intellectae, non per hoc quod ipsae sint totius coniuncti, sicut sunt actiones
quae sunt sensus, quae sunt totius coniuncti; et certe intelligere non est
5 totius coniuncti sicut sentire. Dico autem quod immo copulantur
nobis per hoc quod ipsae sunt intellectus nobis copulati. Cuius decla-
ratio est per simile. Ponamus quod sit forma materialis alicuius
coniuncti, quae habeat aliquas operationes sibi proprias. Tunc operationes propriae illius formae, quas exercet sine organo, nonne copulatae
10 essent toti coniuncto? Certe sic, eo quod forma illa per sui partem
copulatur coniuncto. Similiter est in parte, scilicet intellectu. Operationes enim intellectus non sunt in nobis copulatae per organum,
sed copulantur nobis, quia sunt intellectus copulati nobis, copulati
inquam, non sicut forma materiae, quae copulatur coniuncto, sed
15 copulati nobis per hoc quod intelligit ex intentionibus imaginatis.

Ad secundam quaestionem, cum quaeritur propter quid diversificetur
intelligere in diversis hominibus, dico quod hoc est propter diversitatem intellectorum. Et cum dicitur : intentiones intellectae sunt
unius intellectus, dico quod, licet intentiones intellectae sint unius intel-
20 lectus simpliciter in se, tamen <sunt> intellectae huius intellectus se-

89 potens] potentia cod.   solum nobis] nobis solum scr. sed signis corr. cod.   90
copulantur] copulatur cod.   97 causa] suppl.   diversitatis] diversas cod.   5 co-
pulantur] copulatur cod.   6 copulati] copulari cod.   9 copulatae] copulati cod.
11 Similiter] sill'c cod.   14 materiae] sed add. cod. et GIELE   19 sint] sunt
cod. et DA PALMA   20 sunt] suppl.

16/27 Cf. A. NIFO, De intellectu, I, tr. 3, c. 26, cit. par B. NARDI, Sigieri ... (1945), p. 20.

cundum quod copulatur isti et non absolute. Similiter alii copulatur.
Unde in se intellectus, quantum est de sua natura, eodem modo copulatur omni homini. Unde si esset aliquod intelligere quod contingeret
ei in se, illud contingeret <omni> homini. Sed quia intelligit ex
intentionibus imaginatis copulatis diversis hominibus, et diversis 25
secundum diversitatem hominum, ideo intelligere diversificatur in
diversis.

Ad tertiam quaestionem dico quod intellectus agens non potest
agere intellecta in possibili alia a se nisi per species imaginatas. Non
enim est dicere quod intellectus agens, inspiciens ad phantasmata 30
quae sunt in organo tamquam ad exempla, det sibi, ex intentionibus
sibi similibus formatis per inspectionem ad phantasmata, rationes
universales. Secundum enim AVERROEM intellectus agens nihil cognoscit, immo solum possibilis cognoscit. Nec est dicere quod intellectus
agens faciat intentiones imaginatas resultare in intellectu possibili 35
ab organo phantasiae, nec etiam ipsae se faciunt per multiplicationem
in intellectu possibili. Sed dico quod anima rationalis potentialiter est
copulata humanae speciei eo quod natura suae virtutis activae est
agere talia, quae nobis sunt copulata. Huiusmodi autem sunt intentiones imaginatae. Et ideo dico quod, <cum> ipsa debeat intelligere 40
alia a se, necessariae sunt intentiones imaginatae.

Adhuc de intellectu agente et possibili intelligendum quod non sunt
duae substantiae, sed sunt duae virtutes eiusdem substantiae. Hoc
sentit ARISTOTELES cum dicit in hoc *tertio* quod in unoquoque genere
est aliquid quo est omnia facere et aliquod aliud quod est in potentia 45
omnia. In anima intellectu agente et possibili recipimus et abstrahimus
ad libitum nostrum. Quare videntur esse virtutes eiusdem substantiae,
scilicet intellectus nostri.

---

21 Similiter] simplici *cod.*   22 in se] vide *cod.*; inde *leg.* DA PALMA   24 omni]
suppl.   26 intelligere] intellectus *cod. et* GIELE   31 exempla] ex'mā *cod.*   32 ra-
tiones] in oppositum *add. cod.*   40 cum] *suppl.*   ipsa debeat] ipsi debeant *cod.*
<cum> ipsa debeat] <ut> ipse debeat *corr.* GIELE; ut ipsa possit *corr.* DA PALMA
43 sunt] *om.* DA PALMA   45 omnia] alia *cod.*   46 omnia] alā *cod.*   47 libitum]
hīt (= habitum) *cod.*

29/40 Cf. *plus haut*, pp. 49-50.
33 AVERROES, *In De anima*, III, 19, p. 441, lin. 15-16.
44 ARISTOTELES, *De anima*, III, 5, 430 a 10-13.

Item, intelligentia, quae est substantia separata, de natura sua
50 habet virtutem per quam posset agere intellecta, et virtutem per quam
posset illa recipere, si uniretur corpori. Cum ergo anima nostra sit
substantia separata sicut intelligentia, quare non haberet virtutem
agentem intellecta ? Habet et similiter virtutem receptivam eorum.
Neque est intelligendum quod intellectus possibilis sit coniunctus
55 materiae <et> intellectus agens sit substantia separata a nobis,
immo, sicut dicit ARISTOTELES, sicut est agens <substantia> separata, similiter est possibilis substantia separata. Unde ipse vocat
simpliciter intellectum substantiam separatam. Sed anima rationalis
de natura sua est in potentia ad recipiendum phantasmata. Secundum
60 hanc enim naturam unitur corpori, et licet haec potentia recipiendi
phantasmata insit ei secundum quod separata est, tamen actus huius
virtutis non participat nisi corpori unita. Et similiter anima <habet>
virtutem per quam potest agere phantasmata, nec tamen inest ei
agere phantasmata in possibili nisi per coniunctionem sui cum corpore.
65 Hoc satis innuit ARISTOTELES in littera illa : sed neque aliquando
intelligit, nunc quidem non intelligit, separatus autem solum hoc est
quod | vere est, et hoc solum immortale et perpetuum est. Unde f. 363va
possibilis per conversionem ad agentem intelligit semper et est aeternus
et separatus quantum ad hanc operationem sicut quantum ad suam
70 substantiam; sed ipse possibilis per conversionem ad phantasmata,
licet quantum ad substantiam suam sit aeternus et separatus, tamen
quantum ad operationem corruptibilis est et coniunctus. Unde secun-

49 intelligentia] intellectiva *cod.*, GIELE *et* DA PALMA   50 habet] haberet *corr.*
GIELE   et] per *cod.*   52 intelligentia] intellectiva *leg.* DA PALMA   52/53 quare
... eorum] quare non habet (haberet *cod.*) virtutem agentem intellecta <nec> habet (et
add. cod.) similiter virtutem receptivam eorum *leg.* GIELE   54 Neque] que *cod.*;
quod non (?) *leg.* DA PALMA   55 et] *suppl.*   agens] aplis *cod.*   56 substantia]
suppl.; *non suppl.* GIELE   58 simpliciter] secundum *cod. et* DA PALMA   62 habet]
suppl.; *non suppl.* GIELE   63 phantasmata] facere *cod.*   66 nunc] non *cod. et* DA
PALMA   solum] sed *add. in marg.*   66/67 hoc est quod] *in marg.*   68 possibilis]
possibile *cod. et* GIELE   72 corruptibilis] corporalis *cod. et* DA PALMA

49 sqq. : Cf. A. NIFO, *De intellectu*, I, tr. 2, c. 10; II, tr. 2, c. 17; cit. par B. NARDI,
Sigieri ... (1945), pp. 24-26.
56 ARISTOTELES, *De anima*, III, 4, 429 b 4-5. *C'est l'interprétation d'*AVERROES *contre*
ALEXANDRE : cf. *In De anima*, III, 19, p. 441, lin. 30-35. *Cf. aussi* S. THOMAS, *In De
anima*, III, lect. 10, n. 742.
65 ARISTOTELES, *De anima*, III, 5, 430 a 22-23. Cf. AVERROES, *In De anima*, III, 20,
pp. 449 sqq. et S. THOMAS, *In De anima*, III, lect. 10, n. 744-745.

dum ARISTOTELEM ibidem : post mortem non reminiscimur, hoc autem
est : quantum ad operationem suam corruptibilis est. Praeterea, est
intelligendum quod, sicut possibilis intellectus est omnia intelligibilia 75
in potentia, sic agens est in potentia agere omnia intelligibilia.

Tu dices quod quaedam sunt actu intelligibilia, ut substantiae
separatae. Sed illas non potest agere intellectus agens actu intelligibilia. Non ergo agens facit omnia intelligibilia.

Item, seipsum intelligit intellectus agens et tamen non facit se. 80
Ergo <non> omnia intelligibilia.

Ad primum, quamvis substantiae separatae secundum se sint actu
intellectae et intelligibiles, dico quod non intelliguntur a possibili
nisi cum phantasmatibus, licet non propriis, sed alienis. Unde sicut
<in> intellectu possibili sunt potentia intelligibilia, sic in intellectu 85
agente sunt in potentia, ut ea scilicet agat intelligibilia. Et qualiter
intellectus agens agit actu intelligibilia quaestio est. Et dico ad hoc
quod intellectus agens de phantasmatibus facit actu intelligibilia
per abstractionem, in hoc quod facit formas materiales sine materiis.
Unde nota quod anima res considerat et abstracte considerat et 90
universaliter per intellectum possibilem, et per agentem etiam eas
considerat abstracte et per ipsum facit abstractionem universalem.

Ad aliud, quando dicitur : intelligit se, cum non agat se, dicendum
quod, licet intellectus agens secundum se sit intelligibilis et sic non
agat se, tamen a nobis est intelligibilis in potentia, quia non intelligitur 95
a nobis nisi cum phantasmate quodam, et ideo, sicut est in potentia
intelligibile a nobis, sic se agit actu intelligibile.

<QUAESTIO 16>

<UTRUM SUBSTANTIA SEPARATA SE POSSIT INTELLIGERE>

Tunc quaereret aliquis modicum de substantiis separatis, et primo
utrum substantia separata se possit intelligere. Videtur quod non.

---

74 corruptibilis] corporalis *cod. et* DA PALMA   Praeterea] p'ma *cod.*   76 sic] sicut *cod.*
81 non] *suppl.*   82 primum] quod *add. cod.*   83 dico] eo *cod.*   85 in] *suppl.*
sunt] <in> *suppl.* DA PALMA   86 ut] ad *cod.*   87 intellectus agens agit] act⁹
agēs agēs *cod.*   quaestio] quo *cod.*   94 non] nō *cod.*   96 ideo] sō *cod.*
1 Quaestio 16] *suppl.; in marg. al. man.* : quaestio   2 Utrum ... intelligere] *suppl.*

73 ARISTOTELES, *De anima*, III, 5, 430 a 23-24.

5 Nihil particulare et unum numero est actu intelligibile : intellectus enim universalitatis est receptivus. Sed separata sunt particularia : in separatis enim unumquodque statim est ens per se, divisum ab omni alio. Ergo substantiae separatae non sunt actu intelligibiles. Quare nec sese possunt intelligere.

10   Oppositum vult ARISTOTELES, qui dicit in hoc *tertio* quod formae sine materiis sunt actu intelligibiles. Sed substantiae separatae sunt formae sine materia. Ergo sunt actu intelligibiles. Ergo possunt sese intelligere.

<Quaestio 17>

15   <Utrum una intelligentia aliam intelligat>

Consequenter quaeritur utrum una intelligentia sive substantia separata aliam intelligat. Videtur quod non. ARISTOTELES in hoc *tertio* dicit quod in his quae sunt sine materia, est idem intellectus <et> quod intelligitur, et sic una aliam non intelligit.

20 Item hoc ostenditur ratione. Non enim sunt substantiae separatae intelligibiles per suam substantiam. Intelligibile enim tale debet esse perfectio intelligentis et praesens ipsi, cum habeat unionem cum eo. Sed una substantia separata aliam non perficit per suam substantiam nec potest ei uniri. Ergo una aliam per suam substantiam non intelligit.

25 Item, substantiae separatae ab aliis intelligi non possunt mediantibus phantasmatibus, quia non habent phantasmata. Abstractio enim non fit nisi a formis in materia. Sed huiusmodi substantiae sunt formae sine materia. Quare non possunt abstrahi et sic non possunt intelligi mediantibus phantasmatibus.

30 Item, intellectus possibilis non recipit phantasmata nisi prout

---

6 universalitatis est receptivus] aliatis est receptio *cod.*   7 omni] ab *cod.*   8 intelligibiles] intelligibilis *cod.*   9 sese possunt] sesūt p⁹sut *cod.*   10 tertio] modo *cod.* (*en toutes lettres*)   14 Quaestio 17] *suppl.*   15 Utrum ... intelligat] *suppl.*; utrum una substantia separata aliam intelligat *in marg. inf. al. man.*   16 intelligentia] intelligibilia *vel* intellectiva *cod.*   19 et] *suppl.*   aliam non] aliquam *cod.*   21 Intelligibile] intllig^e *cod.*; Intelligere *leg.* GIELE   22 habeat] hte *cod.*   24 potest] pō *cod.*

10 ARISTOTELES, *De anima*, III, 4, 430 a 2-4.
17 ARISTOTELES, *loc. cit.*

uniuntur nobis. Dato ergo quod substantiae separatae haberent phantasmata, adhuc non intelligerentur mediantibus illis, cum illa phantasmata non uniantur nobis.

Ad oppositum dicit AVERROES quod, si non esset materia balnei, nec balneum esset in anima. Sed intelligentia non est materia aliqua. 35 Ergo ipsa potest esse a se, non intellectu alterius, intelligibilis.

<Solutio duarum quaestionum>

Ad hoc est intelligendum quod substantiae <separatae> sunt actu intelligibiles et ipsae sese possunt intelligere, ut vult ARISTOTELES f. 363vb in littera, cum dicit : in his quae sunt sine materia, | idem est sciens 40 et scitum.

Ad argumentum in oppositum dicendum quod duplex est particulare : unum materiale, et tale non est actu intelligibile, aliud immateriale, et tale est actu intelligibile; et est obiectum intellectus unum plurium, si ipsum sit intelligibile. Cuius ratio est, quia intellectus 45 accipit formam sine materia, generans autem non generat aliud nisi per materiam. Unde materia sensu dividitur, forma autem non. Intellectus ergo considerans Socratem et Platonem, accipit formam Socratis et Platonis, relinquens materiam. Illa autem de se est una et est plurium materiarum. Quare manifestum est quod obiectum 50 intellectus est unum plurium, si sit intelligibile.

Ad secundam quaestionem, utrum una substantia separata <aliam> intelligat et qualiter, utrum per suam substantiam vel qualiter aliter, dicitur a QUIBUSDAM et videtur eis quod una substantia separata intelligatur ab alia, quia cum quaelibet intelligentia sit actu 55 intelligibilis, una offertur alii, et sic una aliam intelligit vel potest intelligere. Sed hoc non sufficit. Ad hoc enim quod aliquid alii sit intelligibile, non sufficit quod ipsum sit actu intelligibile <et> ad aliud offeratur in ratione perfectionis, quoniam cognoscibile debet

35 intelligentia] intellecta *cod.*   36 a se] ae *vel* sie *cod.*   37 Solutio ... quaestionum] *suppl.*   38 substantiae] sᵃ *cod.*   separatae] *suppl.*   40 materia] natura *cod.*   43 aliud] ad *cod.*   48 Socratem] Sortem *cod.*   49 Socratis] Sortis *cod.* 52 secundam] tertiam *cod.*   53 aliam] *suppl.*   54 dicitur] dicatur *cod.*   55 quaelibet] qualibet *cod.*   56 aliam] aliquam *cod.*   vel] videtur *cod.*   58 et] *suppl.*   59 quoniam] qm *cod.*

34 AVERROES, *In Metaph.*, XII, t. 36.
39 ARISTOTELES, *De anima*, III, 4, 430 a 2-4.

60 uniri cognoscenti et unum fieri cum eo. Oportet ergo quod tu des qualiter una intelligentia potest esse una <cum> alia. Unde ad hoc quod aliquid sit alii intelligibile, oportet quod sit intelligibile, et quod sit intelligibile huiusmodi aliqua intelligentia. Licet sint actu intelligibilia huiusmodi, nec uniuntur alii nec sunt perfectio intelligibilis 65 alterius.

Alia est positio quod una intelligentia aliam intelligat per species sibi concreatas. Unde, quia una intelligentia habet speciem alterius concreatam, ideo una aliam intelligit. Hoc autem nihil est, nam illud habet intelligi de formis materialibus. Unde, si intelligentia intelligeret 70 aliquam formam materialem, tunc bene posset dici quod hoc esset per speciem sibi concreatam. Item, quod est species abstracta non habet speciem sibi concreatam quae sua sit; et dico : quae sua sit, quia nos bene intelligimus intelligentias per species; hoc tamen non est per species suas, sed per alienas. Si igitur intellectus sunt species abstrac-75 tae, ipsae non habent species, quae sint suae. Quare una intelligentia non poterit habere speciem alterius concreatam.

Tertio modo dicendum quod intelligentia quidquid intelligit, intelligit per rationem intelligendi suam substantiam. Et hoc sentit ARISTOTELES in hoc *tertio*, cum dicit : in separatis a materia, idem est 80 sciens et scitum, et in *undecimo Metaphysicae*, ubi dicit : Prima Causa aliud a se non intelligit. Unde in intellectu est multitudo intelligibilis et intelligentis, quando intelligibile intelligitur per rationem aliam intelligendi quam per rationem intelligendi suam substantiam, quia quidquid habet aliam rationem intelligendi a substantia sua vel 85 essentia, intelligit ex phantasmatibus. Unde dico quod intelligentia solum intelligit aliud secundum habitudinem suae substantiae ad aliud, scilicet in hoc quod ipsa se habet in ratione causae ad aliud vel in ratione causati. Unde in libro *De causis* scribitur quod intelligentia

---

61 intelligentia] intelligibilia *cod.* cum] *suppl.* 63 intelligibile huiusmodi aliqua intelligentia] ĩtlli'e hi⁹ aliqua intlli'ᵃ *cod.*, habitudo aliqua cum intelligentia *corr.* GIELE sint] *iter. et exp. cod.* 64/65 intelligibilis alterius] *dub.*; alterius intelligibilis *cod.*; alterius intelligentiae *corr.* GIELE 66 intelligentia] intelligibilia *vel* intellectiva *cod.* 69 de] *sup. lin.* 70 bene] non *cod.* dici] diu *cod.* 71 species] spes *cod.* 72 speciem] spēs *cod.* 73 intelligentias] ĩtllieᵃˢ *vel* ĩtllidᵃˢ *cod.* 80 ubi] ut *cod.* 81 Unde in intellectu est multitudo] unde ĩ tᵘ est multitudo *cod.*; unde intellectus est unio *corr.* GIELE 84 aliam] aliquam *cod.*

---

79 ARISTOTELES, *loc. cit.*
80 ARISTOTELES, *Metaph.*, XII, 9, 1074 b 33-34.
88 *De causis*, paragr. 7, pp. 170 sqq. (BARDENHEWER); prop. 8, p. 54 (SAFFREY).

causa est eorum quae sunt sub se <et> intelligit. Unde intelligentia
aliquam formam sub se non intelligit nisi eo modo quo est causa 90
productionis illius. Et dico quod intelligentia, ut inferiora habet,
intelligit per se. Unde, cum intelligentia nihil intelligat nisi per habitudinem suae substantiae ad aliud, dico quod una intelligentia aliam
non intelligit sub habitudine causae, immo omnes ex aequo respiciunt
Primam Causam sicut causam earum. Similiter noster intellectus 95
immediate respicit Primam Causam tamquam suam causam et non
per intelligentias medias.

Ad obiectum dicendum : cum dicit AVERROES quod, si non esset
materia, nec balneum esset in anima, intelligit dicere quod, cum
intellectus intelligat formam rei solum quando forma balnei est in 100
anima, tunc, si non esset materia balnei extra, nec balneum esset
in anima, et quia tunc balneum quod est in anima esset idem cum
balneo quod esset extra.

<QUAESTIO 18>

<UTRUM INTELLECTUS NOSTER
COGNOSCAT PARTICULARE PARTICULARITER>

Adhuc de cognitione intellectus contingit dubitare et quaeritur
f. 364ʳᵃ utrum intellectus noster cognoscat | particulare particulariter, ita 5
quod cognitione intellectiva possit distinguere unum particulare ab
alio. Et videtur <quod> sic. Vult ARISTOTELES *tertio* huius quod
intellectus practicus est cognoscens : speculatur enim illud quod debet
operari. Sed operatio est circa particularia. Ergo eius cognitio est circa
particularia. Nisi enim cognosceret et specularetur particulare, non 10
haberet quod eligeret operandorum. Ergo etc.

Item, BOETHIUS in *De consolatione* dicit : quidquid potest inferior

89 et] *suppl.*   91 ut] nᶜ (= nec) *cod.*   93 aliam] aliquam *cod.*   95 Primam]
secundam *cod.*   earum] eorum *cod. et* GIELE   100 forma] foma *cod.*   1 Quaestio 18] *suppl.*   2/3 Utrum ... particulariter] *suppl.*; utrum intellectus cognoscat
particulare particulariter *in marg. inf. al. man.*   5 ita] i *cod.*   7 quod] *suppl.*;
non suppl. GIELE   10 Nisi] non *cod.*

98 AVERROES, *In Metaph.* XII, t. 36.
7 ARISTOTELES, *De anima*, III, 10, 433 a 14; III, 7, 431 b 1-13.
12 BOETHIUS, *De consolatione*, V, prosa 4.

virtus, potest et superior. Sensus potest cognoscere particularia. Ergo intellectus, cum sit virtus superior, eadem cognoscere potest.

15 Oppositum. Dicit BOETHIUS quod universale est dum intelligitur, particulare autem dum sentitur. Particulare enim est obiectum sensus, universale autem est obiectum intellectus. Si igitur particulare aliquid cognoscit intellectus, hoc est sub ratione universalis.

Solutio. Certum est quod intellectus primo et per se particulare

20 non cognoscit. Cuius ratio est : actio enim intelligendi, sicut et quaelibet alia actio, fit secundum exigentiam formae agentis; forma autem quae agit actionem intelligendi est immaterialis, abstracta, una plurium, nec huius est ita quod non alterius. Ergo similiter et illud quod specificat actionem huiusmodi formae, debet esse immateriale,

25 abstractum, unum plurium, nec debet esse huius ita quod non alterius. Huiusmodi autem est ipsum universale. Quare manifestum est quod intellectus nihil per se intelligit nisi universale, nec particularia cognoscit secundum quod particularia. Immo particularia secundum quod intelliguntur, unum sunt, non distincta ad invicem inter se,

30 ita quod intellectus cognoscens singularia nesciat unum ab alio distinguere. Cum igitur intellectus noster primo et per se particulare particulariter <non> intelligat, potest poni tamen quod ex consequentia intellectus intelligit particulare particulariter. Sed per quam viam ? Potest hoc poni quod intellectus intelligat particulare particu-

35 lariter, uno modo per hanc <viam>. Ponitur enim quod intellectus particulare particulariter intelligit, sed ex consequenti, per applicationem intellectus unius ad particularia diversa, ita quod per applicationem eiusdem formae communis ad particulare cognoscit illud particulariter.

40 Contra. Intellectus non cognoscit particulare per applicationem

---

13 particularia] particulare *cod. et* GIELE   14 virtus] intellectus *cod. et* GIELE
15 Dicit] quod *add. cod.*   17 autem] que *cod.*   particulare] universale *cod. et* GIELE
18 ratione] intellectus intellectus *add. et exp. cod.*   universalis] nᵃlis *cod.*   22 immaterialis] materialis *cod.*   abstracta] abstractiva *cod.*   23 ita] *om.* DA PALMA⁴
illud] ille *cod.*   24 specificat] occupat *cod.,* DA PALMA⁴ *et* GIELE   huiusmodi]
huius *leg.* DA PALMA⁴   formae] *iter.*   30 cognoscens singularia nesciat] cognoscere
sua nescint *cod.*; cognoscendo ea nesciat *corr.* DA PALMA⁴   31 particulare]
DA PALMA⁴ *donne ce mot comme étant omis par le ms.*   32 non] *suppl.*   potest poni]
potᵗ *cod.*; prout *leg.* DA PALMA⁴ *et* potest poni *proponit*; patet *leg.* GIELE   35 viam]
suppl.; rationem *suppl.* DA PALMA⁴   37 intellectus unius] ni⁹ unūs *cod.*; <formae> communis *corr.* DA PALMA⁴   38 illud] ad *add. cod.*

15 BOETHIUS, *Comment. ad Porphyr. Ysagoge,* lib. I (vers la fin); *Super Prohemium Porphyr. in Praedicabilibus* (cités par Mgr Pelzer dans son manuscrit).

formae universalis ad illud nisi secundum modum applicationis illius formae. Sed intellectus formam communem non applicat particulari ita quod huius capiat ipsam esse, ita quod non alterius. Haec enim forma realis universalis huiusmodi particularium ita <non> fit huius magis quam illius. Quare manifestum est quod per illam appli- 45 cationem non potest intellectus unum particulare cognoscere distincte ab alio.

Praeterea, vult ARISTOTELES in *tertio De anima* quod intellectus plura comparans ad invicem, oportet quod sit plura cognoscens, eo quod utrumque eorum utrique comparat. Si igitur intellectus for- 50 mam communem applicet ad singularia et penes ea illam comparet, oportet ergo quod ante applicationem unumquodque eorum cognoscat. Quare manifestum est quod per applicationem <formae communis> non cognoscit intellectus particulare particulariter.

Ideo credo et dico quod intellectus, etiam secundum quod noster 55 est, particulare particulariter non intelligit, nec primo nec ex consequenti. Intellectus enim noster non est <talis> ut intelligat per organum, sed separatus est secundum utramque partem suae virtutis, et secundum possibilem et secundum agentem; communicat tamen operanti per organum. Aliter enim non esset cur non intelligat nisi per 60 formam communem, ita quod intellectus singularia non distinguat, cum ipsa omnia communicant in forma communi, intelligibili, immateriali, abstracta, <quae> non est diversa diversorum, sed est una plurium singularium.

Nec dico quod particulare nullo modo cognoscatur ab intellectu. Hoc 65 contingit dicenti quod universale aliud sit a singulari, sicut PLATO

---

41 illud] *leg.*GIELE, *sed in* aliud *corr.*   44 huiusmodi] huius *leg.* DA PALMA[4] *et omittendum censet*   particularium] particularis *leg.* GIELE   non] *suppl.; non suppl.* GIELE   fit] *leg.* GIELE; sit *cod.*   48 Praeterea] p^rma *cod.*   tertio] X *cod.* 50 utrumque] neutrum *fors. scr.*   51 applicet] applicat *leg.* DA PALMA[4]   ea illam] eam illa *corr.* DA PALMA[4]   53 formae communis] *suppl.; non suppl.* GIELE   57 talis] *suppl.; non suppl.* GIELE   58 virtutis] <scilicet> *suppl.* DA PALMA[4]   59 tamen] cum *cod.*   60 non[1]] *omittendum censet* DA PALMA[4]   cur non] et non *cod.*; cur *corr.* GIELE; si non *corr.* DA PALMA[4]   61 intellectus] intellecta *cod. et* GIELE distinguat] distingueret *cod. et* GIELE   62 communicant] communicent *corr.* DA PALMA[4]   62/63 intelligibili, immateriali, abstracta] intelligibili, immaterialis, abstracta *cod.*; intellectus immaterialis <quae, utpote> abstracta *corr.* DA PALMA[4] 63 quae] *suppl.; non suppl.* GIELE   65 Nec] u^o *cod.*   66 singulari] particulari *leg.* DA PALMA[4]

48 ARISTOTELES, *locus non inventus.*

dicebat. Dicebat enim PLATO universale esse formam penitus separatam a singularibus. Unde sic contingeret quod <qui> universale
intelligeret, nullo modo intelligeret particulare, cum universale aliud
70 poneretur a singulari. Immo dico quod universale, <cum> idem sit
cum suo particulari, per cognitionem universalis cognoscitur particulare, sed non <ut> est in forma propria, sed solum in universali,
quia haec forma universalis vere est particularis secundum suum
esse. Particulare enim aliam formam ab universali non habet. Unde
75 dicit ARISTOTELES quod particulare non habet proprium nomen,
nec propriam formam, nec propriam cognitionem.

Alia via est, qua ponitur quod intellectus intelligat particulare
particulariter | ex consequenti. Dicitur enim quod, licet forma primo   f. 364rb
cognita ab intellectu sit universalis et immaterialis, ipsa tamen cau-
80 satur a phantasmatibus particularibus. Unde per hoc quod ipsa
causatur a particularibus, per hoc intellectus cognoscit particulare.
Et ponitur unum simile. Sensibile per se et primo est <cognoscibile>
secundum quod est in organo, sed cum illud causatur ab esse quod
habet in obiecto, ideo sensus non solum cognoscit sensibile in organo,
85 sed ipsum etiam cognoscit in obiecto.

Praeterea, licet forma universalis abstracta per se et primo cognoscatur ab intellectu, ipsa tamen causatur a se ipsa prout est in particulari, quia intellectus non solum cognoscit formam universalis ut
universalis, sed etiam ipsam cognoscit ut particularis est. Quare etc.
90 Hoc tamen videtur : veritas est quod <species> sensibiles existentes
in organo non solum faciunt cognitionem sui in organo, sed etiam
eorum, quorum sunt similitudines sive species, a quibus causantur.

---

67 esse] est *cod. et* DA PALMA[4]   formam penitus separatam] forma penitus separata
leg. DA PALMA[4]   68 qui] *suppl.*; *non suppl.* GIELE   70 cum] *suppl.*; *non suppl.*
GIELE   71/72 particulare] universale *cod.*   72 ut] *suppl.*; *non suppl.* GIELE   in]
<forma> *suppl.* DA PALMA[4]   73/74 quia ... habet] quia huius formae (*ms.* haec
forma) universalis vere est participans. Secundum suum esse, particulare enim aliquam
formam ab universali <diversam> non habet *leg.* DA PALMA[4]   74 aliam] aliquam
cod.   82 cognoscibile] *suppl.*; *non suppl.* GIELE   83 sed] esse *cod. et* GIELE   84
obiecto] et *add. cod.*   87 ipsa[2]] ipso *cod.*   89 cognoscit] cognoscet *cod.*   90 Hoc
tamen videtur] Hoc cum videtur *leg.* DA PALMA[4] *et corr.* : Ad hoc respondetur
species] *suppl.*; *non suppl.* GIELE   sensibiles existentes] sensibile ens *cod. et* GIELE
91 faciunt] facit *cod.*   etiam] in organo cognitionem sui sed etiam *add. cod.*

67 PLATO, *Meno*, 72-75c; *Phaedo*, 78d, 79a; *Timaeus*, 27d-28a (dialogues connus au
moyen âge). Siger a pu se renseigner sur la doctrine des Idées chez Aristote : *voir par
exemple* : *Metaph.* I, 6, 986 b 30 sqq.
75 ARISTOTELES, *Rhetor.* I, 1356 b 31; *Metaph.* VII, 15, 1039 b 27 sqq.

Dicitur : forma immaterialis, abstracta, non solum facit cognitionem
sui in intellectu, sed etiam facit cognitionem illius, cuius est species,
a quo causatur tamquam a suo obiecto. Unde, cum forma immate- 95
rialis sit in <forma> reali tamquam in obiecto a quo causatur,
ideo, <si> cognoscatur forma universalis, cognoscitur etiam forma
realis.

Intelligendum autem quod, licet sensibile sensui faciat sui cognitionem in organo, non tamen facit illam cognitionem nisi per simili- 100
tudinem quam in organo eius habet ab obiecto. Est autem similitudo
obiecti, quam habet sensibile in organo existens, ut in visu habet,
non colorati universaliter, sed huius colorati, ut similitudo huius
particularis. Et ideo sensibile cognitionem particularis inducit. Similiter forma immaterialis cognitionem sui obiecti facit secundum quod 5
est similitudo obiecti. Tamen enim vero, cum ipsa sit similitudo sui
obiecti non sub esse particulari, <sed sub esse universali>, ex hoc
potes convincere quod homo realis, quod est obiectum formae universalis, cognoscitur non sub reali esse, sed sub esse universali.

Unde nota quod duplex est universale : quoddam est universale 10
quod est intentio pura universalis abstracta, non praedicabilis de
particularibus extra; aliud est universale quod non est intentio pura,

---

93 abstracta] abstractu *cod.*   94 in] ab *cod. et* GIELE   95 causatur] causantur
cod.   Unde] at *corr.* DA PALMA[4]   95/96 immaterialis] materialis *cod. et* GIELE;
universalis *corr.* DA PALMA[4]   96 forma] *suppl.*   reali] particulari *corr.* DA PALMA[4]
causatur] <non> *suppl.* DA PALMA[4]   97 si] *suppl.*   cognoscatur] cognoscitur
leg. DA PALMA[4]   cognoscitur] cognoscatur *cod. et* GIELE   98 realis] particularis *leg.*
DA PALMA[4]   99 autem] ergo *cod. et* GIELE   100 organo] obiecto *cod. et* GIELE   ab] in
cod. et GIELE   6 similitudo] multitudo *cod.*   Tamen enim vero cum] t .n. ūo 9
cod.; cum enim forma *leg.* GIELE   7 sed sub esse universali] *suppl.*; *non suppl.*
GIELE   ex] et *cod.*; tunc *corr.* GIELE   9 universali] particulari *cod.*

99/9 Intelligendum ... universali] *les divergences avec* DA PALMA[4] *sont si nombreuses*
que nous devons donner tout le texte proposé par lui : « Intelligendum ergo quod licet
sensibile sensui faciat sui cognitionem <prout est> in obiecto, non tamen ... in organo
sensus (ms. ? eius) habet <sui esse> in obiecto. Est autem similitudo obiecti, quam
habet sensibile in organo sensus, existens <non universaliter> ; sic (*ms.* ut) in visu
habetur non <similitudo> colorati universaliter, sed huius colorati, et ideo (*ms.* ut)
similitudo huius particularis [et ideo sensibile] <ad> cognitionem <eiusdem> particularis ducit. Similiter ... similitudo (*ms.* multitudo) obiecti. Et ideo cum ipsa sit (*ms.*
cum enim non cum ipsa sit) similitudo <universalis> sui obiecti, non <ducit> ad
cognitionem obiecti sub esse particulari. Et ex hoc potes te convincere quod homo
particularis (*ms.* realis) quod est obiectum formae universalis, cognoscitur non sub
particulari (*ms.* reali) esse, sed sub esse universali (*ms.* particulari) ».

sed est forma realis, existens in pluribus, praedicabilis de eisdem.
Nota ergo quod universale quod est intentio universalis pura, facit
15 cognitionem universalis realis.

Ad rationem tunc primam in oppositum dicendum quod bene
concludit quod intellectus debet habere cognitionem particularium,
sed non sequitur : ergo debet habere cognitionem de ipsis particularibus.
Conceditur : cognitione enim universali particularium dirigitur in
20 operando circa particularia. Unde quia non cognoscuntur in natura
propria, ideo contingit quod qui non sunt valde experti in regulis
universalis artis, minus possunt operari circa particularia, ut vult
ARISTOTELES *primo Metaphysicae.*

Ad aliud vero eo modo dicendum quod sensus particulare cognoscit,
25 et similiter intellectus particulare cognoscit, sed non particulariter
sicut sensus. Unde verum est quod quidquid potest virtus inferior,
potest superior, sed non oportet quod eodem modo.

Explicit.

Incipiunt questiones super *tertium De anima* disputatae a Magistro
30 SIMONE DE FAUERISHAM et praecedentes sunt Magistri SIGERI super
eodem *tertio.*

---

16 tunc] *in marg. (avec signes de renvoi)*   19 universali] *om.* DA PALMA[4]
20 cognoscuntur] 9gno^sut^r *cod.*; cognoscitur *leg.* GIELE   21 valde] unde *cod.*
25 sed non particulariter] illud particulariter *cod.*; <sed> illud <non cognoscit>
particulariter *corr.* DA PALMA[4]

23 ARISTOTELES, *Metaph.*, I, 1, 981 a 13 sqq.

TRACTATUS DE ANIMA INTELLECTIVA

\<Prologus\>

Incipiunt quaestiones de anima intellectiva ordinatae a magistro
Sigero de Brabantia.   5

V f. 69ʳᵃ | Cum anima sit aliorum cognoscitiva, turpe est ut se ipsam ignoret.
Se ipsam enim ignorans, quomodo de aliis fida putabitur ? Est autem
unum quod animae de se maxime scire desiderant, scilicet qualiter
contingat a corporibus separari. Unde, et sicut dicit Commentator
super prologum *De anima*, hanc quaestionem semper « debemus ponere 10
in directo oculorum nostrorum». Et ideo, exposcentibus amicis,
eorum desiderio pro modulo nostrae possibilitatis satisfacere cupientes,
quid circa praedicta sentiendum sit secundum documenta philosophorum probatorum, non aliquid ex nobis asserentes, praesenti tractatu
proponimus declarare. Huius autem tractatus decem sunt capitula. 15
Primum est quid debemus intelligere per nomen animae.

---

3 Prologus] *suppl.*   5/6 Incipiunt ... Brabantia] \<C\>um anima sit Incipiunt
questiones de anima intellectiva / aliorum cognoscitiva ordinate a magistro Sigero de
Brabantia *P*; Incipit quidam tractatus de anima et habet decem capitula *V*; *om. D*;
in marg. sup. al. man. : aucthor huius libri non est Themistius nec est Thome (?) vel
tamquam (?) ... fol. rᵒ 2a; *sup. man. scribae tractatus* : Deus qui omnino praeest me
regat et dirigat.   7 Se] si *VD*   ipsam enim] *inv. V*   ignorans] ignorat *D*
8 animae] anima *D*   de se] de esse *P*   maxime] multum *P*   desiderant]
desiderat *D* qualiter] eam *add. D*   9 contingat] contingit *D*   10 semper debe-
mus] debemus semper habere *scrip. V sed* habere *exp.*   11 exposcentibus] expos ca-
nib'r *fors. scrip. V*   13 sentiendum] sciendum *V*   documenta] dogmata *P*
14 probatorum] doctorum *D*   asserentes] *om. D*   tractatu] tractatui *D*   15 au-
tem] *om. D*   16 Primum] autem *add. V*   quid] nos *add. P*   debemus] debeamus *V*

6/7 Cf. Themistius, *In De anima*, I, 1, p. 3, lin. 38-40 (Verbeke) : « Cognoscens quidem
igitur seipsam, digna fide est et de aliis; de seipsa autem decepta, de quo utique alio
fida putabitur ? »
9/10 Averroes, *In De anima*, I, 12, p. 17, lin. 34-35.

Secundum, quid sit anima.

Tertium est qualiter anima intellectiva sit perfectio corporis et forma.

20 Quartum est utrum anima intellectiva sit incorruptibilis, aeterna in futuro.

Quintum est utrum ipsa sit aeterna in praeterito.

Sextum est qualiter a corpore sit separabilis et quem statum habeat separata.

25 Septimum est utrum anima in-|tellectiva multiplicetur multipli- P f. 55ra catione corporum humanorum.

Octavum est utrum vegetativum, sensitivum et intellectivum in homine pertineant ad unam et eamdem substantiam animae.

Nonum, utrum operatio intellectus sit eius substantia.

30 Decimum, utrum habeat in se formas rerum quas intelligit.

\<Capitulum I\>

\<Quid debemus intelligere per nomen animae\>

Circa primum sciendum est quod per nomen animae debemus intelligere illud quo corpus animatum vivit. Animatum enim ab
5 inanimato distinguitur in vivendo, per hoc scilicet quod corpus animatum vivit, inanimatum non vivit. Vivere autem corporis animati dicimus nutriri, augeri, generare per decisionem seminis, sentire, ut videre et audire, appetere, intelligere, moveri secundum locum, ex se, non ab extrinseco. Unde quodcumque praedictorum insit alicui
10 corpori, ipsum vivere dicimus et animatum; et anima est quae est praedictorum principium et causa in corporibus animatis. Et sic

---

18 est] om. D   18/19 perfectio corporis et forma] forma corporis et perfectio D   20
est] om. P   anima intellectiva] ipsa D   incorruptibilis] vel incorruptibilis add. P;
vel corruptibilis leg. M. nec censet omittendum   22 Quintum] sit add. sed exp. P
ipsa] om. PV et M.   23 a corpore sit] sit a corpore D   27 est] om. V   28
unam et] om. P   animae] om. D   30 habeat in se] in se habeat VD
2 Quid ... animae] suppl.   3 primum] in textu et in marg. V   est] om. PV et M.
per] om. P   nomen] nⁿ P (cette graphie revient regulièrement)   4 illud] id V   quo]
primum add. D   7 seminis] sensus P   sentire] om. V   7/8 sentire ut] om. D
8 et] om. VD   moveri secundum locum] moveri secundum se vel V (Mandonnet
considère secundum locum comme omis par V); 9mori secundum locum D.   9 quod-
cumque] adq3 V, quodlibet leg. M. in V et corr. in quodcumque; aliquod D

patet primum propositorum, scilicet quid debemus intelligere per nomen animae : quia illud quo vivens vivit seu principium et causam vivendi in corporibus animatis.

Sed praedictis adiciendum est quod uno modo per vivere intelligimus 15 vel possumus intelligere esse primum viventis corporis, et sic dicit PHILOSOPHUS, *secundo De anima*, quod vivere viventibus est esse; alio modo per vivere habemus intelligere praedicta opera vitae et animae. Et vivere, utroque modo dictum, est ab anima. Sed non manifestatur vivere primo modo dictum, quod est esse viventium, 20 nec etiam anima in corporibus animatis, nisi per vivere quod est opus animae et vitae.

<CAPITULUM II>

<QUID SIT ANIMA>

Circa secundum capitulum sciendum est quod anima est actus
D f. 152rb primus, forma seu perfectio corporis naturalis vivere potentis. Et | quod anima sit actus corporis primo declaratur. Secundo, quod actus 5 corporis primus. Tertio, quod actus corporis naturalis, non artificialis. Quarto, quod actus corporis naturalis non cuiuscumque, sed vivere potentis, seu praeparati et dispositi ad vitam et animam et eius opera.

Primum sic declaratur. Illud quo aliquid primo et principaliter

12 propositorum] *om.* D   scilicet] videlicet V   quid] quod P   debemus] debeamus D   13 quia] q3 V   illud] id V   seu] sive D   15 Sed] et *add.* V adiciendum] addiciendum V; adu'cēdū D   est] *om.* P   15/18 intelligimus ... per vivere] *om.* P (*hom.*)   16 possumus] debemus D   primum] proprium P; proprium *leg. M. in* P *et* V   19 Et vivere utroque modo] et utroque modo vivere D   non] nunc V   20 primo] utroque VD   21 nec etiam] uᵗ et V: velut et *leg. M. in* V *et corr. in* nec etiam
2 Quid sit anima] *suppl.*   3 secundum] *in textu et in marg.* V   capitulum] *om.* P *et* M.   sciendum est] est intelligendum P *et* M.   quod anima est] *om.* V (*hom.*) 3/4 actus primus, forma seu perfectio] actus, forma seu perfectio primus PV *et* M. 6 corporis primus] *inv.* VD   artificialis] accidentalis D   7 cuiuscumque] cuiuslibet *leg. M.*   8 opera] operationem D   9 Illud] id V   et principaliter] *om.* D

17 ARISTOTELES, *De anima*, II, 4, 415 b 13-14. Pour tout ce passage cf. aussi : *De anima*, II, 1, 412 a 14; II, 2, 413 a 20-25, et S. THOMAS, *In de anima*, II, lect. 7, n. 319.
1 Cap. II : Pour tout ce chapitre cf. THEMISTIUS, *In De anima*, III, pp. 96-102.
9/13 Cf. S. THOMAS, *De unitate intellectus*, III, § 60-61.

10 agit et operatur, est eius forma : forma enim est quo operandi principium; sed, sicut iam prius manifestum est, anima est quo corpus
animatum vivit seu exercet opera vitae; ergo anima est actus et
forma corporis. Et iterum : anima est aliquid pertinens ad corpus
vivens, cum ipsa sit quo vivens vivit; corpus autem vivens est sub-
15 stantia composita; anima autem non est substantia composita quae
est corpus vivens; nec est etiam anima corpus seu materia substantiae
compositae quae est corpus vivens, cum sit operum quae sunt in
corpore vivente, principalis causa; relinquitur ergo per divisionem
quod sit actus et forma corporis.

20 Et est attendendum, cum forma sit definienda per suam materiam,
non per substantiam compositam, ut dicit THEMISTIUS, quod per
corpus positum in definitione animae debemus intelligere materiam
animati corporis, ut substantiam materiae primae tribus dimensionibus
signatam, ita quod animam esse actum corporis est eam esse actum
25 materiae corporalis.

Secundum sic declaratur, quia est actus ut habitus, et actus ut
operatio; actus ut habitus, ut scientia; actus ut operatio, ut considerare
secundum scientiam. Nunc est ita quod anima, cum sit perfectio
corporis animati non solum in vigilia, quando est usus sensuum et
30 operatio, sed etiam in somno, quando non est usus sensuum, quod
ipsa est actus ut habitus : aliter enim non esset actus et perfectio
corporis apud somnum. Et si aliquis instet et dicat quod, si anima
sit actus ut habitus, cum in vigilia non sit ut habitus, quod male
definitur anima esse actus ut habitus, dicendum contra sic instantem

---

10 quo operandi] cooperandi P et M.; quoddam operandi D   11 sed] si leg. M. in
V et corr. in sed   sicut ... manifestum est] om. D, sed sicut dictum est prius
post opera vitae (lin. 12) inseruit   quo] primo add. D   13 Et iterum] item D
14 vivens] et add. V   16 materia] anima nra P; anima leg. M. in P et corr. in materia
17 compositae] om. D   operum] operationum VD; operatum leg. M. in V et corr. in
operationum   sunt] est V; om. P et M.   18 relinquitur] relingquitur scrip. D sed
g exp.   divisionem] dictum leg. M.   19 actus et forma] forma et actus V; actus D
20 attendendum] aliud intelligendum D   sit definienda] sit diffinita V; definiatur D
22 animae] om. VD   23/23 materiam animati corporis ut] materiam corporis animati
est V; om. D   23 materiae primae] inv. V   24 eam] om. D   26 quia] q3 V
27 operatio] cōpo V   ut²] sicut P   28 est ita] inv. VD   29/30 et operatio] om.
D   30 non] om. P   quod] quia VD   31 actus et] in marg. D (avec signes de
correction)   32 instet et dicat] inv. P et M.   32/33 si anima ... habitus²] cum
anima non sit habitus nisi in vigilia D (correction fautive)   36 ut²] nisi V   34 defi-
nitur] definiatur D   anima esse] anima est D

21 THEMISTIUS, In De anima, III, p. 100, lin. 0-5; p. 109, lin. 72-80.

quod apud actum manet habitus, ut apud considerare manet scientia, 35
licet non semper apud habitum maneat actus; et ideo non solum in
somno, sed etiam in vigilia, anima potest dici actus habitualis corporis.
Et cum anima sit actus corporis ut habitus, ut ostensum est, habitus
autem ordine generationis naturaliter priores sunt actibus, ut prius
est visus quam videre et auditus quam audire, hinc est quod anima, 40
cum sit actus corporis ut habitus, quod ipsa sit actus corporis primus,
non secundus, sicut opera vitae. Maxime autem verum est in habitibus
naturalibus quod priores sunt actibus, cum ex eis non causentur.
Habitus enim acquisiti causantur ex actibus, ut ars citharisandi ex
citharisare; propter quod actus ibi quodammodo priores sunt habitibus. 45
D f. 152va Anima autem habitus est naturalis, | non acquisitus, propter quod
simpliciter est actus corporis primus. Et attendendum quod, licet
anima secundum potentiam eius sentiendi, intelligendi et movendi
inveniatur esse actus corporis in habitu sive in operatione, tamen
anima vegetativa, cuius opus est uti alimento, semper invenitur esse 50
actus corporis secundum postremam perfectionem, cum semper operetur in somno et in vigilia.

Tertium sic declaratur. Differt forma corporis naturalis et corporis
artificialis. Forma enim corporis artificialis accidens est, quia advenit
alicui subiecto iam enti in actu per naturam, ut ligno, ferro vel argento; 55
cuius signum est quod, ablata forma artificiali a corpore artificiali,
V f. 69rb adhuc illud | corpus retinet nomen et definitionem quod prius habebat,
P f. 55rb secundum | quod erat individuum substantiae : ut ablata acuitate
a dolabra, posito quod sit eius forma artificialis, quod remanet ferrum

35 manet scientia] conscientia manet *scrip.* D *sed* con *exp.*   37 somno-vigilia]
vigilia-somno D (*correction fautive*)   anima potest] *iter.* V   39 generationis] genera-
liter *add. sed del.* P   naturaliter] universaliter D   priores sunt] *inv.* D   acti-
bus] actusbus *scrip.* V *sed* 1s *exp.*   40 est] *om.* P   41 ut habitus quod ipsa] *om.*
D   ut habitus ... actus corporis] *om.* V (*hom.*)   44/45 citharisandi — citharisare]
chitarisandi-chitarisare V (*cette graphie revient régulièrement*); chytarisandi D   45
ibi] illi *leg.* M. (ibi *en toutes lettres* D; i¹ PV)   priores sunt] *inv.* V   48 potentiam eius] *inv.* D   49 inveniatur] inveniantur *scrip.* V *sed* n *exp.*   sive] seu V
in²] *om.* D   51 cum] c⁹ V   53 naturalis] materialis V   corporis²] *om.* D
55 subiecto] substantiae P *et* M.   enti] existenti *leg.* M.   ut ligno, ferro vel
argento] ut ferro et ligno D; ut ligno vel ferro vel argento P   56 forma]
accidentali vel *add.* V   a corpore artificiali] a ligno D   57 illud] .a. *seu* .+. *add.* V
in marg.; les trois dernières lignes de la colonne a *sont la suite de la colonne* b, *cf. plus
loin, C. III, lin. 58*)   illud corpus] *om.* D   retinet] tenet D   quod] quam D
65 quod] quam D   66 posito] dato D   sit] *om.* P   59 artificialis] accidentalis
fors. scrip. D

60 manifestum est, cum nomine univoco et univoca definitione sicut
prius; quod tamen non contingeret si forma corporis artificialis esset
substantia, non accidens. Nunc autem, ablata anima a corpore, quod
remanet non retinet nomen et definitionem quam prius habebat.
Ergo anima est forma ut substantia, non ut accidens. Esset autem
65 forma ut accidens si esset forma corporis artificialis. Est igitur actus,
forma seu perfectio corporis naturalis, seu corporis constituti per
naturam.

Quartum sic declaratur. Non quaelibet ars utitur quibuslibet
instrumentis, sed determinatis et dispositis, et praeparatis ad opera
70 illius artis. Non enim contingeret scribere securi, et secare penna
aut domificare cithara. Nunc autem anima utitur corpore ad sua
opera, et est ut ars insita, ut ars domificandi si intraret ligna. Anima
ergo requirit corpus determinatum, dispositum et ad sua opera praeparatum. Bene ergo dictum est quod anima est actus corporis vivere
75 potentis, hoc est, non cuiuscumque corporis, sed eius quod est propria
materia et potentia ad animam et vitam et eius opera. Et ideo male
determinaverunt de anima nihil dicentes de susceptibili corpore,
ac si quaelibet anima quodlibet corpus posset ingredi secundum
pythagoricas fabulas. Nunc autem non est ita, immo secundum differen-
80 tiam animarum, oportet esse et corporum susceptibilium differentiam,
ita ut non differant membra leonis a membris cervi, nisi quia differt
anima ab anima. Et hoc rationabiliter, quia forma non est nisi in
propria materia; anima autem est corporis forma, ut visum est.

---

60 manifestum est] *om. PV et M.*   cum] tamen *P*   et univoca] *om. D*; et uni-
vocata *V*   61 tamen] *om. VD*   corporis] *om. D*   62 autem] *om. V*   63 et]
nec *scr. D, sed exp. et sup. lin. et add.*   64 ut¹] vel *D*   accidens] nunc autem
ablata anima a corpore *iter. sed del. P*   65 igitur] *om. P*; ergo *D*   65/66 actus,
forma seu perfectio] forma seu actus *D*   70 contingeret] contingit *D*   71 cithara]
chithara *D*   72 insita] musica *V*; musica et *D*   intraret] instrueret *leg. M. (M.
dit s'appuyer sur P, qui donne pourtant* itᵃret)   73 corpus] *om. V*; instrumentum *D*
determinatum] destinatum *leg. M. in P et in* determinatum *corr.*   73/74 et ad sua
opera praeparatum] et praeparatum ad sua opera *P et M.*   75 cuiuscumque] cuiuslibet *V et M. (cf. lin. 95-96)*   77 determinaverunt] determinarunt *D*   78 posset]
possit *V*   80 opportet ... differentiam] oportet corporum sⁱm3 esse differentiam *D*
81 differt] *om. D*

71/72 Ce même exemple est donné par ᴛʜᴇᴍɪꜱᴛɪᴜꜱ pour expliquer la relation entre
l'intellect agent et l'intellect en puissance; *cf. In De anima*, VI, p. 226, lin. 21-23.
76/83 Cf. ᴀʀɪꜱᴛᴏᴛᴇʟᴇꜱ, *De anima*, I, 3, 407 b 15-26.

D f. 152ᵛᵇ　Sciendum autem quod, cum semen sit corpus | vivens in potentia, anima non est actus corporis vivere potentis illo modo potentiae 85 quo semen est potentia vivens. Semen enim est sicut potentia vivens quod non habet animam. Corpus autem cuius actus est anima iam habet animam. Dicimus tamen corpus cuius actus est anima potentia vivens, quia et licet habeat animam et vitam primam, contingit tamen ipsum esse in potentia ad opera vitae, et ideo dicitur illud 90 corpus vivens esse in potentia; aut quia et licet corpus cuius actus est anima habeat vitam, saltem in actu primo, tamen hoc non est de se, sed per animam; immo, de se solum est in potentia ad vitam et animam et eius opera. Solum igitur debet intelligi, cum dicitur animam esse actum corporis viventis in potentia, ipsam esse actum non cuius- 95 cumque corporis, sed dispositi et praeparati ad animam et eius opera. Tale autem est corpus quod est organicum, hoc est, quod habet partes, figura et dispositione differentes. Et hoc rationabiliter. Cum enim anima multiplex sit in virtutibus et in operibus, exigit partium sui corporis multiplicem differentiam, ut per diversas corporis partes, 100 opera diversa exerceat. Unde et species animae, quanto fuerit plurium virtutum et potentiarum, tanto habet corpus amplius in partibus differens. Unde maiorem habent in partibus diversitatem corpora animalium quam plantarum, et perfectorum quam aliorum, et homo inter caetera animalia.　　　　　　　　　　　　　　　　　　　　　105

Ex praedicta animae definitione sequitur quod anima non sit sanguis, neque spiritus anhelatus, neque omnino corpus, quia anima

---

84 Sciendum autem] et intelligendum *D*　　cum] corpus *add. et exp. V*　　semen sit] *inv. V*　　85 anima] autem *V*　　86 semen] idem *P*　　87/88 Corpus ... animam] *M. donne à tort ces mots comme omis par P*　　88 Dicimus] dicitur *D*　　tamen] cum *V*　　90 ad] *om. P*　　91 corpus¹] *om. VD*　　esse] *om. VD*　　92 saltem] saltim *D*　　94 cum dicitur] tamen quia *V*　　95 actum] *om. VD*　　95/96 cuiuscumque] cuiuslibet *V*; cuiuscumque *leg. M. in V*　　96 animam] vitam *D*　　97 autem] enim *P*　　quod est] *om. D*　　hoc est] hinc est *D*　　98 enim] *om. D*　　99 sit] *om. V*　　in virtutibus et in operibus] in operibus et virtutibus *D*; in virtutibus et in operationibus *leg. M.*　　partium] principium *leg. M.*　　100 corporis] multitudinem vel multiplicationem *add. et del. D*　　101 opera diversa] *inv. D*　　quanto] quantum *P*　　102/103 in partibus differens] distingtum *D*　　103 in partibus diversitatem] in corpore diversitatem *P*; diversitatem in partibus *D*　　106 animae definitione] *inv. VD*　　106/107 sit sanguis] *inv. P*　　107 neque spiritus anhelatus] neque spr neque hanelitus *V*; nec spiritus n3 anelitus *scrip.* D *sed* n3 *exp.*　　omnino corpus] *inv. D*　　107/108 quia anima est] cum anima sit *D*

87/88 Cf. Aristoteles, *De anima*, II, 1, 412 b 25-26; S. Thomas, *In De anima*, II, lect. 2, n. 240-241.

est actus corporis, ut visum est. Unum autem corpus non est actus nec forma alterius corporis. Ergo anima non est corpus.

110 Apparet etiam ex praedictis quod unum ens fit ex anima et corpore, sine aliquo tertio quod sit causa ut sint unum, quia, cum universaliter forma sit causa essendi materiae, ita quod non haberet esse per causas essendi distinctas, forma se ipsa unum ens fit cum materia; anima autem est forma corporis et ideo fit unum ens ex corpore et anima.

<CAPITULUM III>

<QUALITER ANIMA INTELLECTIVA SIT PERFECTIO CORPORIS ET FORMA>

Circa tertium superius principaliter propositorum sic proceditur 5 et videtur quod anima intellectiva sit actus corporis ut dans esse corpori, et ut figura cerae, ita ut sit ei unita in essendo, et non tantum in operando et in esse separata; et hoc sic arguitur.

Omne quod agit et operatur agit per suam formam, et non agit aliquid per illud quod est ab eo in esse separatum. Nunc autem, non 10 tantum anima intelligit, sed etiam ipse homo per | animam intellec- D f. 153ra tivam. Ergo anima intellectiva est hominis forma et perfectio, et non ab eo in esse separata.

108 Unum] unde *P* 109 nec forma] et perfectio *D* 110 etiam] autem *D* praedictis] dictis *D* fit] sit *leg. M. in P et in* fit *corr.* 111 sint] sit *V et M.* 112 forma sit] *inv. V* haberet] habent *P* esse per] *in marg. D (avec signes de correction)* 113 distinctas] distingtas *D* forma] enim *add. D* unum ens fit] fit unum ens *D* 114 ens] *om. D* corpore et anima] anima et corpore *D*
2/3 Qualiter ... forma] *suppl.; in marg. al. man. P* : quaestio; *in marg. al. man. V* : tertium 4 superius] *om. D* propositorum] propositum *P et M.* 5/6 esse corpori] sibi esse *D* (sibi *sup. lin., avec signes de correction*) 6 et ut] sicut *D* 6 et²] *verbum illegib. add. P, sed exp. et del.* 6/7 non tantum in operando] *illegib. in P, macula in textu* 7 et¹] *om. PV et M.* esse] vel *add. et exp. D* separata] separato *D* 9 aliquid] *om. P* 10 tantum] solum *D* etiam ipse] *om. D* per] ipsam *add. D* animam] utrum intellectus sit unitus corpori *in marg. sup. al. man. D* 11 hominis] hō *V* 11/12 non ab eo in esse] non ab eo esse *P et M.*; non in esse *V*

110/114 Cf. ARISTOTELES, *De anima*, II, 1, 412 b 6; THEMISTIUS, *In De anima*, III, p. 99, lin. 82-87; AVERROES, *In De anima*, II, 7, pp. 138-139; S. THOMAS, *In De anima*, II, lect. 1, n. 234.
8-12 Cf. S. THOMAS, *De unitate intellectus*, III, § 62.

Praeterea, homo est homo per intellectum, quod non contingeret si intellectus non esset hominis forma.

Praeterea, propria operatio hominis est intelligere. Propria autem 15 operatio alicuius procedit ab eius forma. Intellectivum igitur principium est hominis forma.

Praeterea, PHILOSOPHUS universali ratione quae communis est animae intellectivae et aliis definiens animam, dicit eam esse actum corporis. Et concludens hoc de intellectu sicut de aliis, arguit sicut 20 prius argutum est, quod anima est quo primum homo intelligit. Ergo anima intellectiva est actus corporis. |

P f. 55va Praeterea, *tertio De anima* quaerit PHILOSOPHUS utrum intellectus coniunctus magnitudini et corpori intelligat substantias separatas a materia. In quo manifeste supponit intellectum uniri magnitudini 25 et corpori.

Sed contra, dicit PHILOSOPHUS *tertio De anima* quod sensitivum non sine corpore est, intellectus autem a corpore separatus est.

Praeterea, intellectus in intelligendo non habet organum corporeum, sicut visus oculum, ut probatur *tertio De anima*. Sed, si anima intellec- 30 tiva uniretur corpori ut forma, eidem dans esse et ut figura cerae, anima intellectiva proprium opus expleret per organum corporeum: corpus enim, ens per animam intellectivam, intelligeret per ipsam.

---

14 si] h *add. et exp. V*   forma] ergo etc. *add. VD*   15/16 intelligere ... procedit] *illegib. in P, macula in textu*   16 ab] ex *P et M.*   Intellectivum] intellectus *D* igitur] ergo *P et M.*   16/17 principium] *om. D.*   16/22 igitur ... actus corporis] *illegib. in P, macula in textu*   18 ratione] communi est omni animae vel *add. et exp. D*   quae] qua *fors. scrip. V*   communis] omnis *V*   19 animae intellectivae et aliis] omni animae *D*   et aliis] a'is *V*   animam] ipsam *D*   eam] ipsam *D* 20 hoc de intellectu] de intellectiva *D*   aliis] dicit *add. et exp. V*; dicit et *add. D* 21 argutum] dictum *D*   quod] *M. signale que P porte ex au lieu de* quod   est] illud *add. D*   primum homo] *inv. V*; primo homo *D*   23 utrum] an *D*   intellectus] *om. P*   24 et corpori] *om. D*   25 a materia] *om. D*   27 contra] *in textu et in marg. V*   dicit ... De anima] Philosophus tertio de Anima dicit *D* 28 est¹] *om. D*   29 in] *om. P et M.*   30 visus] intus *scrip. P sed in marg.* visus *restituit*   30/31 anima intellectiva] *om. D*   31 corpori] *om. V*   ut forma] *om. P et M.*   eidem dans esse] dans sibi esse *VD*   et ut figura cerae] tunc *D*   32 anima intellectiva] intellectum *P*

13/17 Cf. S. THOMAS, *De unitate intellectus*, III, § 80.
18 ARISTOTELES, *De anima*, II, 1, 412 b 5; cf. S. THOMAS, *De unitate intellectus*, I, § 3-4.
23 ARISTOTELES, *De anima*, III, 7, 431 b 18-19.
27 ARISTOTELES, *De anima*, III, 4, 429 b 5.
30 ARISTOTELES, *De anima*, III, 4, 429 a 24-26.

Praeterea, dicit Philosophus *tertio De anima* quod intellectus
35 impassibilis est et quod non communicat cum aliis in materia et quod
est potentia sine materia : quae omnia ostendunt quod intellectus
in esse suo separatus est a materia et corpore.

Praeterea, innuit Philosophus in *secundo De anima* quod intellectus,
cum sit separabilis a corpore, non est actus corporis, aut si est actus
40 corporis, quod est actus eius sicut nauta navis, hoc est, quod est
perfectio corporis, in esse tamen suo a corpore separatus, licet in
operando unitus, ut nauta navi.

Praeterea, alia est ratio essendi formae materialis et compositi
seu formae per se subsistentis. Ratio enim essendi formae materialis
45 est secundum quam est aliquid aliud, ut ratio compositionis est
secundum quam habet esse compositum, et ratio figurae secundum
quam habet esse figuratum; unde ratio essendi formae materialis est
quod sit unita alii. Ratio autem essendi compositi vel formae liberatae
a materia est quod sit ens per se et separate, non unum ens cum alio.
50 Ex hoc sic arguitur. Cum cessat ratio essendi alicuius, ipsum corrumpitur et non est; sed cum separatur forma materialis a materia, cessat
eius ratio essendi, ut ex praedictis apparet; nulla igitur forma cuius
separatio a materia non est sua corruptio est materialis. Sed separatio
animae intellectivae a corpore et materia non est eius corruptio.

---

35 impassibilis est] impassibilis *P*; est impassibilis *D*   quod] *om. D*   36 quae] qua
P   37 in esse suo] *om. D*   separatus est] est separatus *D*   38 in] *om. D*   39 se-
parabilis] separatus *D*   a corpore] *om. D*   corpore] quod *add. codd. et M.*   aut]
et *scrip. V sed corr. in marg.* : aut (*signes de correction*)   est²] sit *P*   40 quod est
actus eius] est eius actus *D*   sicut] ut *P*   est³] *om. D*   41 suo a corpore]
om. D   42 unitus] uniri *P*; sit *add. D*   navi] Intellectus est in essendo separatus a corpore sicut nauta a navi *in marg. D, al. man.*   43 alia] anima *leg. M.*
compositi] compositae *PV et M.*   44 seu] et *D*   Ratio enim essendi formae]
formae enim essendi ratio *P*   materialis] *om. PV et M.*   46 habet] ratio *add. sed
exp. et del. D*   compositum] composita *P*   47 essendi] *om. D*   materialis] *om.
PV et M.*   48 vel] sive *D*   liberatae] liberati *V*   49 separate] *notes illisibles
dans la marge de D* : semper absque forma ...; separato *fors. scrip. V*   50 cessat]
cesset *P*   50/51 corrumpitur] corrumpi *P*   51 separatur] corrumpitur *D*   a
materia] alicuius *D*   52 ratio essendi] *inv. P*   igitur] ergo *D*   53 non] id *V*
54 eius] sua *D*

---

34 Aristoteles, *De anima*, III, 4, 429 a 15-16 et 23.
38 Aristoteles, *De anima*, II, 1, 413 a 7-9.
43/66 Argument fondé sur la notion thomiste de *forma per se subsistens*. Cf. S. Thomas,
Q. De anima, a. 1, obj. 3, 5, 9, 12; *De unitate intellectus*, I, § 37-38.

Ergo non habet esse unitum ad materiam. Et declaratur ratio in 55
Df. 153ʳᵇ exemplo. | Cum ligna, lapides et lateres in domo cessant esse composita
a forma compositionis eorum, cessat esse compositio; et cum secun-
Vf. 69ʳᵃ dum figuram cessat | aliquid figuratum esse, cessat esse figura. Et
similiter est de forma substantiali ad illud cuius est forma, quod,
cum secundum eam cessat esse materia, cessat esse formae materialis, 60
licet notius sit in accidentali forma quam substantiali.

Vf. 69ᵛᵃ   Et sunt istae rationes | essendi, qua aliquid habet esse unite ad
materiam et qua aliquid habet rationem subsistentis per se et separate,
oppositae adeo quod eidem inesse non possunt. Unde anima intellectiva
non potest habere rationem per se subsistentis et, cum hoc, unum 65
facere cum materia et corpore in essendo.

Solutio. Anima intellectiva non cognoscitur nisi ex eius opere,
scilicet intelligere. Intelligere autem est quodammodo unitum materiae
et quodammodo separatum. Nisi enim intelligere esset unitum aliquo
modo ad materiam, non esset verum dicere quod homo ipse intelligit. 70
Intelligere etiam aliquo modo est separatum a materia, cum non sit
in organo corporeo, ut videre in oculo, ut dicit Philosophus. Anima
igitur intellectiva aliquo modo est unita corpori et aliquo modo separata ab eo. Unde et ipse Philosophus aliquando dicit intellectum
separatum a corpore et non communicare in materia cum intelligibili- 75

---

55 ad materiam] corpori D   56 ligna, lapides] *inv.* D   lateres] latera V *et* M.
57 forma] *om.* D   compositionis] compositione D   esse] eorum V; iᵉ D   com-
positio] compositum P *et* M.   58 cessat] *en* V *le texte continue à la fin de la colonne*
a du f. 69ʳ, *où le mot* cessat *est répété*   aliquid figuratum esse] esse aliquid figuratum esse V; esse aliquid figuratum *leg.* M. *in* V *et corr. sicut in textu*; aliquid esse
figuratum D   60 materialis] substantialis (?) *add.* V; vel substantialis *add.* D
61 notius] verius P *et* M. (*dub. in* P)   quam] in *add.* D   62 qua] quae *leg.* M
in P *et corr. in* qua   unite] unit- (= unitum) D   65 unum] uniō (= unionem) D
67 Solutio] *in textu sublin. et in marg.* V   opere] operatione VD (opere *leg.* M. *in* V)
68 scilicet] ex P   est] *om.* P   68/69 unitum materiae et quodammodo] *om.* P
(*hom.*)   69 separatum] separat- P, separatur *leg.* M. *in* P   esset] ad materiam *add.*
V   69/70 unitum aliquo modo] unitum quodam modo P *et* M.; aliquo modo
unitum D   70 intelligit] intelligeret D   71 etiam] *om.* D   aliquo] alico D
(*graphie assez régulière*)   72 videre] est *add.* VD   73 aliquo¹] alico V   aliquo²]
alico D   74 et] *om.* D   75 a corpore] M. *donne ces mots comme omis par* P   in]
cum V

72 Aristoteles, *De anima*, III, 4, 429 a 24-26.
74 Aristoteles, *De anima*, III, 4, 429 a 18-19; 429 b 5.

bus, aliquando dicit eum esse actum corporis et coniunctum magnitudini.

Per quem autem modum anima intellectiva sit unita corpori, et separata ab eodem, dicunt praecipui viri in philosophia ALBERTUS
80 et THOMAS quod substantia animae intellectivae unita est corpori dans esse eidem, sed potentia animae intellectivae separata est a corpore, cum per organum corporeum non operetur.

Ratio autem ALBERTI, quod substantia animae intellectivae debet esse unita corpori dans esse eidem, est ista : quia, cum in homine
85 potentia vegetandi et sentiendi pertineant ad eamdem formam et substantiam ad quam potentia intelligendi, certum est autem substantiam ad quam pertinet potentia vegetandi et sentiendi dare esse materiae et corpori, ergo et substantia ad quam pertinet potentia intelligendi dabit esse materiae et corpori; sed substantiam ad quam
90 pertinet potentia intelligendi dicimus animam intellectivam; anima igitur intellectiva dat esse materiae et corpori.

Ratio autem THOMAE est haec, quod intelligere fit secundum ipsum intellectum; sed intelligere attribuitur non solum intellectui sed etiam homini ipsi; hoc autem non contingeret si anima intellectiva haberet
95 esse separatum a materia et corpore. Unde et PHILOSOPHUS, *secundo*

76 aliquando] autem *add. V et M.* dicit] ostendit *leg. M.* eum] intellectum separatum *praem. sed exp. P*; intellectum *leg. M. (qui n'a pas vu la correction en P)*; ipsum *D* esse] *om. PV et M.* 78 Per] quomodo anima intellectiva sit unita corpori et separata ab eodem *in marg. al. man. D*; opinio Alberti et Thomae *in marg. al. man. V* 78/80 et separata ... corpori] *om. P (hom)* 80 substantia] i *add. et exp. V* 82 corporeum] *om. V* 83 Alberti] est *add. V* 83/84 debet esse unita] *om. VD* 84 corpori dans esse eidem] est det esse corpori *V*; dat esse corpori *scr. D, sed in marg. corr. :* det 85/86 et substantiam] *om. P*; in substantia *V et M.* 86/87 potentia ... ad quam] *om. P (hom.)* 86 intelligendi] et *add. D* autem] *om. D* 87 potentia] substantia *D* 88 ergo et substantia] sed substantia *D (correction apportée au ms. de base; voir note suivante)* 89/90 dabit ... intelligendi] *om. D (homoioteleuton attribuable au ms. de base)* 90 dicimus animam intellectivam] dicitur esse anima intellectiva *D* 92 intelligere] est *add. sed exp. P* ipsum] *M. donne ce mot comme omis par P* 93 solum] *om. PV et M.* etiam] et *P et M.; om. V* 95 a materia et corpore] a corpore et materia *VD*

76/77 ARISTOTELES, *De anima*, III, 7, 431 b 17-19.
83 ALBERTUS MAGNUS, *De anima*, III, tr. 2, c. 12-13; cf. *De intellectu et intelligibili*, I, tr. 1, c. 6; *De natura et orig. animae*, I, c. 5. Cf. aussi *De anima*, I, tr. 2, c. 16; II, tr. 2, c. 1; III, tr. 3, c. 14; III, tr. 5, c. 4 (cités par MANDONNET, *Siger ... I* (1911), p. 173, n. 3).
92 S. THOMAS, *De unitate intellectus*, III, § 62.
95/96 Cf. ARISTOTELES. *De anima*, II, 2, 414 a 12-14 et II, 1, 412 b 5; S. THOMAS, *De unitate intellectus*, I, § 11.

De anima, quia anima est qua intelligimus, concludit eam esse actum et perfectionem corporis.

Isti viri deficiunt ab intentione PHILOSOPHI, nec intentum determinant.

D f. 153ᵛᵃ   Primum apparet | multipliciter.   100

Primo sic. Non contingit substantiam aliquam esse unitam materiae et potentiam illius substantiae esse separatam a materia.

Secundo sic. Si substantia animae intellectivae haberet esse unitum ad materiam ita quod dans esse materiae, tunc, cum intelligere sit in substantia animae intellectivae, intelligere haberet esse in aliqua 5
P f. 55ᵛᵇ   parte corporis, ut visio in oculo, aut in toto corpore, quod negat | PHILOSOPHUS.

Tertio sic. Sicut nihil operatur per substantiam ab eo separatam, sic nec per potentiam. Quod si potentiam intelligendi animae intellectivae ponant separatam a corpore et materia, quamquam substantiam 10 ponant coniunctam, nihil prodest ut materiale aliquod intelligere dicatur.

Quarto sic. Si homo intelligeret quia substantia animae intellectivae daret esse materiae aut corpori, non solum homini posset attribui operatio intelligendi, sed et corpori, quod falsum est et negat PHILO- 15 SOPHUS.

Quinto sic. Conclusio intelligenda est sicut probatur per suas praemissas vel per suum medium; sed ratio per quam PHILOSOPHUS probat quod intellectus sit separatus a corpore et quod non sit aliqua forma materialis, probat de substantia animae intellectivae sicut de 20

96 De anima] dicit *add. V et M.*   97 et perfectionem] *om. D*   98 Isti] improbatio *add. in marg. al. man. V*   nec] *conf. in textu V, al. man. corr. in marg.* : nec 98-99 determinant] demᵃant *D*   100 multipliciter] contra Albertum et S. Thomam dicentes substantiam animae unitam esse et potentiam intelligendi separatam *in marg. D al. man.*   101 aliquam] a materia *scrip. D, sed sup. lin. corr.* : aliquam   3 Secundo] *sublin. V et in marg. al. man.* : 2   Si] nisi *leg. M. in P et corr. in* si   4 ad materiam] materiae *D*   quod] esset *add. D*   5 aliqua] sb'aᶜᵃ *scrip. V, sed* sb *exp.*   8 Tertio] *sublin. V et in marg al. man.* : 3   9 nec] neque *V*   potentiam²] animae *add. et exp. V*   10 quamquam] qᵃq̄ *D*   11 prodest ut] proderit *leg. M. in V*; habent per quod dent *D*   12 dicatur] *om. D*   13 Quarto] *sublin. V et in marg. al. man.* : 4   14 materiae aut corpori] animae et materiae corpori *P*; materiae ac corpori *D*   posset] potest *leg. M.*   15 et¹] etiam *D*   17 Quinto] *sublin. V et in marg. al. man.* : 5   est sicut] est sic sicut *D*   17/18 suas praemissas vel per] *om. P (hom.)*

6/7 ARISTOTELES, *De anima*, III, 4, 429 a 24-26.
15/16 ARISTOTELES, *loc. cit.*

potentia. Non igitur ponenda potentia separata a materia et corpore, et substantia in essendo unita. Hoc autem apparet consideranti rationem PHILOSOPHI quae talis est. Intellectus noster habet intelligere omnia materialia suscipiendo eorum species; sed susceptivum denu-
25 datum est in essentia sua ab his quae suscipit; intellectus igitur non est aliqua forma materialis. Unde, sicut sensus nihil est actu suorum sensibilium antequam sentiat, sic nec intellectus intelligibilium. Unde et tactus, cum habeat aliquam qualitatem tangibilem, non est omnium qualitatum tangibilium cognoscitivus; unde calidum sive frigidum
30 non sentimus connaturale et proportionale nostro corpori, sed solum excellentias. Et cum intellectus intelligat productus de potentia ad actum sicut et sensus, et omnia materialia intelligat suscipiendo eorum species, non est igitur intellectus aliqua forma materialis. Nunc est ita quod non solum in potentia animae intellectivae susci-
35 piuntur species intelligibilium, sed etiam in eius substantia; quare idem quod convincit ratio de potentia, et de substantia. Mirum est ergo per illam PHILOSOPHI rationem ponere potentiam separatam et substantiam unitam.

Apparet etiam quod praedicti viri non concludunt intentum.
40 Et primo de ALBERTO. Supponit enim quod potentia vegetandi et <potentia> sentiendi pertineant ad illam substantiam ad quam pertinet potentia intelligendi, quod non est verum secundum PHILO-SOPHUM et THEMISTIUM eius expositorem, et inferius inquiretur. Quaerimus enim hic solum intentionem philosophorum et praecipue
45 | ARISTOTELIS, etsi forte PHILOSOPHUS senserit aliter quam veritas D f. 153vb

21 Non] est *add. D*   potentia] substantia *V*   materia et] *om. D*   23 Intellectus noster] *sublin. V*   noster] est *add. et exp. P; om. D*   24 species] Nota argu-mentum Aristotelis *in marg. D*   susceptivum] susceptum *leg. M.*   25 igitur] ergo *D*   26/27 sicut sensus ... antequam sentiat] sicut scientia sensibilis est actu suorum sensibilium non antequam sentiat *D*   27 nec] neque *VD*   29/30 unde calidum ... nostro corpori] simile autem calidum et frigidum nostro corpori non senti-mus *P;* solutio enim calidum sive frigidum nostro corpori non sentimus *V; (M. suit P, mais transforme* simile *en* similiter, *ce qui fausse le sens du texte :* simile = connaturale). 30 nostro] nostri *D*   31/32 ad actum] in actum *D*   39 Apparet] *sublin. V et in marg. al. man. :* improbatio Alberti   41 potentia] *suppl.*   ad illam] ad eandem *D* 42 pertinet] *om. D*   43 expositorem] commentatorem vel expositorem *D*   et inferius inquiretur] ut inferius videbitur *D*   44 enim] *om. V*   45 forte] scire *fors. scrip. V*   Philosophus] *om. V*   senserit] sñ cūt *V,* sentiunt *leg. M. in V et corr. in* senserit

23 ARISTOTELES, *loc. cit.*
42/43 Cf. ARISTOTELES, *De anima* II, 2, 413 b 25-26; II, 3, 415 a 11-12; THEMISTIUS, *In De anima,* III, 2, p. 108, lin. 45-47; VI, p. 237, lin. 59-63.

se habeat et sapientia, quae per revelationem de anima sint tradita, quae per rationes naturales concludi non possunt. Sed nihil ad nos nunc de Dei miraculis, cum de naturalibus naturaliter disseramus.

THOMAS etiam intentum non arguit, sed solum quaerit eius ratio quomodo compositum materiale intelligeret, ut homo, si anima intellec- 50 tiva in essendo sit separata a materia et corpore. Iam autem hoc dicetur quando assignabitur qualiter anima intellectiva est unita corpori et qualiter ab eo est separata. Et iterum, apparet hominem ipsum non intelligere ex causa quam assignat : quia, si sic, non solum homo ipse intelligeret, sed pars materialis huius compositi, adeo quod 55 intelligere esset in corpore et in organo, ut etiam prius dictum est.

Dicendum est igitur aliter secundum intentionem PHILOSOPHI, quod anima intellectiva in essendo est a corpore separata, non ei unita ut figura cerae, sicut sonant plura verba ARISTOTELIS et eius ratio osten- dit. Anima tamen intellectiva corpori est unita in operando, cum 60 nihil intelligat sine corpore et phantasmate, in tantum quod sensibilia phantasmata non solum sunt necessaria ex principio accipienti intellec- tum et scientiam rerum, immo etiam iam habens scientiam conside- rare non potest sine quibusdam formis sensatis, retentis et imaginatis. V f. 69ᵛᵇ Cuius signum est quod, laesa quadam | parte corporis, ut organo 65 imaginationis, homo prius sciens scientiam amittit, quod non contin-

46 sapientia, quae] *om. PV et M.*   revelationem] aliqua *add. P et M.*   sint tra- dita] *inv. P et M.*; sunt tradita *D*   48 nunc] *P et M.*; tunc VD   naturalibus] naturali *VD*   49 Thomas] *sublin. V et in marg. al. man.* : improbatio Thomae 50 intelligeret] intelligit *D*   51 in essendo sit separata] sit separata in essendo *P* sit] *sup. lin. D*   52 est unita] *inv. V*   53 est separata] separatur *D*   iterum] etiam *V*   55 homo] non *fors. scrip. P*   ipse] *om. D*   56 organo] corporeo *add. D*   etiam] *om. P*   57 Dicendum] *sublin. V et in marg. al. man.* : opinio Philosophi   est] *om. V*   58/59 ut figura cerae] sicut figuratio *D*   60 cor- pori est unita] unita est corpori *D*   61 in tantum] et intendit *D*   sensibilia] sen- sitiva *V*   62 accipienti] accipiendo *V et M.*; accipiendi *D*   63 rerum ... scientiam] *om. P (hom.)*   iam] *om. V et M.*   64 retentis et imaginatis] et imaginatis utentis *fors. scrip. P*; receptis et imaginatis *D*; et imaginatis retentis *leg. M.*   66 quod non] et hoc *D*

47/48 Cf. ALBERTUS MAGNUS, *In de gen. et cor.*, I, tr. 1, c. 22, ad t.c. 14 : «nihil ad me de Dei miraculis cum ego de naturalibus disseram». *Cf. aussi* S. THOMAS, *S. Theol.*, Iª, 76, 5, ad 1ᵐ : «in constitutione rerum naturalium non consideratur quid Deus facere possit, sed quid naturae rerum conveniat». *L'auteur renvoie* à S. AUGUSTIN, *Super Genes. ad litt.*, II, 1, 2 : «Nunc enim quemadmodum Deus instituerit naturas rerum, secundum scripturas eius, nos convenit quaerere; non quid in eis vel ex eis ad miraculum potentiae suae velit operari».

geret nisi intellectus dependeret a corpore in intelligendo. Sunt igitur
unum anima intellectiva et corpus in opere, quia in unum opus conveniunt; et cum intellectus dependeat ex corpore quia dependet
70 ex phantasmate in intelligendo, non dependet ex eo sicut ex subiecto
in quo sit intelligere, sed sicut ex obiecto, cum phantasmata sint
intellectui sicut sensibilia sensui. Et est attendendum quod, cum illa
quae habent opus commune non qualitercumque se habentia illud
exerceant, quod intellectus per naturam suam unitus est et applicatus
75 corpori, natus intelligere ex eius phantasmatibus.

Et apparet iam ex dictis qualiter non solum intellectui, sed etiam
homini attribuatur intelligere. Hoc enim non est quia intelligere est
in corpore, nec quia phantasmata sunt in corpore, sed cum homo
intelligat, hoc est verum secundum partem eius quae est intellectus.
80 Unde quia intellectus in intelligendo est operans intrinsecum ad corpus
per suam naturam, operationes autem intrinsecorum | operantium, Df. 154ra
sive sint motus, sive sint operationes sine motu, attribuuntur compositis ex intrinseco operanti et eo ad quod sic intrinsece operatur,
immo etiam apud philosophos intrinseci motores, vel intrinsece ad
85 aliqua operantes, formae et perfectiones | eorum appellantur. Unde Pf. 56ra
Philosophus in *secundo De anima* dicit quod animam secundum
quasdam partes nihil prohibet separari a corpore, quia nullius corporis
sunt actus, aut sunt actus sicut nauta navis. Ubi Themistius dicit
quod intellectus sic se habere videtur.
90 Unde considerandum quod hominem ipsum dicimus videre, cum
tamen visio sit in solo oculo et non sit in aliis partibus hominis, ut

---

67 nisi intellectus] si intellectus non *D*   69/70 quia dependet ex] et *PV et M.*;
quia *sup. lin. in D*   71 sicut] sic *V*   obiecto] subiecto *scrip. V, sed corr. in
marg.* : obiecto (*signes de correction*)   72 Et] sed (?) *D*   74 exerceant] exercent
D   74/75 et applicatus corpori] corpori et applicatus *D*   76 iam ex dictis] iam
ex praedictis *V*; t añ ex praedictis *D*; ex iam dictis *leg. M.*   intellectui] intellectus *leg. M. in V*   etiam] *om. PV et M.*   77 attribuatur] attribuitur *D*
78 nec] neque *P et M.*   80 in] *om. P*   operans] agens *D*   intrinsecum] intrinsecus *leg. M. in P*   82 sint operationes] *inv. P et M.*   82/83 compositis ex
intrinseco operanti] ex intrinseco operanti compositis *P*; ex intrinseco operantis principiis *leg. M. in P*; compositis ex intrinseco operantibus *D*   83 ad] *in marg. et exp. D*
85 eorum] *om. D*   86 in] *om. D*   secundum] sive *V*; sive *scrip. D sed exp. et al.
man. inseruit* : secundum   88 Ubi] ut *D*   89 se habere] *inv. D*   91 hominis]
corporis *scrip. D, sed exp. et corr. sup. lin.* : hominis

80/85 Cf. Iohannes de Ianduno, *In De anima*, III, q. 5, col. 243 et 245 (Venetiis, 1587).
86 Aristoteles, *De anima*, II, 1, 413 a 5-9.
88 Themistius, *In De anima*, III, p. 102, lin. 39.

in pede; nec est verum dicere pedem videre; et nisi oculus in quo
solo est visio unionem haberet ad alias partes, non esset attribuere
cuidam toti ex oculo et partibus aliis videre. Sic et homo intelligit,
cum tamen intelligere sit in solo intellectu et non in corpore; unde 95
nec corpus intelligit quamquam corpus sentiat; homo autem ipse
intelligit secundum partem, sicut videt secundum partem. Modus
tamen unionis partis videntis ad alias partes in toto vidente alius est
quam modus unionis partis intelligentis ad alias partes in toto intelli-
gente. Sufficiens tamen est unio ad hoc ut quod parti inest, per partem 100
toti attribuatur; et quid sit modus unionis iam visum est. Et secundum
modum quem dicit THOMAS, homo intelligeret non tantum secundum
intellectum, sed etiam secundum corpus, sicut et est ipsum videre
anima visiva et corpore oculi, propter hoc quod modus unionis animae
visivae ad corpus oculi est sicut figurae ad ceram, et formae esse 5
tribuentis ad materiam.

Ad primum in oppositum dicendum est quod cum dicitur : « aliquid
agit per suam formam », extensive debet accipi forma, ut et intrinsecum operans ad materiam forma dicatur. Unde et ipsa corpora
caelestia dicuntur movere se propter hoc quod altera pars eorum 10
movetur ab intrinseco movente. Nec est intelligendum quod homo
ideo intelligat, quod intellectus sit motor hominis : intelligere enim
in homine motum naturaliter praecedit; nec etiam homo intelligit
quia intelligibilia phantasmata sint nobis unita; sed quia, sicut prius

93 visio] *om. P*   unionem] visionem *V*; visionem *scrip. D, sed corr.*   94 cuidam]
totam *V*; *om. D* (*correction par élimination d'un mot*)   partibus aliis] *inv. VD*
et²] etiam *D*   95 tamen] non *P* (*M. considère ce mot comme omis par P*)   sit in
solo] in solo sit *D*   96 intelligit] intelligi et *V*; intelligi *leg. M. in V et corr. in*
intelligit   corpus²] *om. D*   ipse] *om. D*   97 sicut] et *P*; sic et *V et M.*   98 par-
tes] *om. PV et M.*   alius] illius *V*   99 modus] *om. V*   unionis] *om. D*   partis]
videntis *add. et exp. V*   1 quid] quis *D*   iam visum est] visum est iam *D*   2 in-
telligeret] intelligit *VD*   2/3 non tantum ... corpus] non tantum sive intelligit
cum sed secundum corpus etiam *V*; non tamen secundum eum intelligit sed secundum corpus etiam *D* (*sed sup. lin. al. man.*)   3 sicut et est] sicut est et *V*; sicut
est etiam *leg. M. in V et corr. in* sicut et est; sicut est *D*   4 anima] omnia *V*
et] in *D*   oculi] utlli *D*   modus] moᵐ *D*   5 sicut] visivae sicut *add. P*
7 Ad primum] *sublin. V et in marg. al. man.* : solutio rationum   dicendum
est quod] *om. D*; dicendum quod *P*   9 Unde] *om. D*   10 caelestia] supracaelestia
D   11 movente] movendi principio *D*   Nec est] ideo *add. et exp. D*   intelli-
gendum] *in marg. add. al. man. V* : Nota (?) de unione intellectus ad nos   13
motum] motus *D*   14 intelligibilia phantasmata] *inv. V*

7/16 Cf. IOANNES DE IANDUNO, *In De anima*, III, q. 5, col. 239 (Venetiis, 1587).

15 dictum est, cum intellectus intelligendo sit operans sine motu, est
operans in operando unite se habens ad corpus per suam naturam.

Ad secundum dicendum quod homo est homo per intellectum,
nec tamen propter hoc oportet alteram partem huius compositi uniri
alteri parti ut figura cerae unitur, sed sufficit quod praedicto modo
20 uniatur | ut totum compositum ab eo denominetur. Et est attenden- D f. 154rb
dum quod, cum homo denominetur intelligens ab opere intellectus,
et a substantia eius habet denominationem. Quod enim denominatur
ab eius accidente, et ab eius substantia. Quoties autem est denominari
et dici, toties est esse, ut dicit PHILOSOPHUS, *quinto Metaphysicae.*
25 Unde per intellectum homo est homo, et sic denominatur.

Ad tertium dicendum quod sine dubio propria operatio hominis
est intelligere, et in hoc felicitatur, ut dicitur *decimo Moralium.* Nam
intellectus a quo est intelligere suprema est virtus in homine et propria
homini. Sed ad hoc quod intelligere sit homini propria operatio,
30 non oportet quod ipsius hominis compositi substantia a qua est
intelligere uniatur alteri parti compositi ut figura cerae, sed sufficit
quod modo praedicto.

Ad ultimum dicendum quod anima intellectiva perfectio corporis
est, secundum quod intrinsecum operans ad corpus perfectio et forma
35 corporis habet dici. Convenit enim cum forma in hoc quod intrinsecum
corpori non loco separatum, et quia etiam operatio sic intrinseci
operantis totum denominat. Unde, per ea quae PHILOSOPHUS dicit
de anima in communi, nescitur qualiter anima intellectiva sit actus

---

15 intelligendo] *om. D*   16 unite] unice *fors. scrip. V*   17 Ad secundum] *sublin. V
et in marg. al. man.* : 2   18 huius] unius *D*   19 alteri] *om. P*   unitur] *om. D*
19 sufficit quod] *om. P*   20 denominetur] denominatur *V et M.*   21 intelligens]
intellectus *V*   22 a] *M. donne ce mot comme répété par P*; *om. V*   substantia]
subiecto *D*   23 substantia] denominatur *add. D*   23/24 Quoties-toties] quotiens-
totiens *VD*   25 sic] sicut *P*   26 Ad tertium] *sublin. V et in marg. al. man.* : 3
sine dubio] secundum Philosophum *D*   27 in] *om. P*   decimo] 4° *D*   Nam] et
add. P   28 est intelligere] *inv. VD*   suprema] summa *D*   est virtus] *inv. D*
29 homini propria operatio] propria operatio homini *D*   30 hominis compositi]
inv. D   31 compositi] composite *P*   33 Ad ultimum] *sublin. V et in marg. al.
man.* : 4   34 et 35 intrinsecum] intrinsecus *leg. M. in P*   35 corporis] *om. D*
Convenit] conveniunt *scrip. D, sed* un *exp.*   quod] est *add. D*   36 sic] fit *V*; *om.
D*; sit *corr. M.*   intrinseci] intrinsecum *P*; intrinsecus *leg. M.*   37 totum deno-
minat] *inv. D*   38 in communi] *sup. lin. D*   nescitur] noscitur *V (dub.);*
noscitur *leg. M.*   38/39 sit actus corporis vel forma] actus sit vel forma corporis *D*

24 ARISTOTELES, *Metaph.,* V, 7, 1017 a 25-26.
27 ARISTOTELES, *Eth. Nic.,* X, 7, 1177 a 13-18; b 20 sqq.
37 ARISTOTELES, *De anima,* II, 1, 412 a 19-20.

corporis vel forma, sicut ex multis verbis eius et MULTORUM EXPOSI-
TORUM ibidem apparet. Unde PHILOSOPHUS innuit quod definitio 40
animae in communi, qua dicitur quod sit actus corporis, magis est
multipliciter dicti quam generis. Et THEMISTIUS dicit quod anima
definita est in universali, sicut potest definiri universaliter quod non
est universale. Sed ex parte illa ubi propriam naturam et rationem
intellectus investigat, ut ex *tertio eiusdem libri*, ibi plane vult ipsum 45
non communicare in materia cum aliis, et separari a corpore, et non
habere organum, et impassibilem, et esse potentiam sine materia.
Et omnia praedicta ostendit non solum de potentia, sed etiam de substantia animae intellectivae.

Hoc dicimus sensisse PHILOSOPHUM de unione animae intellectivae 50
ad corpus; sententiam tamen sanctae fidei catholicae, si contraria
huic sit sententiae PHILOSOPHI, praeferre volentes, sicut in aliis quibuscumque.

---

39 vel forma] *om. P*   eius et] *om. D*   40 ibidem] idem *leg. M.*   41 animae]
de anima *PV et M.*   41 qua dicitur] *om. PV et M.*   42 multipliciter] m^a (=
materia) *D*   dicti] dici *P*   dicti *et* generis] D, *conformément au texte de Thémistius,
cf. 2e apparat*   44 naturam et] *in marg. D.*   45 ibi] ubi *cod.*   46 separari]
separatum *VD*   et^2] *om. D*   47 et^1] *om. VD*   48 Et omnia] et haec omnia
D   solum de] *om. V*   50 sensisse Philosophum] *inv. V*   51 sententiam]
sententia *leg. M in V et corr. in* sententiam   52 huic] h^c (hoc?) *D*   sit] *om.
P*   praeferre] perfecte *fors. scrip. P*; praeferre *leg. M. in P*   sicut] et *add. V et
M.*   52/53 quibuscumque] quibusdam *leg. M. in P et corr. in* quibuscumque;
conclusio catholica *in marg. al. man. D*

39/40 EXPOSITORES : cf. AVERROES, *In De anima*, II, 31, p. 176, lin. 33-38; S. THOMAS,
In De anima, II, lect. 5, n. 297 et II, lect. 6, n. 299.
40 ARISTOTELES, *De anima*, II, 3, 414 b 22-28; cf. I, 1, 402 b 5. Cf. THEMISTIUS, *In
De anima*, III, p. 113, lin. 55-57 : « propter quod ridiculum in talibus quae communiter
praedicantur, *ut magis dictis multipliciter quam generibus*, talem quaerere communem
rationem, quae nullius propria erit eorum quae a communi voce signantur ».
42 THEMISTIUS, *In De anima*, III, p. 114, lin. 69-70.
45 ARISTOTELES, *De anima*, III, 4, 429 a 15-25.

\<Capitulum IV\>

\<Utrum anima intellectiva sit incorruptibilis
vel corruptibilis, aeterna in futuro\>

Circa quartum superius propositorum sciendum quod anima intellec-
5 tiva immortalis est, aeterna in futuro, et hoc sic probatur ratione.

Omne corruptibile seu mortale est compositum ex materia et forma,
vel est forma materialis. Anima intellectiva nec est composita ex
materia et forma, nec est forma materialis, | sed liberata a materia, P f. 56ʳᵇ
per se subsistens. Ergo non est corruptibilis seu mortalis.

10 Maior huius rationis sic demonstratur. Corruptio est transmutatio
de esse ad non esse. Transmutatio autem de esse ad non esse non fit
sine subiecto quod sic transmutatur, tale autem subiectum dicimus
materiam. | Quod igitur debet corrumpi seu mori oportet quod ad D f. 154ᵛᵃ
eius essentiam pertineat tale subiectum quod transmutatur ab illius
15 rei esse ad non esse, cuiusmodi est compositum ex materia et forma,
quod per se corrumpitur, vel sit forma in materia, quae corrumpitur
per accidens, transmutatione subiectae | materiae ad contrarium. V f. 70ʳᵃ
Natura igitur liberata a materia et subiecto communi quod sic transmutatur de opposito in oppositum, non est corruptibilis seu mortalis
20 per suam essentiam, cum ad eius essentiam non pertineat praedictum
subiectum; nec est corruptibilis seu mortalis per accidens, cum non
habeat esse in tali subiecto.

Et declaratur ratio ostendens dictam maiorem. Homo albus est
compositum corruptibile, quia huius compositi pars est subiectum
25 quod est homo, quod est innatum transmutari ad contrarium. Albedo

---

2/3 Utrum ... futuro] *suppl.*   4 quartum] *sublin. V et in marg. al. man.* : quartum
     propositorum] propositum *P*   sciendum] est *add. D*   5 immortalis est, aeterna
in futuro] est incorruptibilis et aeterna *D*   est] *iter. P*   6 corruptibile] corporale
corruptibile *P*; corporale *leg. M.*   est compositum] *inv. V*   7 nec] non *D*   est²]
forma *add. P*   8 sed] immo est *D*   a materia] ab omni materia *D*   9 corruptibilis seu mortalis] mortalis seu corruptibilis *D*   10 demonstratur] probatur *VD*
13 seu] sive *D*   15 rei] *om. P*   cuiusmodi] cuius *leg. M.*   16 per se] semper *D*
17 accidens] scilicet *add. D*   subiectae] vel *add. et exp. P*   19 in] communi *add.
et exp. P*   corruptibilis seu mortalis] mortalis seu corruptibilis *D*   21 est corruptibilis seu mortalis] *om. D*   23 ostendens] antecedens *P et M.*   dictam] praedictam *D*   24 compositum] oppositum *V*   24/25 subiectum quod est] *om. P*
(*hom.*)

etiam corruptibilis est per accidens, quia est in subiecto transmutabili ad oppositum albedinis. Sed si albedo esset ens per se, liberata a materia vel subiecto transmutabili ad oppositum albedinis, ipsa esset incorruptibilis. Apparet igitur ex praedictis quod omne corruptibile seu mortale est compositum ex materia et forma, vel est forma habens 30 esse in materia.

Minor etiam praedictae rationis, videlicet quod anima intellectiva nec sit composita ex materia et forma, nec forma habens esse in materia, sic ostenditur. Quia quod est innatum recipere formas et species omnium rerum materialium, nec est forma materialis, nec compositum 35 ex materia et forma, cum nihil se ipsum recipiat. Cum igitur intellectus habeat recipere species omnium rerum materialium, quoniam omnia illa intelligit productus de potentia ad actum, et intelligere sit suscipere rei speciem sine materia, necesse est quod intellectus nec sit forma materialis, nec quid compositum ex materia et forma. Quod autem 40 intelligere res materiales sit suscipere ipsarum species et formas, et qualiter, ultimo capitulo huius tractatus declarabitur.

<CAPITULUM V>

<UTRUM ANIMA INTELLECTIVA SIT AETERNA IN PRAETERITO>

Circa quintum superius propositorum sentit ARISTOTELES quod anima intellectiva sit aeterna in praeterito, ita quod, sicut numquam esse desinet, ita numquam esse incepit. Ipse enim dicit animam 5 intellectivam separari ab aliis virtutibus animae corporeis sicut

---

26 est²] *om. V*   27 liberata] separata *in textu et in marg. add. D :* vel liberata   28 materia vel] *om. PV et M.*; materia et *scrip. D sed* et *exp. et corr. sup. lin. :* vel   albedinis] eius *D*   29 omne] *om. D*   32 etiam] autem *D*   videlicet] scilicet *D*   33 nec¹] non *D*   nec²] neque *P*   34 recipere] et *add. V*   35 compositum] composita *D*   36 materia] ex *add. et exp. P*   36/40 cum nihil ... et forma] *om. D (hom.)*   37 rerum materialium] *inv. P*   quoniam] quantum *leg. M.* 38 sit suscipere] sic est recipere *V*; sit et recipere *leg. M. in V et corr. in* sit suscipere 39 intellectus] materia *P*   41 sit suscipere] *inv. P et M.*; *cf. lin. 38.*
2 Utrum ... praeterito] *suppl.*; si anima intellectiva aeterna sit a parte ante *in marg. al. man. D*   3 quintum] *in textu et in marg. V*   propositorum] positorum *P* 5 esse¹] *om. D*   ita] *om. D*   esse incepit] *inv. D*

5 ARISTOTELES, *De anima*, II, 2, 413 b 25 -27.

perpetuum a corruptibili. Et *duodecimo Metaphysicae* dicit quod
intellectus remanet post corruptionem compositi. Ipse etiam vult
primo libro De caelo quod omne aeternum in futuro, est aeternum in
10 praeterito, et e converso; et omne quod esse incepit, esse desinit,
et e converso. Et hoc etiam apparet rationibus naturalibus quas
ARISTOTELES secutus est.

Primo sic. Quod aliquid corruptibile sit, hoc est ex subiecto materiali
transmutabili ad non esse, et ideo non semper erit in futuro; et quod
15 aliquid ens esse inceperit, et ideo non semper fuerit, hoc etiam est ex
subiecto materiali quod aliquando fuit sub opposita dispositione.
Quod si ex eadem | causa aliquid non semper erit in futuro et non D f. 154ᵛᵇ
semper fuit in praeterito, quod igitur caret causa quod non semper
sit in futuro, caret et causa quod non semper fuit in praeterito. Quare,
20 si anima intellectiva est aeterna et semper ens in futuro, fuit igitur
aeterna et semper ens in praeterito.

Praeterea, dicit PHILOSOPHUS *octavo Physicorum* quod mundum
semper non fuisse et incipere esse nullam habet rationem. Quare
enim nunc magis esse inceperit quam prius et in toto praeterito in-
25 finito? Et sicut arguit de motu et mundo, similiter argui potest de
anima intellectiva quod eam nunc esse et duraturam semper in futuro,
et prius penitus non fuisse, nullam penitus habet rationem. Etsi

8 compositi] compositis *P*; corporum *leg. M. in P et corr. in* compositi   etiam]
enim *VD*   9 libro] *om. D*   De caelo] et Mundo *add. D*   10/11 et omne ...
et e converso] *om. P* (*hom.*)   10 incepit] incipit *D*   esse²] *om. V et M.*   11
apparet] patet *VD*   13 Quod] quia si *D*   sit] est *D*   15 aliquid] aliquod *D*
ideo] *om. PD*   semper fuerit] *inv. D*   hoc] *om. D*   etiam est] *inv. D*
16 fuit] fuerit *V*   17 quod si] quare quod si *D*   et non] quod non *P*; nec *D*
18 fuit] est *scrip. D, sed exp. et corr. sup. lin.* : erat   19 et] etiam *D*   semper]
om. V   fuit] fuerit *V*   in praeterito] et e converso *add. D*   Quare] Quod
PV et M.   20 ens] erit *PV et M.*   21 aeterna et] *om. D*   22 dicit] diċ *add. et*
exp. P   octavo] 5 *D*   Physicorum] Phic *P*, Phisice *leg. M. in P et corr. in*
Physicorum   23 semper non fuisse] non semper fuisse *D*   habet] penitus *add. V*
et M.   Quare] quid *P et M.*; quod *V*   24 enim] *om. D*   nunc] nċ *P*, non *leg.*
M. in P et corr. in nunc   esse] *om. V*   inceperit] incepit *P*   prius et] *om. P*
toto] esse *add. V et M.*   24/25 infinito] Nulla videtur ratio *add. D*   28 et²] de *add.*
D   argui potest] arguitur *VD*   26 quod] n *add. et exp. D* (*fin de ligne*)   eam
nunc] *inv. D*   nunc esse et] nō nc'eē et *P*, non necesse est *leg. M. in P et corr. in*
nunc esse et   duraturam] durare *D*   semper] *om. PD*   27/28 Etsi enim] Et si
aliquando *leg. M.*

7 ARISTOTELES, *Metaph.*, XII, 3, 1070 a 27-28.
9 ARISTOTELES, *De caelo*, I, 12, 282 b 1-5.
22 ARISTOTELES, *Phys.*, VIII, 1, 252 a 14-16 (voir tout le chapitre 1).

enim in individuo aliquo ratio subsistit ut esse incipiat, cum semper
fuerit non ens in praeterito, et hoc quia prius et posterius, et successio
in varietate motus et temporis individua diversificant et innovant, 30
tamen secundum PHILOSOPHUM nulla est ratio ut species aliqua entis
esse incipiat cum numquam fuerit.

Praeterea, anima intellectiva incorruptibilis habet virtutem ut
semper sit. Et si illam non accepit, fuit etiam semper in praeterito.
Et si eam accepit cum non haberet, aut erat in potentia ut eam haberet, 35
aut non. Et si de sua natura non erit possibile ut eam haberet, tunc
illam virtutem non haberet ab alio, quia quod de se sive de sui natura
impossibile est esse, non accipit esse aliunde. Quod si accepit illam
virtutem cum esset in potentia ad eam, cum omnis virtus essendi
quam praecedit potentia ad illam virtutem sit virtus existens in 40
materia, virtus essendi animae intellectivae esset virtus essendi
materialis, et sic corruptibilis. Quare anima intellectiva non esset
aeterna in futuro. Si igitur anima intellectiva est aeterna in futuro,
P f. 56va relinquitur quod illam virtutem essendi non accepit | modo tali quod
eam prius non haberet. Semper ergo virtutem essendi habuit, et sic 45
est aeterna in praeterito si est aeterna in futuro. Ita quod quaedam
inveniuntur quandoque non entia et quandoque entia tempore finito,
et haec sunt corruptibilia entia, cum esse inceperunt; quaedam autem
inveniuntur semper non entia, ut quae esse sunt impossibilia, ut
chimaera; quaedam etiam inveniuntur semper entia in praeterito 50
et in futuro; sed apud ARISTOTELEM non inveniuntur semper entia

---

28 aliquo] aliqua *D*   subsistit] sit *D*   ut] de *P*   31 tamen] cum *V*   nulla]
nullam *D*   32 esse] *om. V*   numquam] nullam *scrip. V sed del. et corr. in marg.* :
numquam   33/34 anima ... semper sit] anima intellectiva incorruptibilem habet
virtutem et semper sic *D* (*le scribe de D, ayant un ms. de base défectueux, corrige pour
donner un sens*; *voir notes suivantes*)   34 si] *om. D*   accepit] acceperit *D*   etiam]
enim *P*; igitur *D*   35 si] non *D*   aut] *om. D*   haberet] tunc illam virtutem non
haberet ab alio *add. et cancell. V*, va-cat *in textu*   36 aut non ... eam haberet] *om.*
VD (*hom. dans le ms. de base*)   tunc] cum *V*; tamen *leg. M. in V et corr. in* tunc;
aliter *D*   37 virtutem] *om. V*   40 quam] qua *seu* quam *D*   potentia] *om. P*
sit] sicut *V*   40/41 existens in materia] in materia existens *D*   43 Si igitur ...
in futuro] *om. P* (*hom.*)   44 tali] *iter. V*   46 si est] si *P*; sicut *D*   47 quandoque
non entia] quandoque in entia *P*; non entia quandoque *D*   et] *om. D*   tempore
finito] *inv. D*   48 entia] omnia *D*   inceperunt] inceperint *P*; ceperunt *scrip. D,*
sed add. sup. lin. in   autem] *om. PV et M.*   49 sunt] *om. P*   impossibilia] ĭ
poᵃ (= in potentia) *D*   ut] sicut *D*   50 etiam] enim *P*; *om. V et M.*   51 in]
om. D   apud Aristotelem] secundum Philosophum *D*

in praeterito sine futuro, nec in futuro sine praeterito, sicut apparet *primo libro De caelo.*

Est tamen attendendum quod, quamquam secundum ARISTOTELEM
55 anima intellectiva sit aeterna | in praeterito et in futuro, tamen D f. 155ra
causata est. Nihil enim prohibet quaedam necessaria et aeterna habere
causam suae necessitatis et aeternitatis, ut scribitur *octavo Physicorum*
et *quinto Metaphysicae,* capitulo *De necessario.* Et quod anima intellectiva sit causata probatur dupliciter.

60   Primo sic. Cum operatio naturalis unigenea sit substantiae rei,
quod habet substantiam non habentem causam, habet etiam operationem naturalem ab alio non causatam. Quod si intelligere animae
intellectivae causatur ex phantasmatibus, agente intellectu, et tandem
ab omnium Primo Principio, tunc igitur et substantia eius ab alio
65 est causata.

Secundo idem ostenditur sic. Illud quod naturaliter est causa existentiae alterius et non solum per accidens, prioritate temporis, ut
Socrates Platonis, est actualiter ens respectu sui effectus, ita quod
quanto recedit aliquid magis a natura effectus, et a natura potentiae.
70 Quod igitur nullius est effectus, existens causa tantum, non causatum,
actus purus est, seu totaliter in actu. Anima intellectiva non est huiusmodi. Ergo est alicuius effectus, non quod sit causa tantum, non
causatum.

Et sciendum est quod, cum anima sit facta, verum est dicere eam
75 esse non factam ex aliquo praeiacente; sed non est verum eam esse

52 nec] vel *P*   sicut apparet] sicut patet *V*; sic patet *D*   53 primo] *om. VD*
De caelo] et mundo *add. V et M.*   54 Est] *om. V*   quamquam secundum Aris-
totelem] secundum Aristotelem quamquam *M.*; secundum Aristotelem *om. P* (*par erreur*
M. signale ces deux mots comme omis par V)   56 enim prohibet] *inv. V*   quaedam]
aliqua *D*   58 quinto] VIII° *P*   61 etiam] *om. D*   62 naturalem] naturalis *V*
63 ex] *om. D*   phantasmatibus] et *add. D*   64 omnium Primo Principio] omni
primo principio *PV et M.*   65 est] *om. P*   66 idem ostenditur sic] sic ostenditur
idem *D*   66/67 existentiae alterius] alterius essentiae *D*   68 Socrates Platonis]
sō plōne *D*   70 causa tantum] cum tamen *V*; tantum *om. D*   causatum] causatam *V*   71 purus] primus *leg. M.*   Anima]sed *praem. D*   74 est¹] *om. V*; sicut (?) *V in marg. al. man.*   75 esse non] *inv. D*

53 ARISTOTELES, *De caelo,* I, 12, 283 a 29-31.
56/57 Cf. SIGERUS DE BRABANTIA, *Q. super librum De causis,* q. 12, (MARLASCA);
S. THOMAS, *De substantiis separatis,* c. 9, n. 100 : « Sunt enim quaedam necessaria
quae causam suae necessitatis habent, ut etiam Aristoteles dicit in quinto *Meta-*
physicae et in octavo *Physicorum* ».
57 ARISTOTELES, *Phys.,* VIII, 1, 252 a 35 - b 2; VIII, 6, 258 b 29-259 a 7.
58 ARISTOTELES, *Metaph.,* V, 5, 1051 b 9-11.

factam ex nihilo. Quia si ista praepositio « ex » nota sit causalitatis, seu circumstantiam causae denotet et proprie accipiatur, non verum est dicere animam intellectivam factam esse ex nihilo, cum nihil sit nullius causa.

Si vero haec praepositio « ex » denotet ordinem temporis et improprie 80 accipiatur ut intelligatur animam intellectivam factam esse ex nihilo, hoc est postquam ipsa erat nihil ordine durationis temporalis, nec sic habet veritatem, cum sit aeterna.

Nec etiam verum est animam intellectivam esse factam ex nihilo, ita quod haec praepositio « ex » denotet ordinem naturalem et minus 85 V f. 70rb proprie adhuc accipiatur, ita ut sit sensus quod anima intellectiva | facta sit ex nihilo, hoc est postquam naturaliter erat nihil. Diceret enim aliquis quod illud quod accidit vel convenit alicui de se naturaliter, prius ei convenit quam illud quod habet ab alio; nunc autem anima intellectiva ex quo causata est, habet quod sit ens ab alio; 90 de sui autem natura nihil est; et sic ordine naturali per prius est nihil quam aliquid. Sed nec sic convenit vere dicere animam intellectivam esse factam ex nihilo, hoc est postquam erat nihil ordine naturali, D f. 155rb eo quod falsum est animam intellectivam de sui natura esse | nihil : tunc enim ab alio non esset ens. Immo anima intellectiva de se est 95 semper ens, ab alio tamen. Et intelligo animam intellectivam de se semper esse ens sic : quia in eius ratione seu definitione est semper esse, cum careat materia. Istud tamen semper esse, quod est de sui ratione, non habet ex se effective, sed ab alio.

---

76 praepositio] propositio *PD*   sit] est *D*   77 causae] *om. D*   denotet] denotat *D*
verum] unum *V*   78 dicere] *om. P*   factam esse] *inv. D*   79 sit nullius] *inv.*
VD   80 haec praepositio] *om. D*   ordinem] denordinem *scrip. V, sed* den *exp.*
81 intelligatur] ut *iter. V*   animam intellectivam] *inv. V*   factam esse] *inv. D*
82 ipsa] *om. D*   nihil]] nl' *P*; vel *leg. M. in P et corr. in* nihil   temporalis] temporis
D   83 habet] esse *add. V*   84 est] *om. P*   intellectivam esse] *om. D*   esse
factam] *inv. V*   85 denotet] designet *D*   86 adhuc accipiatur] accipiatur ad hoc
P et M.; adhuc sic accipitur *D*   ita] *om. D*   87 hoc est] quod *add. D*   nihil]
facta est aliquid *add. D*   88 enim] *om. P et M.*   accidit vel] *om. VD*   90 habet]
om. PV et M.   alio] est *add. PV et M*   91 sic] ita de *D*   per] quod *P*; *M. donne
ce mot comme omis par P*; *om. D*   92 convenit] contingit *D*   vere dicere] *in marg. V*
(signes de correction); dicere verum *D*   96 intellectivam] *om. V*; esse *add. et exp. P*
de se] *om. D*   97 esse] *om. V et M.*; est *D*   ens] entem *PVD*, existentem *leg. M*
sic] sit *V*   seu] sive *P*   98 careat] caret *D*   Istud] illud *D*   sui] sua *VD*

76 sqq. Cf. Aristoteles, *Metaph.*, V, 24; S. Thomas, *In Metaph.*, V, lect. 21; *Q. de potentia*, q. 3, a. 1, ad 7m.

100 Et ideo dicendum est quod anima intellectiva est de se seu de sui
ratione semper ens, ab alio tamen. Non igitur anima intellectiva
prius naturaliter nihil est quam aliquid. Non igitur verum est eam
esse factam ex nihilo, hoc est prius nihil ordine naturali, quam aliquid,
quasi prius naturaliter ei conveniat esse nihil quam aliquid. Si enim
105 de sui natura esset nihil, numquam ab alio haberet quod esset aliquid.
Verum est tamen quod anima intellectiva non de se est aliquid, ita
quod haec praepositio « de » denotet ipsam animam habere causalita-
tem effectivam super hoc quod ipsa sit aliquid.

<Capitulum VI>

<Qualiter anima intellectiva a corpore sit
separabilis et quem statum habeat separata>

Quid senserit Philosophus circa sextum superius propositorum,
5 utpote circa separationem animae a corpore, difficile est. Videtur
tamen quod senserit eam non esse penitus separabilem et totaliter
ab omni corpore.

Primo sic, quia dicit *secundo De anima,* loquens universaliter de ea,
quod bene dixerunt quibus videtur animam non esse corpus aliquod,
10 neque tamen esse sine corpore.

Secundo sic, quia definit animam universaliter esse actum corporis
et perfectionem, definitione dicente quid est anima. Nunc autem

---

100 dicendum est]*inv. VD* seu] sive **VD** 101 Non] *sup. lin. V* 102 nihil est]
nihil *P; inv. D* est²] *om. P;* dicere *add. D* 102/103 eam esse] *inv. P* 103
prius] post *D (en toutes lettres)* ordine] *iter. P* quam aliquid] *om. P;* quam
fuerit aliquid *D* 104 quasi prius ... quam aliquid] *om. D (hom.)* 105 sui] sua *V*
106 intellectiva] *om. D* non de se est] de se non est *D* 107 denotet] denõet
(denominet ?) *V* 108 ipsa] *sup. lin. D*
2/3 Qualiter ... separata] *suppl.;* questio *in marg. al. man. D* 4 senserit] sentit
VD Philosophus] Aristoteles *D* sextum] .VI. *in textu V,* 6ᵐ principale *in marg.
al. man.* 6 quod senserit eam] eam sensit eam *P,* cum senserit eam *leg. M. in P;*
quod senserit ipsam *D* esse] *om. VD* 7 corpore] quid Aristoteles sentiat de
separatione animi (?) a corpore *in marg. al. man. D* 8 sic] *om. PV et M.* loquens
universaliter de ea] *post* corpore *lin. 10 D* 9 aliquod] *om. D* 10 neque] nec *D*
11 sic] *om. PV et M.* definit] dxt (= dixit ?) *P;* Aristoteles *praem. D* universa-
liter] dupliciter *V;* dicens *D (corrige sans doute le ms. de base)* 12 definitione] *om. V*

---

8 Aristoteles, *De anima,* II, 2, 414 a 20-21.
11 Aristoteles, *De anima,* II, 1, 412 a 19-20.

secundum eumdem ARISTOTELEM, definitio convenit omni contento sub definito semper, aut non convenienter definiretur res quid esset. Animae igitur intellectivae semper, dum est, conveniret esse actum 15 corporis. Ergo apud ARISTOTELEM sic definientem animam, non est anima a corpore separabilis. Immo ipse ARISTOTELES, ex hoc quod anima definitur esse actus corporis, concludit eam non esse corpus, nec esse sine corpore, cum actus corporis non sit corpus, neque sit actus per definitionem, sive illud quod definitur esse actus, sine eo 20 cuius est actus.

Tertio sic. Dicit PHILOSOPHUS quod, si anima habet opus proprium, tunc est separabilis; et si non habet opus proprium, tunc non est separabilis; et dicitur opus | proprium animae, cum in exercendo illud non dependet ex corpore. Rationabile autem est quod, si non est 25 animae opus proprium, quod ipsa non est separabilis, quia omni enti naturaliter aliquod opus attributum est; et si anima non haberet opus proprium et separetur a corpore, iam esset sine opere. Si non est igitur animae opus proprium, non separatur totaliter a corpore.

Nunc est ita quod intelligere, quod videtur animae maxime opus 30 proprium, non est sine corpore et phantasmate, ut dicit PHILOSOPHUS, et prius visum fuit. Sunt enim, ut idem PHILOSOPHUS dicit, phantasmata intellectui ut sensibilia sensui. Unde, sicut sine sensibilibus non est sentire, ita nec sine phantasmatibus | intelligere. Sicut enim

P f. 56ᵛᵇ (left margin, line with "separabilis; et dicitur opus")

D f. 155ᵛᵃ (left margin, last line)

13 eumdem Aristotelem] eum *D*   14 semper] *om. D*   res quid esset] res quando est *V*; et semper dum est *D*   17 anima] *om. D*   separabilis] separata *scrip. V*, *sed* ta *exp. et add. sup. lin.* lis   17/18 ex hoc ... actus corporis] ex hoc quod anima definitur esse actum corporis *V* et *M.*; ex hoc quod definitur animam esse actum corporis *D*   19 nec] neque *V*   actus corporis] *inv. D*   19/20 neque sit actus] *om. P*; nec sit actus *leg. M.*   22 Dicit Philosophus] *inv. D*   24 opus] *om. D*   25 ex] a *VD*   Rationabile] rationale *fors. scrip. V*   25/26 si non est animae] si animae non est *D*   26 ipsa] *om. D*   est] sit *D*   26/27 enti naturaliter] *inv. V*   27 naturaliter aliquod opus] aliquod opus naturaliter *D*   haberet] habet *D*   28 et] non *V*   separetur] separatur *VD*; separaretur *leg. M.*; totaliter *add. M. cum V* (*M. n'a pas vu que ce mot appartient à la ligne 29, lorsqu'on corrige la lacune de V en 28/29*)   28-29 a corpore ... separatur] *om. V* (*hom.*)   30 animae maxime] *inv. D*   opus] *om. V*; esse *D* (*correction par addition*)   32 idem] ipse *D*   33 intellectui] *om. P*   sensibilia] *iter. V*   sicut] *om. V*   34 ita nec] non est *scrip. P post* phantasmatibus (*Mandonnet maintient* ita nec *et* non est, *cette double négation étant superflue*); sic nec *D*

13 ARISTOTELES, *Poster. Anal.*, II, c. 4; *Metaph.*, VII, 12, 1038 a.
17/18 ARISTOTELES, *De anima*, II, 2, 414 a 20-21.
22 ARISTOTELES, *De anima*, I, 1, 403 a 10-12.
31 ARISTOTELES, *De anima*, III, 7, 431 a 14-16; III, 8, 432 a 5-10.

35 discipulo geometriae formantur universales rationes trianguli ex
subscriptione in pulvere, sic et animae intellectivae ex phantasmatibus
sensibilibus rerum species. Quod si, ut visum est, animae non est
opus proprium aliquod, non est separabilis a corpore, secundum
intentionem PHILOSOPHI.

40 Quarto, idem ostenditur sic. Si anima debet a nobis dici habere
statum separatum, aut hoc apparet nobis de anima per ea quae exercet
cum est in corpore, aut per ea quae exercet cum sit separata a corpore.
Nunc autem per ea quae exercet cum sit in corpore non apparet eam
totaliter esse separabilem a corpore, sicut iam visum est, cum nullum
45 actum exercere possit secundum suam naturam sine corpore et phantasmate; nec etiam potest videri totaliter separata a corpore per effectus
apparentes de ea a corpore separata, cum hominibus communiter,
immo etiam ad hoc studere volentibus, non appareant opera animae
talem statum habentis.

50 Quod si aliquis dicat PHILOSOPHUM dicere animam intellectivam
separari ab aliis virtutibus animae sicut perpetuum a corruptibili,
et iterum cum ipsa sit perpetua et incorruptibilis, corpus autem cuius
est actus corrumpatur, necesse est eam separari a corpore et manere
separatam, dicendum est secundum expositionem COMMENTATORIS

---

35 discipulo] in *praem.* *V*   geometriae formantur] formantur geometricae *VD*
universales rationes] *inv.* *D*   trianguli] quadranguli *add.* *P et M.*   35/36 ex sub-
scriptione] et subscriptione *P*; ex praescriptione *D*   36 et] ex *D*; *sup. lin.* *V*
intellectivae] *PV et M*; intellectione *D*   phantasmatibus] similibus *leg.* *M. in V et*
corr. : phantasmatibus   39 intentionem Philosophi] *inv.* *D*   40 a nobis dici] dici
a nobis *VD*   41 de] *M. donne ce mot comme omis par P*   anima] *notes illisibles*
dans la marge de D   per ea] *om.* *V*   42 cum] dum *D*   cum sit] cum est *P*; *om.* *D*
42/43 separata ... cum sit] *om.* *P* (*hom.*)   43 exercet] qĩ *add.* *V*   44 esse se-
parabilem] separari *D*   a corpore] *om.* *D*   44/45 cum nullum ... possit] cum non
possit aliquem actum exercere *D*   46 videri] *iter.* *P*   videri totaliter] totaliter
manifestari *D*   47 a corpore separata] postquam a corpore separatur *D*   ho-
minibus] *in marg.* *V*   48 immo] *in marg.* *D*   ad hoc] *om.* *D*   studere] scire
D   volentibus] valentibus *leg.* *M.* (*M. s'appuie sur P, qui donne pourtant* volentibus)   50 intellectivam] *om.* *PV et M.*   52 ipsa sit] *inv.* *P et M.*; primo sit *V*
53 corrumpatur] corrumpitur *P*   eam] *om.* *P*; ipsam *D*   54 Commentatoris] 9m̄
P, communem *leg.* *M. in P et corr. in* Commentatoris; 9m̄t *V*; Responsio ... *add.* *D in*
marg.

50/51 ARISTOTELES, *De anima*, II, 2, 413 b 25-26.
52 ARISTOTELES, *De anima*, III, 5, 430 a 23-24.
54 AVERROES, *In De anima*, III, 5, p. 406, lin. 575-580; III, 20, p. 448, lin. 135-140 et
145-152.

et forte intentionem Aristotelis secundum praedicta, quod anima 55
separatur ab hoc corpore ita quod manet; licet non sit eius actus,
tamen nec penitus a corpore separatur, eo quod, etsi non sit huius
corporis corrupti actus, tamen est alterius corporis actus, cum secundum intentionem Philosophi species humana sit aeterna sicut et
eius perfectio quae est anima intellectiva. Et ita videtur quid iudican- 60
dum sit de anima secundum apparentia de ipsa : cum enim in opere
eius non dependeat ex hoc corpore sicut ex organo corporeo in quo
habeat esse, intelligere non debet corrumpi, hoc corpore corrupto,
sed manere; quia tamen non habet opus sine corpore, nec manet
sine corpore nec totaliter videtur a corpore separari.   65

Quinto, sic ostenditur idem. Secundum intentionem Aristotelis,
ut visum est, anima intellectiva est aeterna; quodlibet autem corpus
humanum esse incipit. Quare, si anima intellectiva esset a corpore
totaliter separabilis, et ipsa etiam inciperet esse actus corporis, cum
prius tempore infinito extitisset nullius corporis actus. Hoc autem 70
est extra rationem.

Sexto, sic ostenditur idem, quod secundum sententiam Philosophi
homines infiniti praecesserunt; quod si quilibet eorum propriam habuit
animam intellectivam quae, cum corpus corrumpitur, totaliter a
corpore separatur, iam essent intellectivae animae infinitae a corpori- 75
bus separatae. Hoc autem est extra rationem et non secundum Philo-
D f. 155ᵛᵇ sophi inten- | -tionem infinitum reprobantis.

---

56 ab hoc] a *P et M.*   57 tamen nec] *inv. D*   separatur] liberatur seu separatur
D   58 est alterius] *inv. VD*   cum] tamen *fors. scrip. V*   60 eius perfectio]
inv. P et M.   60/61 quid iudicandum sit] quod sit intelligendum *D*   61 secun-
dum] quod apparet de ipsa vel secundum *add. P et M.* (*doublet*)   ipsa] aipsa *V*
64 non] nec *PV et M.*   sine corpore] secundum (?) corū *V*   64/65 manet sine
corpore nec] *om. P*   65 corpore¹] opere *V et M.*; opere *scrip. D sed corr. in marg.* :
corpore (*cf. lin. 58* : est alterius corporis actus)   66 sic ostenditur idem] idem sic
ostenditur *P et M.*   68 humanum] *om. P*   69 corporis] *om. VD*   70 infinito]
infinite *V*   extitisset] praexistisset *V*   actus] corporis *iter. V*   72 sic ostenditur
idem] idem sic ostenditur *P et M.*   quod] quia *V*   sententiam] intentionem *D*
73 homines infiniti] *inv. D*   73/74 propriam ... intellectivam] habuit animam intellectivam suam *D*   74 quae] qui *V*   corpus] *om. PV et M.*   corrumpitur]
corrumpatur *V et M.*; ipsa *add. P et M.*   74/75 totaliter a corpore] a corpore
totaliter *D*   75 intellectivae animae infinitae] infinitae animae intellectivae *D*
76 non secundum] praeter *D*   77 intentionem] opinionem *V*   infinitum] notan-
da diligenter *in marg. sup. al. man. D*

76/77 Aristoteles, *Phys.*, III, 5, 204 a 20 - b 3.

Quod si quis dicat hoc esse erroneum animas a corporibus totaliter
non separari et eas poenas et praemia recipere secundum ea quae
80 gesserunt in corpore, quod enim non ita fiat, hoc est praeter rationem
iustitiae, dicendum, sicut et a principio dictum est, quod nostra
intentio principalis non est inquirere qualiter se habeat veritas de
anima, sed quae fuerit opinio PHILOSOPHI de ea. Et cum secundum
eius opinionem opera animae communia sint ipsi et corpori, et praemia
85 etiam et poenae | debitae sunt quae a legislatoribus toti composito   V f. 70ᵛᵃ
inferuntur honorando homines bene agentes et puniendo malefactores,
quod si sic non fiat, contingit aliquid malum et inordinatum in universo. Sed nec providentia divina prohibet ne in universo fiant mala,
sicut alibi videri debet; et iterum ipsi bene agenti bonum opus prae-
90 mium est, et in hoc felicitatur, cum operationes secundum virtutem
divinae sint felicitatis, ut dicitur *primo Ethicorum*; ipsis etiam male-
factoribus operationes vitiosae et malae secundum virtutem poenae
sunt, cum secundum tales operationes homo misere vivat, ut docetur
nono Ethicorum.

95 Et est etiam attendendum quod multa sunt quae expertus circa
aliquam materiam cognoscit, quorum inexperti cognitionem non
habent. Et ideo, licet philosophi non experti operum apparentium

---

78 quis] quidam *V*   dicat] dicet *scrip. D sed corr. sup. lin.*   hoc] *sup. lin. D*
79 praemia] praenia *V*   80 hoc est praeter] est extra *P et M.*   81 dicendum]
quod sic *add. V sed* quod *exp.*   sicut] quod *scrip. P, sed corr. in marg.* : sicut   et]
om. D   82 principalis] principaliter *V*   se habeat veritas] veritas se habeat *D*
83 fuerit] fuit *P et M.*   opinio] intentio *D*   84 sint] sunt *D*   85 etiam] enim
P   et poenae] utpote *V*; poenae *D*   debitae] debita *D*   legislatoribus] legis
latoribus *P*; legis vel datoribus *V*   86 honorando] honorandi *V*   bene agentes]
bene facientes *D*   malefactores] male factores *P*   87 aliquid] aliquod *D*   87/88
et inordinatum in universo] in universo et inordinatum *D*   88 nec] *om. V et*
M.   ne] nᶜe *V*   89 alibi videri] *inv. D*   90 hoc] hac *fors. scrip. D*   91/92
malefactoribus] malefacientibus *D*   92 virtutem] veritatem *D*   94 nono] IVᵒ
leg. M. in V; IV *scrip. P, sed corr. sup. lin.* V *in* X   95 quae expertus] expertis
PV et M.   95/96 circa ... cognoscit] circa aliquam materiam cognita *P et M.*;
secundum (*in marg. corr.* : circa) aliquam naturam coigl' (cognoscibilis) materia *V*;
secundum aliquam naturam cognoscibilia circa materiam *leg. M. in V et secundum*
P corr.   96 inexperti cognitionem] *inv. D*   97 Et ideo, licet] Et ideo, hoc *P*
et M.; inde licet *V*; ideo hoc *leg. M. in V*; Et ideo *D* (*om.* licet)   apparentium]
aparentium *D*

89 Cf. SIGERUS DE BRABANTIA (?), *Phys.*, II, 18, ad 1ᵐ, p. 114; *Q. in Metaph.*, I, 32,
p. 73.
91 ARISTOTELES, *Eth. Nic.*, I, 7, 1098 a 18-19; 8, 1098 b 30; 9, 1099 b 25-27.
94 ARISTOTELES, *Eth. Nic.*, IX, 4, 1166 b 3 sqq.

de animabus totaliter separatis eas sic separatas non ponant, qui
tamen experti sunt praedictam animae separationem noverunt et
aliis revelaverunt. Circa quod etiam attendendum quod, sicut in ipsis 100
P f. 57ʳᵃ sensibilibus quaedam sunt nota ab animalibus perfectis quae | latent
animalia imperfecta sensum illorum non habentia, et ab hominibus
cognoscuntur naturae insensibiles quas bruta non cognoscunt, sic
nihil prohibet naturaliter homines quosdam propheticos quorumdam
cognitionem habere, ad quae communis ratio hominum non ascendit, 105
nisi credendo testimonio prophetae.

Septimo, idem suadere videtur sic. Quaestio et determinatio veritatis cuiuslibet entis pertinet ad aliquam partem philosophiae, cum
fiat in terminis alicuius partis philosophiae, ut vult Philosophus, *quarto
Metaphysicae.* Sed numquam invenitur Philosophus determinare de 110
his quae sunt animae separatae et statu eius. Quare non videtur eam
opinari sic esse separabilem totaliter a corpore. Immo intellectus sic
se habens esset substantia penitus liberata a materia; et Philosophus
dicens quod determinare quot in numero sint tales substantiae pertineat ad primam philosophiam, et hoc doceat *duodecimo Meta-* 115
physicae, videlicet quot numero sint tales substantiae, mentionem,
D f. 156ʳᵃ inter huiusmodi substantias penitus a materia liberatas, | non facit
de anima intellectiva totaliter a corpore separata. Quare nec animam
sic separari verum esse opinari videtur.

98 animabus] animalibus *V*   ponant] ponunt *D*   qui] q *P*   101 animalibus]
aliquibus *leg. M.*   102 animalia] alia *leg. M.*   sensum] sensuum *V*   illorum]
aliorum *D*   103 cognoscuntur] noscuntur *V*   insensibiles] bruta *add. V, sed signo
corr.*   104 homines quosdam] *inv. D*   propheticos] perfectos *D*   105 communis
ratio] *inv. VD*   106 testimonio] in *praem. V*   107 suadere videtur sic] suadere
sic videtur *V*; sic declarari videtur *D*   determinatio] cuiuslibet *add. et exp. V*
108 aliquam] quamlibet *V et M.* (*par erreur M. note* : V = aliquam)   108/109
cum fiat ... philosophiae] *om. V* (*hom.*)   111 sunt] insunt *VD*   112 sic] *om. D*
114 quod] *sup. lin. D*   quot] quae *PV et M.* (*cf. lin. 116*)   sint] sunt *P et M.*
114/115 pertineat] pertinet *D*   115 doceat] docet *D*   duodecimo] VII *fors.
scrip. P*; 2 *D*   116 videlicet] scilicet *D*   numero sint] numero sunt *P et M.*;
inv. D   117 liberatas] separatas *P et M.* (*cf. lin. 113*)   119 verum esse opinari]
om. D

109/110 Aristoteles, *Metaph.*, IV, 2, 1004 a 2-3.
110/111 Dans le *De unitate*, § 41 et 118, S. Thomas avait exprimé l'espoir de trouver
une réponse à ce problème dans les livres de la *Métaphysique* non encore traduits à
l'époque. Il s'agissait sans doute du pseudépigraphe connu chez les Arabes sous le
nom de *Théologie d'Aristote.*
115/116 Aristoteles, *Metaph.*, XII, 8, 1073 a 13 - b 17.

\<Capitulum VII\>

\<Utrum anima intellectiva multiplicetur multiplicatione corporum humanorum\>

Circa septimum prius propositorum, videlicet utrum anima intellec-
5 tiva multiplicetur multiplicatione corporum humanorum, diligenter
considerandum, quantum pertinet ad philosophum, et ut ratione
humana et experientia comprehendi potest, quaerendo intentionem
philosophorum in hoc magis quam veritatem, cum philosophice
procedamus. Certum est enim secundum veritatem quae mentiri
10 non potest, quod animae intellectivae multiplicantur multiplicatione
corporum humanorum. Tamen aliqui philosophi contrarium sense-
runt, et per viam philosophiae contrarium videtur.

Primo sic. Natura quae in esse suo separata est a materia, non
multiplicatur multiplicatione materiae. Sed anima intellectiva secun-
15 dum Philosophum habet esse separatum a materia, sicut prius visum
fuit. Ergo non debet multiplicari multiplicatione materiae neque
multiplicatione corporum humanorum.

Et confirmatur ista ratio, quia differre in specie, sicut differt homo
ab asino, est differre per formam. Differre autem aliqua numero,
20 cum sint eiusdem speciei, sicut differunt duo equi, est differre per
materiam, per hoc quod forma equi habet esse in diversis partibus
materiae. Ex hoc sic arguitur. Quod habet esse abstractum a principio
causante aliquem numerum, differentiam seu multiplicationem, caret
illo numero, differentia seu multiplicatione. Sed anima intellectiva,
25 si habet esse separatum a materia, abstractum esse habet a principio

---

2/3 Utrum ... humanorum] *suppl.*   4 septimum] *sublin. V et in marg. al. man.* :
7ᵐ principale   videlicet utrum] *inv. V*   5 humanorum] hominum *D*   6 consi-
derandum] *add. M.*   7 comprehendi potest] comprehenditur primo *D*   8 in hoc]
et hoc *P; ante* intentionem *D*   9 enim] *om. D*   secundum] *om. PV*   11/12 sen-
serunt] sentiunt *VD*   12 contrarium] *om. PV et M.*   14 intellectiva] *om. D*
15 sicut] ut *VD*   prius] primo *D*   16 neque] seu *P*; nec *D*   17 multiplicatione]
om. P   19 autem] vero *VD*   aliqua] aliquo *leg. M.*   21 diversis partibus]
inv. V   22 abstractum] obtū *V*; absolutum *D*   23 differentiam] seu *praem.*
D   seu] vel *D*   25 si] sic *D*   materia] quod *add. D*   abstractum esse habet]
habet esse absolutum *D*

13 sqq. Cf. S. Thomas, *De unitate intellectus*, § 99.

causante numerum, differentiam et multiplicationem aliquorum sub una specie. Quare non videntur esse plures animae intellectivae eiusdem speciei.

Secundo sic. Nulla natura per se subsistens, abstractum esse habens a materia, et sic de se individuata, potest habere individua plura 30 numero differentia. Sed anima intellectiva per se subsistens est, esse habens abstractum a materia et sic de se individuata. Ergo non potest habere individua plura sub una specie.

Maior huius rationis sic declaratur. Si homo de sui ratione esset iste, seu Socrates, sicut non possunt esse plures homines quorum 35 quilibet sit Socrates seu iste homo, sic nec possent esse plures homines. Nunc autem, si homo esset per se subsistens, abstractum a singularibus, homo de sui ratione haberet esse individuatum. Omnis igitur forma per se subsistens, non habens esse materiale, de sui ratione est indivi- duata; et cum nihil individuatum possit esse commune pluribus, 40 nulla forma liberatum esse habens a materia potest esse communis pluribus individuis; ita quod, secundum hoc, in qualibet specie separa- D f. 156rb tarum intelligentiarum | a materia non est nisi una numero intelli- gentia, in quo et consenserunt omnes philosophi. Unde PLATO, ideas faciens et species rerum materialium separatas a materia, in una 45 specie unicum posuit individuum.

Minor autem praedictae rationis apparuit superius, tertio capitulo.

---

26 numerum, differentiam et multiplicationem] differentiam, numerum et multipli- cationem *PV et M.*   29 per se] sub se *P*   abstractum esse habens] habens esse absolutum *D*   31 est] *om. V*   32 esse habens abstractum] habens esse absolu- tum *D*   Ergo] igitur *VD*   32/33 non potest habere] habere non potest *D*   33 individua plura] *inv. D*   una] una *scrip. D, sed exp. et corr. sup. lin.* : eadem   34 huius rationis] *om. D*   declaratur] determinatur *V*   sui] sua *D*   esset] est *P*   35 seu] vel *D*   sicut] sic *V*   non possunt ... homines] plures homines esse non possunt *D*   36 seu] vel *D*   nec] non *P*   possent] possunt *D*   37 abstractum] absolute *D*   38 homo] sic non possent esse plures *add. et exp. P*   igitur] ergo *P et M.*   41 esse habens] *inv. VD*   42/43 separatarum intelligentiarum] *inv. D*   43 una] unica *P et M.*   44 et] etiam *D*   46 unicum ... individuum] unum in- dividuum ponit *VD*   47 superius] supra *D*

29/30 Cf. S. THOMAS, *Q. de spir. creat.*, a. 1, *in corp.*, et ad 5m : « si sit aliqua forma subsistens, statim est ens et unum»; *Q. de anima*, a. 1, *in corp.* : « anima intellectiva habet esse per se absolutum non dependens a corpore ... »; *De unitate intellectus*, c. 1, § 38; *S. Theol.*, Iª, q. 76, a. 2.
44 Siger connaît sans doute la doctrine des Idées à travers ARISTOTE; cf. par exemple. *Metaph.*, I, 6, 986 b 30 sqq.; VII, c. 14 et 15; III, 2, 997 b 7 sqq. Cf. plus haut, *Q. in tertium De anima*, p. 67, ligne 67 (apparat).

Quod si quis dicat : cum sit anima intellectiva aliqua in me, Deus potest facere aliam similem ei et erunt plures, dicendum quod Deus
50 non potest contradictoria et opposita simul, nec potest Deus facere quod sint plures homines quorum quilibet sit iste Socrates : sic enim faceret quod ipsi essent plures homines et unus, plures et non plures, et unus et non unus. Quod si anima intellectiva de sui ratione est aliquid individuatum, per se subsistens et sicut Socrates, facere aliam
55 animam intellectivam eiusdem speciei cum aliqua quae nunc est, esset illam factam esse aliam et eamdem cum alia. In separatis enim a materia, individuum est ipsa sua species, et ideo aliud individuum esse sub specie est etiam ipsum contineri sub alio individuo, quod est impossibile.

60   Tertio sic. Album est divisibile in plura, | non quia album, sed quia P f. 57rb quantum et continuum, adeo quod si esset album non quantum nec continuum, non esset divisibile in plura alba, neque, si <esset> albedo separata per se subsistens, divisibilis esset in plures albedines. Nunc autem, sicut album divisibile est in plura alba quia quantum et con-
65 tinuum, sic, et si sint actu alba plura numero differentia sub eadem specie, hoc est ex divisione actuali quanti et continui in quo habet esse albedo. Ex quo arguitur quod natura cuius esse abstractum est a quanto et continuo, ita quod nec quanta nec continua, nec eius esse est in quanto et continuo, non potest habere individua plura sub
70 eadem specie, propter defectum causae plurificantis et differre facientis

---

48 si] su *scrip. D sed alteram partem litterae* u *exp,*   cum] quod *D*   aliqua] *om. D*   49 similem ei] sibi similem *V ; inv. D*   erunt plures] *inv. D*   50 simul] similiter *leg. M.* 52 quod] f *add. et exp. D*   53 et¹] *om. D*   54 Socrates] *iter. P*   56 enim] autem *V*   57 a] *om. V*   ipsa] *om. D*   58 etiam] et *V et M.*   contineri] contrarium *leg. M.*   60 Tertio] *sublin. V*   est divisibile] est indivisibile *P*   61 quantum et continuum] continuum et quantum *D*   62 neque] nec *V et M.*   si] *om. PV et M. (cf. lin. 61)*   esset] *suppl.*   63 separata per se] per se separata *V*   63/64 Nunc autem] nam *P et M.*; nunc *V*   64 est] *om. P et M.*   alba] *om. D*   et] *om. V* 65 sic] et *praem. D*   alba] alii *P*   67 Ex quo] *sublin. V*   abstractum est] *inv. VD*   68 nec quanta] nec est quanta *D*   70 causae] esse *fors. scrip. D*   plurificantis] multiplicantis *D*   differre] dr̄ie *P,* dividere *leg. M.* in *P et corr.*; differre

---

48 Cf. S. Thomas, *De unitate intellectus*, § 105.
60 sqq. cf. S. Thomas, *De spir. creat.*, a. 8, *in corp.* : « si enim intelligatur albedo absque omni subiecto, non erit possibile ponere plures albedines ».
67-71 Cf. S. Thomas, *De unitate intellectus*, § 100 (qui pose mal le problème, car Siger n'a pas affirmé que les substances spirituelles ne peuvent être multiples, mais qu'elles ne peuvent être multipliées dans la même espèce).

individua plura illius naturae sub illa specie una. Sed anima intellectiva habet esse abstractum a quanto et continuo, non quanta nec continua, sicut probat PHILOSOPHUS *primo De anima.* Tunc enim, cum esset actu V f. 70ᵛᵇ intellectus quanti et continui, non totum | simul, sed per partes, diversis partibus unius intellectus in actu continuatis, continuum 75 intelligeret. Nunc autem non est ita, immo intelligit continuum totum simul et una simplici intelligentia; aut si per partes, tunc intellectibus distinctis, non continuatis, illae partes intelliguntur. Cum igitur intellectus habeat esse abstractum a quanto et continuo, non quantus nec continuus, non habebit individua plura sub una specie, cum ista 80 pluralitas et multiplicatio divisione continui contingat.

Quarto sic. Dicit PHILOSOPHUS *duodecimo Metaphysicae* quod, si D f. 156ᵛᵃ essent plures individui | eiusdem speciei, essent plures motores primi eiusdem speciei; et subdit quod tunc motor primus haberet materiam, quia unum specie, numero plura, habet materiam. Quod si intellectus 85 est impassibilis, nulli habens aliquid commune, separatus a corpore, potentia sine materia, ut dicit PHILOSOPHUS, non videtur idem PHILOSOPHUS opinari ipsum esse specie unum et numero plura, sed unum numero tantum.

Quinto sic. Secundum intentionem PHILOSOPHI, homines infiniti 90 iam fuerunt. Quod si animae intellectivae multiplicarentur multiplicatione corporum humanorum, haberet PHILOSOPHUS opinari esse animas numero infinitas, quod non videtur.

71 sub illa specie una] sub una specie *V*; sub eadem specie *D*   72 habet] nec *V* esse] abstracta *add. et del. V*   continuo] continua *P*   non] nec est *D*   73 sicut] ut *D*   74 totum] continui *D*   per] *om. D*   76 intelligit] intelligere *leg. M. in P et corr.* : intelligit   77 per] *om. D*   78 illae] istae *D*   intelliguntur] intelligimus *P*   78/79 intellectus] *iter. P*   79 abstractum] absolutum *VD*   80 individua plura] *inv. D*   81 multiplicatio] multitudo *VD*   82 duodecimo] 4º *scrip. D, sed exp. et del. et add.* 12º *post* Metaphysicae   86 nulli] ulli *P*; ulli' *V*; nulli *leg. M.*   commune] communem *fors. scrip. D*   87 non] dicitur *add. et exp. P* 87/88 videtur idem Philosophus] Philosophus videtur idem *scrip. D, sed corr. (petits signes d'interversion)*; videmus idem Philosophus *fors. scrip. V*   88 specie unum] *inv. P*   et] *om. D*   90 intentionem] itentōm *P*, intentionem communem *leg. M. in P*   91 multiplicarentur] multiplicantur *V*   92/93 opinari ... infinitas] esse animas numero infinitas opinari *D*

73 ARISTOTELES, *De anima*, I, 3, 407 a 2-12.
82 ARISTOTELES, *Metaph.*, XII, 8, 1074 a 31 - b 1.
87 ARISTOTELES, *De anima*, III, 4, 429 a 15 sqq.
90/93 Cf. S. THOMAS, *De unitate intellectus*, § 117.

Et gratia praedictorum considerandum est quale sit illud quod
95 potest multiplicari et praedicari de pluribus numero differentibus
eiusdem speciei; et etiam considerandum est qualiter differant et
quibus differentiis plura quae sunt eiusdem speciei.

De primo sciendum quod nihil individuatum et singulare multiplicari
potest in plura, vel de pluribus numero eiusdem speciei praedicari.
100 Tunc enim non differrent singulare et universale. Et cum forma per
se subsistens de sua natura sit numero una singularis, apparet quod
non potest multiplicari in plura numero eiusdem speciei, neque de
pluribus talibus praedicari. Compositum etiam ex forma et materia
determinata, ut hic existente vel ibi, singulare est, sicut illud quod
5 denominatur nomine Socratis; et ideo nec Socrates multiplicari
potest in plura nec de pluribus praedicari eadem ratione; nec eadem
forma materialis, accepta ut in materia determinata, multiplicabilis
est vel de pluribus praedicabilis. Et universaliter, cum omne quod
existit singulariter existat, licet quaedam sit universaliter intelligi
10 ac dici, nullum ens, consideratum ut existit, multiplicabile est in
plura suae speciei vel de pluribus dicibile. Sola igitur forma materialis
abstracte considerata, vel compositum ex forma et materia indeter-
minata, quale significatur nomine compositorum universalium, ut
nomine hominis, nomine equi, multiplicabilia sunt in plura suae
15 speciei et de pluribus dicibilia.

De secundo sciendum quod individua eiusdem speciei non differunt

94 est] *om.* V   94/96 Et gratia ... eiusdem speciei] *om. D*   96 est] *om. V*   98 De
primo] *sublin. V* ; De secundo D (*correction du scribe, qui tient compte de la lacune signalée*;
cette lacune a dû se trouver dans le ms. de base)   99 vel de pluribus ... speciei] vel de
pluribus numero vel de pluribus eiusdem numero speciei *V* ; numero vel de pluribus
vere (*seu* universale) *D*   1 sua] sui *D*   singularis] singulariter *P*   2 neque]
nec *leg. M. in P* ; quod *add. D*   2/4 de pluribus ... vel ibi] *om. D*   6 nec[1]] ut *P*,
aut *leg. M. in P* ; vel *V* (*cf. lin. 2*)   7 materialis] materialiter *leg. M. in P*   8 est]
in plura *add. D*   vel] et *D*   cum] tamen *fors. scrip. V*   quod] cum *P*   9 exis-
tit] singulare *add. P*   existat] existit *V et M.*   10 nullum] tamen *add. D*   11
materialis] naturalis *P*   12 abstracte] absolute *D*   12/13 forma et materia inde-
terminata] materia et forma individuata *D*   13 quale] qualis *VD*   composito-
rum] compositi *scrip. D, sed corr. in marg.* : compositorum   universalium] ull'm
V ; naturalium *leg. M. in V sed corr.* : universalium ; nullum (?) *in marg. D*   13/14
ut nomine hominis] *in textu D* ; *in marg.* : ut nomine hominis etc.   14 multiplicabilia sunt]multiplicabilis est *D*   15 dicibilia] dicibilis *D*   16 De secundo] *sublin.
V* ; De tertio *D*   sciendum] dicendum vel sciendum *P et M.* (*doublet*)   individua]
duo *add. V et M.*

100/101 Cf. S. THOMAS, *De unitate intellectus,* § 103.
16 sqq. Siger ne partage donc pas la doctrine averroïste des dimensions indéterminées

secundum formam. Forma enim in eis secundum suam substantiam
non dividitur. Materia etiam huius individui a materia alterius individui per se non dividitur. Sed differt unum individuum ab alio suae
speciei, per hoc quod unum individuum habet formam in materia 20
sub determinatis dimensionibus, seu sub positione determinata, utpote
hic sitam, aliud autem individuum formam habet suae speciei alibi
sitam. Et forma in utroque individuo non est alia diversitate quae
sit secundum se ipsam formam et suam substantiam, quoniam talis
divisio formarum diversitatem facit secundum speciem; sed habet 25
utrumque individuum unam formam et indivisam indivisione secun-
D f. 156ᵛᵇ dum se ipsam formam. | Nec miretur aliquis quod dicimus formam
esse unam unitate quae est secundum eius substantiam in utroque
individuo, et hic et alibi sitam, quia, cum intelligimus formam unam
unitate quae est secundum eius substantiam, non intelligimus aliquid 30
individualiter acceptum, sed in specie, cum forma materialis per se
non individuetur. Unum autem secundum speciem esse in pluribus
individuis et habere plures positiones, hic et alibi, non est impossibile.
P f. 57ᵛᵃ Et cum generetur individuum alicuius speciei | ex materia privata
illa forma et specie, non generatur alia forma a praeexistente, alietate 35
quae sit secundum substantiam formae in se acceptam, sed eadem
forma secundum formam quae prius erat, in alia parte materiae
generata est. Idem enim secundum speciem praeesse et generari
nullum est inconveniens. Et sicut forma in individuis non est divisa
secundum se, neque primo, neque ex consequenti, sic nec materia. 40
Ipsa enim per se non dividitur, sed quia quanta hic et alibi posita.

17 suam] *om. P*   18 etiam] et *P*; autem *leg. M.*   21 determinatis] determina-
natis *scrip. D, sed* na¹ *exp.*   sub positione] suppositione *PV et M.*   utpote] puta
ut *D*   23 diversitate] diversificata *V et M.*   24 se] *om. P*   quoniam] quantum
leg. M.   25 diversitatem] non *add. D*   27 aliquis] aliquid *V*   28 eius] *om. P;*
suam *D*   29 et hic] ibi *D*   et²] *om. V*   unam] *om. VD*   30 unitate] unitatem
P   eius substantiam] *inv. D*   aliquid] quid *D*   31 sed in specie] secundum
speciem *D*   33 positiones] species *P*   hic] ibi *D*   34 Et] *om. V*   35 a] cum
fors. scrip. V   praeexistente] p'cete (= praecedente ?) *D*   36 sit] sub *add. et exp.*
P; est *D*   secundum] formam *add. et exp. V*   acceptam] acceptae *D*   37 for-
mam] substantiam *V*   38 praeesse] quod potest esse *D*   39 nullum] ullum *V*;
non *D*   in] *om. V*   divisa] di'sa (= diversa ?) *V*   40 neque-neque] nec-nec *V et*
M.   41 enim] nec *leg. M. in P et corr. :* enim   quanta] quanti *D*   hic] ibi *D*
et] est *P*

et est proche de la position thomiste concernant l'individuation. Cf. A. Forest, *La
structure métaphysique du concret ...* (2ᵉ éd., 1956), pp. 242-249 et les textes y cités.

Sed et sunt rationes multum difficiles quibus necesse sit animam intellectivam multiplicatione corporum humanorum multiplicari, et etiam ad hoc sunt auctoritates. Hoc enim volunt AVICENNA et AL-
45 GAZEL; et THEMISTIUS hoc etiam vult de intellectu agente, illustrante et illustrato, quod multiplicetur, licet illustrans tantum sit unus; et multo magis intellectum possibilem intendebat multiplicari.

Iterum ad hoc sunt rationes, quia, si unus esset intellectus omnium hominum, uno sciente, omnes essent scientes, et non esset unus sciens
50 et alius ignorans. Cum enim imaginari non sit intelligere, quamquam homo intelligens habeat phantasmata quae non habet ignorans, non tamen per hoc erit magis sciens quam ille qui est ignorans, cum intellectus in quo est ipsum intelligere non plus sit intellectus eius quam hominis ignorantis.

55 Nisi forte positionem defendendo et causa disputationis diceret aliquis quod unus homo est sciens et alius ignorans eo quod intelligere ipsius intellectus fieret secundum operans unitum, seu secundum intellectum unitum homini scienti, non tamen homini ignoranti. Unde prius dicebatur qualiter homo intelligit, seu attribuitur intelligere
60 ipsi homini, utpote quia operatio operantis uniti materiae attribuitur toti composito. Intellectus autem in opere intelligendi unite se habet ad scientem, | non ad ignorantem, cum ex phantasmatibus eius D f. 157ra intelligat, ita quod unus homo est sciens et alius ignorans, non quia phantasmari unius plus sit intelligere quam alterius; nec quia species
65 intelligibilis sit in corpore unius plus quam in corpore alterius, cum

---

42 Sed] *sublin.* V   et] haec D   animam] anima D   44 volunt] vult *codd.*   45 hoc] *om.* P; et *leg.* M.   46 multiplicetur] multiplicari V; multiplicatur D   47 possibilem intendebat] passibilem intendebant P   48 Iterum] *sublin.* V   51 habet] habeat P   52 qui] q P   53 est] *iter.* P   sit] fit P   55 positionem defendendo] positione differendo P *et* M.   56 alius] est *add.* V *et* M.   57 secundum^1] sive D   57/58 unitum - unitum] unicum - unicum *leg.* M.   58 homini] *om.* P *et* M.   59 et 60 attribuitur] attribuatur D   61 toti] 9p̄p *add. sed exp.* P   unite se habet] se habet unite D   62 ad] intelligent *add. et exp.* D   65 unius ... corpore] *om.* VD (*hom.*)

---

44 AVICENNA, *De anima*, V pars, c. 3, pp. 110-111. Cité aussi par S. THOMAS, *De unitate intellectus*, § 119.
44/45 ALGAZEL, *Makâsid al falâsifa*, I, tr. 1, c. 11 (Ven., 1506). Cité aussi par S. THOMAS, *De unitate intellectus*, § 117.
45 THEMISTIUS, *In De anima*, VI, p. 235, lin. 7-10. Cité aussi par S. THOMAS, *De unitate intellectus*, § 120.
48/54 Cf. S. THOMAS, *De unitate intellectus*, § 90. Averroès était conscient de cette difficulté : cf. *In De anima*, III, 5, pp. 402-403, lin. 44 9-465.

esse abstractum habeat; nec quia diversis intellectibus utantur intelligendo, ut dicet positionem defendens; sed quia intelligere sit secundum intellectum unitum corpori unius in operando et non alterius.

Sed si quis sic dicat, tunc sic aliter arguitur. Operatio est alia, vel 70 operante, vel obiecto, vel tempore; operante, sicut cum obiectum idem videamus et simul ego et tu, tamen visiones diversae sunt; obiecto, sicut si simul quis videat album et nigrum et eodem oculo, tamen visiones diversae sunt; tempore, sicut cum videam primo V f. 71ʳᵃ album, et postea cum interpolatione temporis idem album videam, | 75 visiones diversae sunt. Si igitur duo homines intelligant idem intelligibile et simul, si hoc fiat per unum intellectum, intelligere huius hominis et illius erit unum et idem, quod videtur absurdum.

Et iterum, PHILOSOPHUS vult intellectum esse in potentia ad species intelligibiles et receptionem specierum, et denudatum a speciebus; 80 quod si sit unus, erit semper plenus speciebus et destruetur intellectus agens.

Et ideo dico propter difficultatem praemissorum et quorumdam aliorum, quod mihi dubium fuit a longo tempore quid via rationis naturalis in praedicto problemate sit tenendum, et quid senserit 85 PHILOSOPHUS de dicta quaestione; et in tali dubio fidei adhaerendum est, quae omnem rationem humanam superat.

---

66 abstractum] absolutum *VD*   intellectibus] intelligibilibus *D*   67 defendens] custodiens *P et M. (cf. lin. 55)*   70 sic] *om. M.*   tunc] *sublin. V; om. D*   sic aliter] *inv. D*   arguitur] *M. donne ce mot comme omis par P*   71 cum] non *scrip. V, sed priorem partem prioris litterae* n *exp.; M. considère ce mot comme omis par V*; si *D*   71/72 obiectum idem] *inv. VD*   72 et simul ego et tu] ego et tu et simul et *V*   tamen] *om. D*   visiones diversae sunt] diversae sunt visiones *D*   73 simul quis] *inv. D*   eodem] modo *add. et exp. P*   74 tamen] et *praem. D*   cum] si *D*   videam] video *scrip. V, sed corr. sup. lin.* ā.; videas *D*   75 interpolatione] interruptione *P et M.*   temporis] *om. PV et M.*   videam] videas *D*   76 duo] *om. V*   77 si hoc fiat per] sicut hoc fiat hoc per *PV et M.*; hoc fit hoc per *D*   intelligere huius] videre unius *V*   77/78 huius hominis et illius] unius et alterius *D*   80 receptionem] receptivum *leg. M.*   83 dico] quod *add. D*   84/85 quid via rationis naturalis] quia via rationis naturalis *P*; quia x via rationali nescio quid *D* 85 naturalis] materialis *V*   problemate] problaënte *P*   86 de dicta] in praedicta *D*   et] ideo *add. D*   dubio] dubitatione D   86/87 adhaerendum est] *inv. D*

70-78 Cf. S. THOMAS, *De unitate intellectus,* § 91; *Q. De anima,* a. 3; *Q. de spir. creat.,* a. 9.
79 ARISTOTELES, *De anima,* III, 4, 429 a 15-16.
79/82 Cf. S. THOMAS, *De unitate intellectus,* § 95; *Q. de spir. creat.,* a. 9, *in corp.*

\<Capitulum VIII\>

\<Utrum vegetativum, sensitivum et intellectivum in homine pertineant ad eamdem substantiam animae\>

Circa octavum prius propositorum videtur sensisse Philosophus,
5 in libro *De generatione animalium*, intellectivum non pertinere ad
eamdem substantiam seu formam ad quam pertinent vegetativum
et sensitivum, quia vegetativum et sensitivum corporaliter operantur;
et si corporaliter sunt, de potentia materiae educuntur generatione
compositi organici, non per se habentes factorem seu factionem;
10 intellectivum autem non operatur corporaliter; quare nec educitur
de potentia materiae. Unde dicit ibi Philosophus quod nihil ipsius
intellectus operationi communicat corporalis operatio, quare divinum
quid est et ab extrinseco; et illud quod est eductum de potentia
materiae, et quod est ab extrinseco, non sunt unius substantiae.
15 Et Philosophus, *secundo De anima*, dicit | quod sensitivum non D f. 157ʳᵇ
est sine vegetativo, et sic etiam intellectivum in mortalibus non est
sine sensitivo, adiciens quod de intellectu alia ratio est. Ubi dicit
Themistius aliam rationem esse de intellectivo quia est substantia
quaedam dignior sensitivo, veniens ab extrinseco; sensitivum autem,
20 quod non est sine vegetativo, unius est substantiae | cum vegetativo. P f. 57ᵛᵇ
Et iterum, *secundo De anima*, quaerit Philosophus utrum unumquodque eorum sit anima vel pars animae, scilicet vegetativum,
sensitivum, motivum secundum locum et intellectivum; et si sunt

2/3 Utrum ... animae] *suppl.*   4 octavum] *in textu P et in marg.* : octavum ... quaestio; *in textu V et in marg. al. man.* : 8ᵐ principale   prius] superius *D*   7 et²] *om.*
D   9 organici] *leg. M. in V*; agenti *codd.*   10 intellectivum] intellectus *VD*   cor-
poraliter] totaliter *fors. scrip. D*   13 quid est] *inv. D*   illud] *om. D*   quod est]
quod non est *D*   14 unius] eiusdem *D*   16 etiam] est *D*   17 alia ratio est]
alia est ratio *V*; est alia ratio *D*   Ubi] ut *D*   18 rationem esse] *inv. VD*
20 substantiae] naturae *D*; subiecto *fors. scrip. V*   21 secundo ... Philoso-
phus] Philosophus secundo De anima dicit quaerendo *D*   22 sit anima vel pars
animae] *post* intellectivum (*lin. 23*) *D*   23 motivum] motum *leg. M.*   et] *om. D*

11 Aristoteles, *De generatione animalium*, II, 3, 736 b 27-29.
15 Aristoteles, *De anima*, II, 3, 415 a 1-12.
18 Themistius, *In De anima*, III, 3, p. 114, lin. 80-83.
21 Aristoteles, *De anima*, II, 2, 413 b 13-27.

partes animae, utrum loco et subiecto differant vel ratione tantum.
Et cum ostendisset de quibusdam partibus animae, subdit quod de 25
potentia perspectiva nihil adhuc manifestum. Videtur tamen esse
alterum genus animae et separari ab aliis sicut perpetuum a corruptibili, dicens ibi Themistius, et etiam in fine *secundi De anima*, quod
non sunt partes, nec potentiae unius substantiae, quae tantum differunt
quantum mortalia ab immortalibus. Sentit ergo Philosophus intellec- 30
tivum seu potentiam intelligendi non pertinere ad eamdem formam
ad quam pertinet potentia vegetandi et sentiendi. Si autem dicantur
potentiae, hoc non est simplicis formae, sed quodammodo compositae
ex intellectu de foris adveniente et una substantia vegetativi et
sensitivi educta de potentia materiae; unde Philosophus *tertio De* 35
anima intellectivum vocat partem animae.

Et considerandum est, secundum quod dicit Philosophus *secundo*
Politicorum, quod Socrates nimis unire volens, civitatem destruebat.
Ad rationem enim compositi perfecti pertinet partium differentium
multitudo; et cum homo sit compositum naturale perfectius aliis, 40
et ut civitas quaedam, non est inconveniens neque mirabile si minus
sit unum quam alia composita naturalia, quae non habent nisi unam
formam simplicem seu perfectionem.

---

24 differant] *om. D*   vel] aut *D*   25 quibusdam] quibus *D*   26 manifestum]
m^m *PV*; motum *leg. M.*   Videtur] *iter. D*   27 alterum] aliud *D*   et] *om. P*
30 Sentit] sensit *leg. M.*   30/31 intellectivum] intellectum *leg. M.*   31 seu] sive *D*
intelligendi] intellectivam *D*   non] *om. V*   32 pertinet] *om. D*   sentiendi] sen-
siendi *V*   dicantur] dicatur *P*   33 hoc non est simplicis] hoc est non simplicis
PV; hoc est, non simplices *corr. M.*   34 de foris] difforis *D*   34/35 vegetativi et
sensitivi] vegetativum et sensitivum *PV et M.*; Mgr Pelzer *proposait la reconsti-*
tution suivante : vegetativum, sensitivum, intellectivum dicuntur potentiae in quantum sunt potentiae non formae simplicis, sed formae compositae quodammodo ex intellectu de foris adveniente et una substantia, vegetativo et sensitivo eductis de potentia materiae.   35 educta] adductis *D*; eductis *PV et M.*   36 intellectivum]
om. D   37 secundum quod] quod sicut *VD*   38 nimis unire volens] minis no-
lens munire *D*   destruebat] civitatem *add. V*   39 enim compositi] oppositi *D*
perfecti] *in marg. V (signes de correction); om. D*   40 aliis] a^a s' *V*   41 mi-
nus] unus *P*; unus *scrip. V, sed exp. et corr. sup. lin.* : minus   43 simplicem]
simpliciorem *leg. M. in V (M. s'est trompé à cause de petits points qui corrigent* unus);
om. D

28 Themistius, *In De anima*, III, 2, p. 108, lin. 45-47; V, p. 205, lin. 1-3.
35/36 Aristoteles, *De anima*, III, 4, 429 a 10.
37/38 Aristoteles, *Politica*, II, 1, 1261 a 15-22.
41/43 Cf. Philippus Cancellarius, *Summa de bono*, d'après L. Keeler, *Ex Summa*
Philippi... (1937), p. 88 : « minima unitas est in homine ».

Et iterum, ipsa operatio intelligendi arguit substantiam, cuius est
45 hoc opus, advenire ab extrinseco, ut prius dictum est. Nihil autem est
quod arguit substantiam, cuius est operatio vegetandi et sentiendi,
esse illam quae advenit ab extrinseco, immo, cum dictae operationes
sint corporales, convincitur substantiam a qua sunt dictae operationes
educi de potentia materiae.
50 Propter brevitatem autem, et quia non tantum dubium <habet>,
non curamus perscrutari si vegetativum et sensitivum sint duae
substantiae, | sed hoc tantum sciendum in hoc loco quod, secundum D f. 157ᵛᵃ
veritatem et ARISTOTELIS intentionem, unius formae sunt potentiae
secundum quod sunt in eodem vivente.

<Capitulum IX>

<Utrum operatio intellectus sit eius substantia>

Circa nonum a principio propositorum sensit RABBI MOYSES quod
operatio intellectus esset substantia eius, ita quod intellectus ante
5 intelligere eius in actu vel in habitu, non habet substantiam nisi in
potentia; et huius etiam opinionis videtur fuisse ARISTOTELES, cum
dicat, *tertio De anima*, quod vocatus animae intellectus, dico autem
intellectus quo intelligit et opinatur anima, nihil est actu eorum quae
sunt ante intelligere; et parum ante dicit quod intellectus ante intel-
10 ligere nullam naturam habet nisi istam quod possibilis.

45 advenire] adveniente *scrip.* V, *sed* ente *exp. et corr. sup. lin. et in marg.* : re   ut] et
add. V   47 illam] illa D   48 sunt] sumuntur D   50 quia] *om.* D   habet]
suppl.   51 et] etiam P   duae] diversae *leg. M. in P*   52 sciendum] faciendum *leg. M. in P et corr.* : sciendum   53 Aristotelis intentionem] secundum
Aristotelem D   54 sunt in eodem] in eodem sunt D   vivente] ivēte D
2 Utrum ... substantia] *suppl.*   3 nonum] nouūa V *et in marg. al. man.* 9ᵐ principale   a principio] prius D   4 substantia eius] *inv.* D   6 fuisse Aristoteles]
inv. VD   7 autem] quod *fors. scrip.* V   8 opinatur] operatur seu opinatur P
(doublet); operatur *leg. M.*   est actu] *inv.* V   quae] sic *add. et exp* D.   9
et parum] *sublin.* V   ante] actu *add. et exp.* D   9/10 et parum ... ante intel-
ligere] *om.* P, *sed inseruit infra, lin. 12*   10 naturam habet] *inv.* D   istam] illam
D   quod] quae D

3 MOYSE MAIMONIDE, *Guide des égarés*, I, 68, pp. 304 sqq.
6/7 ARISTOTELES, *De anima*, III, 4, 429 a 23-24.
9/10 ARISTOTELES, *De anima*, III, 4, 429 a 21-22.

Et hoc etiam ratione arguitur. Si intellectus ante intelligere esset actu substantia, cum sit separatus, esset per se intelligibilis. Nunc autem intellectus non intelligitur antequam intellexerit aliud a se; unde se ipsum intelligentem intelligit et non ante. Non habet igitur ante intelligere nisi naturam in potentia. Intelligere igitur est eius 15 substantia, sicut et expresse dicit RABBI MOYSES. Propter hoc enim et formae naturales materiales substantiae sunt, quia non praesupponitur eis nisi subiectum in potentia. Quod si intellectus est huiusmodi ad species intelligibiles actuales vel habituales, erit tunc intelligere substantia ipsius.   20

Sed qualiter tunc debeat intelligi quod scientia est qualitas de prima specie qualitatis in praedicamentis, vigiles et studeas atque legas, ut ex hoc dubio tibi remanente exciteris ad studendum et legendum, cum vivere sine litteris mors sit et vilis hominis sepultura.

Expliciunt quaestiones de anima intellectiva ordinatae a Magistro 25 SIGERO DE BRABANTIA.

11 Et hoc] *sublin.* V   intelligere] et parum autem dicit quod intellectus ante intelligere ullam naturam habet nisi istam quod possibilis. Et hoc etiam ratione arguitur : si intellectus ante intelligere *iter.* P (*hom.*) (*pas de signes de correction*)   13 intellectus] *om.* PV *et* M.   14/15 et non ante ... nisi naturam] et non habet ante intelligere nisi naturam D   15 eius] sua D   16 sicut et] ut D   Propter] et *praem.* D; *sublin.* V   16/17 enim et] etiam D   17 naturales materiales] naturales P (*om.* materiales); *inv.* D   17/18 praesupponitur] supponitur P   19 erit] erunt V   20 substantia] *scrip.* V, *sed exp. et corr. in marg.* : scientia ; substantia scientiae *leg.* M.   ipsius] illius vel ipsius P (*doublet*); eius D   21 tunc debeat ... qualitas] substantia dicatur esse D   qualitas] *om.* V   22 atque] et D   23 dubio] dubitatio D   remanente] remaneat D   exciteris] *om.* D   25/26 Expliciunt ... Brabantia] Explicit in nomine Patris V ; Explicit. Amen D

16 MOYSE MAIMONIDE, *loc. cit.*
24 Cf. SENECA, *Con.* 28 ou *Epist.* 82, 2 : « otium sine litteris mors est et vivi hominis sepultura ».

\<SIGERI DE BRABANTIA\>

\<TRACTATUS DE ÆTERNITATE MUNDI\>

\<INTRODUCTIO\>

| Propter quamdam rationem quae ab ALIQUIBUS demonstratio A f. 74ra
5 esse creditur eius quod species humana esse incepit cum penitus non C f. 117rb
praefuisset, et universaliter species omnium individuorum genera- D f. 140vb
bilium et corruptibilium, quaeritur utrum species humana esse inceperit cum penitus non praefuisset, et universaliter quaelibet species
generabilium et corruptibilium, secundum viam PHILOSOPHI proce-
10 dendo.

Ratio autem dicta potest formari dupliciter.

Primo sic, ut evidentior appareat. Species illa, cuius quodlibet
individuum esse incepit cum non praefuisset, nova est et esse incepit,
cum penitus et universaliter non praefuisset. Species autem humana
15 talis est, et universaliter species omnium individuorum generabilium
et corruptibilium, quod quodlibet individuum huiusmodi specierum
esse incepit cum non praefuisset. Ergo et quaelibet species talium nova
est et esse inchoavit cum penitus non praefuisset. Huius rationis
minor evidenter apparet. Maior autem sic declaratur : species nec

3 Introductio] *suppl.*; Incipit tractatus magistri Sygeri de Brabantia super quadam ratione a quibusdam reputata generationem hominum tangente, ex cuius generationis natura putant se demonstrasse mundum incepisse, cum neque hoc, neque eius oppositum sit demonstrabile : *incipit D; cf. explicit de C, lin. 79/83.* 4 Propter] quaestio Sigeri de aeternitate mundi *add. in marg. sup.* D 6 universaliter] et *add.* D 7 humana] vel alia *add.* C; humane *fors. scrip.* D 8/9 cum penitus ... corruptibilium] *om.* C 11 Ratio ... dupliciter] Potest probari dupliciter quod sic C 12 ut evidentior appareat] *om.* C 14 cum penitus ... praefuisset] *om.* C Species autem] sed species C 15 talis] *om.* C 15/16 est ... corruptibilium] est et aliorum generabilium C 16 quod quodlibet] et quodlibet A D; cum quod C 19 evidenter] *om.* C

4/7 Propter ... corruptibilium] *om.* B 7 quaeritur] primo *add.* B 8/9 quaelibet species ... corruptibilium] species omnium individuorum tantummodo per viam propagationis generabilium et corruptibilium B 9/10 secundum ... procedendo] *om.* B 11 Ratio ... dupliciter] Et videtur quod sic B 12 Primo ... appareat] *om.* B 14 autem] *om.* B 18 esse] *om.* B penitus] universaliter B 18/19 Huius ... apparet] *om.* B 19 autem] *om.* B declaratur] quia *add.* B 19/20 nec esse nec causari habet] non habet esse nec causari B

esse nec causari habet nisi in singulari vel singularibus; si ergo quod- 20
libet individuum specierum generabilium et corruptibilium causatum
est cum non praefuisset, et species ipsorum, ut videtur, talis erit.

Secundo potest formari ratio iam dicta in modo quo ab aliquibus
formatur sic. Universalia, sicut non habent esse nisi in singularibus
vel singulari, ita nec causari. Nunc autem omne ens est a Deo causa- 25
tum. Cum igitur homo sit causatum a Deo, quia est aliquod ens mundi,
oportet quod in aliquo determinato individuo in esse exierit, sicut
caelum et quaelibet alia a Deo causata. Quod si homo non habet
individuum sempiternum, sicut est hoc caelum sensibile secundum
philosophos, tunc species humana erit a Deo causata sic, quod esse 30
incepit cum penitus non praefuisset.

Quamquam autem haec ratio sit facilis ad solvendum, cum seipsam
impediat, quia tamen materiam consideratione dignam tangit, aliquantulum ipsam tractare intendimus. Proponimus autem ad praesens
circa ipsam quattuor esse dicenda. Primum erit qualiter species humana, 35
et universaliter quaecumque alia generabilium et corruptibilium,
causata sit. Secundum, primo consequens, est responsio ad rationem

20 in singulari vel singularibus] in singularibus vel singulari D; vel singularibus
om. C   ergo] igitur A et BARSOTTI   21 specierum ... corruptibilium] talium specierum C   22 est] esse scrip. sed corr. A   23 Secundo] sic add. C; solutio D   mo-
do] leg. BARSOTTI; modum cod.   25 vel singulari] vel (seu per) significari C; BAR-
SOTTI transcrit ces mots comme étant omis par C   26 igitur] ergo D   28 quaelibet
alia] alia causata D   29 sempiternum] est add. ACD   32 Quamquam] quantum
D   haec] ista C; om. D   33 quia tamen] inv. C   34 praesens] praesent C
35/37 humana ... sit] generabilis causata sit C   36 alia] om. D   37 Secundum
... responsio] Secundo respondebitur C   consequens] conveniens leg. BARSOTTI
(pour l'abréviation 9ns, cf. CAPPELLI, p. 78)   responsio] respontio A

20 in singulari vel singularibus] in singularibus et in causando singularia B   20/
21 quodlibet individuum] inv. B   23 specierum ... corruptibilium] alicuius speciei B   22 ipsorum] illorum B   ut videtur] om. B   21 potest] etiam add. B
formari ratio iam dicta] eadem ratio formari B   23/24 in modo ... sic] aliter
sic B   25 vel singulari] om. B   Nunc autem] om. B   25/26 a Deo causatum]
causatum a Deo B   26 Cum igitur ... quia est] Ergo si (si: om. MANDONNET) homo
est causatus a Deo, cum sit B   27 in esse exierit] exierit in esse B   28 alia] om.
B   a Deo causata] causata a Deo B   32/35 Quamquam ... dicenda] om. B
35/37 Primum ... causata sit] Ad huius evidentiam primo considerandum (est add.
MANDONNET) qualiter species humana causata est, et universaliter quaecumque alia
universalia generabilium et corruptibilium B   37/38 Secundum ... praedictam]
Et per hoc respondendum est ad quaestionem et rationem praedictam B.

praedictam, qualitercumque formetur. Tertium, quia praedicta ratio
accipit universalia esse in singularibus, utrum hoc et qualiter habeat
40 veritatem. Quartum erit, quia speciem aliquam ponere incipere esse,
cum penitus non praefuisset, sequitur potentiam actum duratione
praecedere, secundum viam philosophiae dicendum erit quid istorum
alterum duratione praecedat, nam et hoc in se difficultatem habet.

<Capitulum I>

<Qualiter species humana, et universaliter quaecumque
alia generabilium et corruptibilium, causata sit>

De primo sciendum est quod secundum philosophos species humana
5 non est causata nisi per generationem. Cuius ratio est quia universaliter
quorum esse est in materia, quae ad formam est in potentia, facta
sunt generatione, quae quidem eorum est per se vel per accidens.
Ex hoc autem quod species humana causata est a Deo per generationem, sequitur eam non immediate ab eo processisse. Species vero
10 humana, et universaliter quorumcumque species est in materia, licet
facta sit per generationem, non tamen est generata per se, sed tantum
per accidens.

Per se non, quia si quis attendat ad ea quae fiunt universaliter,
omne quod fit, fit ex materia hac, individuali et determinata. Licet

---

38 qualitercumque formetur] *om. C*   Tertium] tertio *C*   praedicta] *om. D*   40
Quartum] quarto *C*   erit] *om. C*   41 non] *om. D*   actum] ipsum *add. AD et*
Barsotti   duratione] du ratione *A*   43 praecedat] praecedit *A et* Barsotti
1/3 Capitulum ... sit] *suppl.*   4 sciendum est] dicendum *C*   6 est²] *om. A*   7
quidem] ēi *add. et del. C*   8 autem] ergo *C*   Deo] et *add. C*   9 ab eo] a Deo *C*
10 humana ... materia] quaecumque generabilis quae habet esse in materia *C*   11
generata] gnã (= genera) *C*   13 quis] quid *leg.* Barsotti *in D*

38 qualitercumque formetur] *om. B*   Tertium] Secundo *B*   39/40 utrum ... veri-
tatem] quaerendum erit qualiter hoc habeat veritatem *B*   40 Quartum erit] Tertio *B*   ponere] *om. B*   42 secundum viam philosophiae] *om. B*   dicendum]
videndum *B*   43 praecedat] praecedit *B*   4 primo] ergo *add. B*   secundum
philosophos] *inseruit post* causata *B*   5 Cuius ratio est] *om.* ·*B*   6 ad formam est
in potentia] est in potentia ad formam *B*   7 quidem] *om. B*   eorum est] *inv. B*
8/9 causata ... generationem] facta est per generationem a Deo *B*   9/12 Species ...
accidens] Species autem humana, et universaliter quorumcumque species est in
materia, cum facta sit per generationem, non est generata per se sed per accidens *B*   13 non] est generata *add. B*

enim rationes et scientiae sint circa universalia, operationes tamen 15
sunt circa singularia. Nunc autem ad rationem speciei non pertinet
determinata materia, et ideo non generatur per se. Et est, apud
ARISTOTELEM *septimo Metaphysicae*, eadem ratio quare non generatur
forma per se, et compositum quod est species. Et dico speciem compositam, nam sicut Callias de sua ratione est haec anima in hoc corpore, 20
ita animal est anima in corpore. Ratio autem communis formae et
speciei, quod non generantur per se, est quia ad neutrius rationem
pertinet signata materia ex qua fit generatio per se, per eius trans-
D f. 141rb mutationem de non esse ad esse, seu de privatione ad | formam.
C f. 117va | Species autem humana, quamquam non sit generata per se, est 25
tamen generata per accidens. Quod sic contingit. Si homo, sicut
abstractus est ratione ab individuali materia seu individuo, sic et esset
abstractus in esse, tunc, sicut non generatur per se, ita nec per accidens. Sed quia homo in esse suo est hic homo, Socrates vel Plato,
et Socrates est homo, idcirco, generato Socrate, generatur et homo; 30
sicut dicit ARISTOTELES, *septimo Metaphysicae*, quod generans aeneam
sphaeram generat sphaeram, quia aenea sphaera, sphaera est. Et quia,
sicut Socrates est homo, ita et Plato, et sic de aliis, hinc est quod
homo generatur per generationem cuiuslibet individui, et non unius
determinati tantum.   35

Sic igitur ex iam dictis patet qualiter species humana a philosophis
ponitur sempiterna et nihilominus causata : non enim sic, quia abstracte ab individuis existat sempiterna et sic causata; nec etiam est

---

15 rationes et] *om. D*   sint] sunt *A*   17/18 apud Aristotelem] *om. C*   18 septimo ... ratio] eadem ratio VIIº Metaphysicae *C*   quare] quia *D*   19 Et] cum
add. C   21 formae] for^ae *A*   22 quod] quae *D*   generantur] generatur *C*   ad
neutrius] adventus *fors. scrip. D*   23 materia] *om. D*   31 dicit Aristoteles] dicitur *C*   32 sphaeram] speram *AC* (*cette graphie revient régulièrement*)   33 hinc]
hic *D*   35 determinati] determinatim *D*; determinatum *leg.* BARSOTTI *in D*
36/37 a philosophis ponitur] ponitur a philosophis *D et* BARSOTTI; ponitur a pro-
philosophis *A*   38/39 nec etiam ... causata] *om. D* (*hom.*)   est sempiterna] *inv.*
A et BARSOTTI

15 operationes] comparationes *B*   19 per se] *om. B*   et compositum] et quare
non generatur compositum *B*   20 haec] hoc *B*   in] forma *add. sed del. B*   hoc]
om. B; DWYER *transcrit ce mot comme étant donné par B*   22 neutrius] naturae utrius
B et MANDONNET   25 quamquam] quamvis *B*   30 Socrates] etiam *add. B*   idcirco ... homo] *om. B* (*hom.*)   33 sicut] *om.* MANDONNET   36 Sic igitur] *om. B*
qualiter] quomodo *B*   37 nihilominus] *om. B*

18 ARISTOTELES, *Metaph.*, VII, 8, 1033 b 5-7.
31 ARISTOTELES, *Metaph.*, VII, 8, 1033 a 30-33.

sempiterna causata quia existat in aliquo individuo | sempiterno A f. 74rb
40 causato, sicut species caeli vel intelligentiae; sed quia in individuis
humanae speciei unum generatur ante aliud in sempiternum, et species
habet esse et causari per esse et causationem cuiuslibet individui.

Hinc est quod species humana, secundum philosophos, semper est,
nec esse incepit cum penitus non praefuisset. Dicere enim quod ipsa
45 esse inceperit, cum penitus non praefuisset, est dicere quod aliquod
eius individuum esse inceperit ante quod non fuerit aliud individuum
illius speciei. Et cum species humana non aliter causata sit, secundum
philosophos, nisi quia generata per generationem individui ante
individuum, ipsa esse incepit, cum universaliter omne generatum esse
50 incipiat; incipit tamen esse cum esset et praefuisset. Homo enim esse
incipit per generationem Socratis, est tamen per esse Platonis prius
generati. Ista enim circa universale non repugnant, sicut nec circa
hominem currere et non currere, | immo homo currit per Socratem D f. 141va
et non currit per Platonem. Ex quo tamen Socrates currit, non est
55 verum dicere quod homo penitus et universaliter non currat. Sic
etiam, quamvis, Socrate generato, homo esse incipiat, non est dicere
quod sic incipiat quod penitus non praefuisset.

<\CAPITULUM II>

<\RESPONSIO AD RATIONEM PONENTEM QUOD SPECIES HUMANA
NOVA EST ET ESSE INCEPIT CUM PENITUS NON PRAEFUISSET>

Ex praedictis apparet secundum superius propositorum, solutio
5 videlicet ad praedictam rationem.

---

40 in individuis] in individuo *leg.* BARSOTTI *in* D   41 humanae speciei] *in marg.*
A   44 incepit] incipit D   44 quod] quae *fors. scrip.* D   45 cum ... praefuis-
set] *om.* C   46 ante] āt A; aut' (= autem) D   50 esset] esse A   enim] non
add. et exp. A   50/51 esse incipit] *inv.* AD *et* BARSOTTI   51 Socratis] Sor. (= Socrates) A   52 sicut] sic A; sic *scrip.* C *sed al. man. add.* 9 (= sicut)   53 currit]
om. A   55 Sic] sicut C   56 non est] *sup. lin.* C   est] verum *add.* C   57
quod sic] *iter.* C   1/3 Capitulum ... praefuisset] *suppl.*

---

43 secundum philosophos] *om.* B   46 aliud] aliquod *leg.* MANDONNET *et* DWYER
47/48 secundum philosophos] *om.* B   49 ipsa] species humana, seu illud quod
dicitur nomine hominis B   51 Socratis] qui generatur *add.* B; qui generatus *leg.*
MANDONNET   52 circa ... repugnant] non repugnant circa universale B   nec]
non repugnant B   4 secundum superius propositorum] *om.* B   5 videlicet] *om.* B

Et primo dicendum ad eam ut sub forma prima proponitur, negando propositionem dicentem quod species illa nova est, et esse incepit cum penitus non praefuisset, cuius individuum quodlibet esse incepit cum non praefuisset. Quia, licet nullum sit hominis individuum quin esse inceperit cum non praefuisset, nullum tamen individuum eius esse 10 incepit quin aliud praefuisset, secundum philosophos. Species autem non habet esse tantum per esse unius sui individui, sed et cuiuslibet alterius. Et ideo, secundum eos, species humana non incepit esse cum penitus non praefuisset. Speciei enim in esse inceptio non solum est ex cuiuslibet eius individui inceptione, cum non praefuisset, sed 15 alicuius eius individui, cum nec ipsum nec aliud illius speciei individuum praefuisset.

Et est ratio dicta similis rationi qua dubitat ARISTOTELES, *quarto Physicorum,* si tempus praeteritum finitum sit. Omne enim tempus praeteritum, sive propinquum sive remotum, est aliquod *tunc*; et 20 quodlibet *tunc* distantiam habet terminatam ad praesens *nunc*; ergo totum tempus praeteritum est finitum. Utraque vero propositionum praedictarum apparet ex ratione ipsius *tunc* quam docet PHILOSOPHUS *quarto Physicorum.* Huius autem rationis solutio apud ARISTOTELEM est quod, licet quodlibet *tunc* sit finitum, quia tamen in tempore est 25 accipere *tunc* ante *tunc* in infinitum, ideo non totum tempus praeteritum est finitum. Compositum enim ex finitis quantitate, numero

6 prima] propria *fors. scrip. D*   7 propositionem] propositum *fors. scrip. A*   8 individuum quodlibet] *inv. C*   8/9 cuius individuum ... praefuisset] *om. D (hom.)*   9 licet] *om. D*   10 inceperit] incepit *A*   12 sui individui] *inv. C*   15 eius individui] *inv. C*   15/16 inceptione ... individui] *om. D (hom.)*   17 praefuisset] primo quidem modo stat inceptio speciei cum eius sempiternitate; secundo vero modo non est sempiterna quomodo species generabilium secundum philosophos esse non inceperunt *add. C*   18 Et] non *add. et exp. A*   Aristoteles] Philosophus *C*   19 tempus] tps *A (abréviation courante)*   praeteritum] finitam (?) *add. et del. C*   finitum sit] *inv. C*   24 apud Aristotelem] apparet Aristoteles *A*   25 licet] *om. C*   in tempore est] est in tempore *A et* BARSOTTI   26 ante] autem *D*   in] *om. AD*   26/27 praeteritum] *om. A*   27 enim] autem *D*

6 proponitur] proposita *leg.* MANDONNET   8/9 cuius ... praefuisset] *om.* MANDONNET *(hom.)*   9 hominis individuum] *inv. B*   11 secundum philosophos] *om. B*   12 cuiuslibet] *om. B*   13 secundum eos] *om. B*   incepit esse] *inv. B*   14/15 Speciei ... eius individui] Speciem enim accipere sic est non solum individuum quodlibet eius incipere cum non praefuisset, sed aliquod eius individuum incipere esse *B (cf. Introduction, p, 52*)*   22 vero] *om. B;* MANDONNET *transcrit ce mot comme étant donné par B*   24 solutio] dissolutio *B*   26/27 praeteritum] *om.* MANDONNET

18/19 ARISTOTELES, *Phys.,* IV, 13, 222 a et sqq.
23/24 ARISTOTELES, *Phys.,* IV, 13, 222 a 27 - 222 b 6.

autem infinitis, infinitum habet esse. Sic etiam, licet nullum sit hominis
individuum quin esse inceperit cum non praefuisset, quia tamen
30 individuum est ante individuum in infinitum, secundum philosophos,
ideo homo, secundum eos, | esse non incepit cum penitus non prae- D f. 141vb
fuisset, sicut nec tempus. Et est simile, quia, sicut tempus praeteritum
habet esse per quodcumque *tunc,* sic et species per esse cuiuscumque
individui.
35   Ad formam autem rationis ut secundo modo proponitur, dicendum
concedendo quod universale nec habet esse nec causari nisi in singularibus, et quod omne ens a Deo causatum est, necnon hominem esse
aliquod ens mundi et a Deo causatum. Sed cum infertur : ergo homo
exivit in esse in aliquo individuo determinato, dicendum est quod
40 haec illatio nulla est ex praemissis, sed seipsam impedit. Accipitur
enim primo quod homo non habet esse nisi in singularibus, nec causari,
et constat quod qua ratione habet esse et causari per unum, et per
alterum. Quare ergo concluditur quod oportet quod homo exierit in
esse in aliquo individuo determinato? Immo, secundum philosophos,
45 ut patet ex dictis, exivit in esse species humana per accidens, generatione individui ante individuum in infinitum, non in aliquo individuo
determinato solum, cum penitus non praefuisset.
    Unde mirandum est de sic arguentibus. Cum enim velint arguere
speciem humanam incepisse per eius factionem, et non sit per se facta,
50 sed factione individui, ut fatentur, ad ostensionem suae intentionis

28 Sic] sicut *AD et* Barsotti   licet] *om. C*   30 in] *om. AD*   31 eos] ipsos *C*
33 esse[1]] *om. A*   35 proponitur] proposita *A*; proponitur *leg.* Barsotti *in A*   37
ens] *om. D*   40 impedit] impendit *A*   Accipitur] excipitur *A*   42 unum] i *add.*
et exp. C   43 quod[1]] l' (= vel) *add. C*   45 ex] *iter. D*   dictis] praedictis *D*
46 in[1]] *om. A*   non] nisi *D*; nihil *leg.* Barsotti *in D*   48 mirandum] mirabile *C*
arguentibus] arguendo *C*   50 individui] individuu *scrip. sed corr. A*

28 Sic] Sicut *leg.* Mandonnet *et* Dwyer   30 est] *om. B*   secundum philosophos]
om. B   31 secundum eos] *om. B*   incepit] incipit *leg.* Mandonnet *et* Dwyer
35 Ad] Demum *praem. B*   autem] *om. B*   proponitur] proposita *leg.* Mandonnet
36 concedendo] *om. B*; Mandonnet *transcrit ce mot comme étant donné par B*   nec[1]]
non *B*   37/38 et quod omne ... causatum] cum etiam dicitur quod omne ens (ens :
sup. lin. al. man.) a Deo causatum est, concedendum, ac etiam hominem esse aliquod
ens mundi et causatum a Deo *B*   40 sed] immo ista ratio *B*
41 nisi] *om.* Mandonnet   44/45 secundum ... dictis] *om. B*   45 exivit] exit et
praem. B   46 non] hoc autem non est eam exire in esse *B*; Mandonnet *transcrit
la leçon A, puis il ajoute simplement la leçon B, sans dire ce qui revient à chaque manuscrit*
49 sit] sic *leg.* Mandonnet *et* Dwyer   facta] factam *B*

A f. 74va deberent declarare non esse generatum individuum | ante individuum
in infinitum. Hoc autem non ostendunt, sed unum falsum supponunt :
quod species humana non possit esse facta sempiterna a Deo nisi
facta sit in aliquo individuo determinato et aeterno, sicut species
caeli facta est aeterna. Et cum in individuis hominis nullum aeternum 55
inveniant, totam speciem incepisse cum penitus non praefuisset
demonstrasse putant, frivola ratione decepti.

Non conamur autem hic oppositum conclusionis ad quam arguunt
D f. 142ra ostendere, sed solum suae rationis defectum, qui | apparet ex prae-
dictis.
                                                                        60

<Capitulum III>

<Utrum universalia sint in particularibus>

Licet autem tertium et quartum superius propositorum non omnino
sint necessaria ad nostrum propositum, quia tamen tanguntur ab eis,
ut praedictum est, aliquantulum disgredientes de eis dicendum.   5

De tertio igitur est videndum si universalia sint in particularibus,
ut accipit praedicta ratio.

Et videtur quod non, cum dicat Aristoteles *secundo De anima*
universalia in ipsa existere anima, et Themistius *ibidem* quod concep-

---

51 ante] autem *D*   52 in] *om. A*   infinitum] non finitum *D*   unum] u-n̄ *scrip.*
C (*fin de ligne et commencement d'une autre*)   53 facta] *om. D*   55 in] *om. C*
hominis] *iter. D*   58 conamur] cognamur *C*   conclusionis] *om. D*   59 defectum]
hic ponit signum novi fol. D 142ra Barsotti   1/2 Capitulum ... particularibus] *suppl.*
4 sint] st' (= sunt) *D*   5 ut ... disgredientes] *om. C*   dicendum] est *add. C*
6 igitur] ergo *D*   videndum] dicendum *C*   8 cum dicat Aristoteles] cum dicatur *C*   9 universalia ... anima] *om. D* (*hom.*); universalia existere in ipsa anima *C*
9 Themistius] temmixius *AC* (*graphie qui revient régulièrement*)   9/10 conceptus]
conceptū (= conceptum) *AD*

51 declarare] ostendere *B*   57 demonstrasse] devenisse *leg.* Mandonnet   frivola
ratione decepti] *om. B*   58/5 Non conamur ... de eis dicendum] *om. B*   6 De
tertio igitur] Secundo *B* (*om. MOE*); Circa naturam universalis *V*   6/7 est videndum ... ratio] quaeritur utrum universalia sint in particularibus *BMOEV*   8 Et]
om. E   videtur] apparet *B*   9 ipsa] *om. M*   9/10 quod conceptus ... universalia]
quod universalia sunt conceptus singularium *V*

8 Aristoteles, *De anima*, II, 5, 417 b 23.
9 Themistius, *In De anima*, III, 5, p. 130, *lin.* 95/96 : « conceptus enim scibilia sunt
quae universalia, quae quidem ipsa colligit et seipsa thesaurizat ». On le voit, Mandonnet
donnait une leçon conforme au texte de Thémistius (*scibilia*). Or cette leçon n'est appuyée
par aucun manuscrit : tous donnent sil'ia (*similia*).

10 tus sunt similia quae universalia, quae in seipsa thesaurizat et colligit anima. Et idem THEMISTIUS, super *principium De anima*, quod genus est conceptus quidam ex tenui singularium similitudine. Conceptus autem sunt in anima concipiente, quare et universalia, cum sint quidam conceptus.

15 Sed contra : universalia sunt res universales; aliter enim de particularibus non dicerentur; ergo ipsa non sunt intus in anima.

Praeterea, res ipsa universalitati subiecta, homo vel lapis, non est in anima. Intentio etiam universalitatis habet esse in eo quod dicitur et denominatur universale. Quare homo et lapis, cum dicantur uni-
20 versalia, in eis est intentio universalitatis. Aut ergo utrumque, res scilicet et intentio, aut neutrum, est in anima; quod si homo et lapis, secundum id quod sunt, non sunt in anima, videtur quod neque secundum quod universalia.

Solutio. Universale, secundum quod universale, non est substantia,
25 sicut vult ARISTOTELES, *septimo Metaphysicae*. Quod et sic patet :

---

10 quae[1]] *om. C et* BARSOTTI   colligit] aut (?) *add. et del. D*   11 Themistius] *om. C*   De anima, quod] *om. C*   12 est] pr' *add. et del. C*   conceptus[1]] conceptū *AD*   Conceptus[2]] f *add. D*   13/14 sint quidam] quaedam sint *AD*; quidem sint *leg.* BARSOTTI *in ACD*   15 Sed] si *AD*   sunt] sint *AD*   res] re *D*   16 ergo] igitur *A et* BARSOTTI   ipsa] *om. C*   intus] *om. C*; interius *leg.* BARSOTTI *in ACD*   17 subiecta] sbā (= substantia) *D*   20 Aut] aut' (= autem) *D*   23 quod] sunt *add. C*   25 sicut vult Aristoteles] ut dicitur *C*   Quod] quae *seu* quo *D*

---

10 similia quae] scibilia quaedam *leg.* MANDONNET (*cf. note en apparat des citations, lin. 9*)   thesaurizat] tesaurizat *O*   colligit] ipsa *add. V*   11 Et] Etiam *M*   Themistius] *om. V*   principium] primum *MO*   12 conceptus quidam] *inv. B*   tenui] tonui *O*   13 et] *om.* MANDONNET   quare ... cum sint] quare ullum sicut *O*   13/14 cum sint quidam conceptus] *om. V*   14 quidam] *om. BMOE*   15 universalia] enim *add. MOE*   universales] naturales *MO*   16 ergo ipsa] quare universalia *BMOEV*   intus] *om. V*; interius *leg.* MANDONNET   in anima] universalia *E*   17 Praeterea] qᵃ (= qua) *E*   subiecta] ut *add. V*   18 universalitatis] universalitas *E*   19 universale] universalia *E*   et[2]] vel *B*   cum] non *MOE*   19/20 cum dicantur ... universalitatis] non sunt universalia si in eis non est intentio universalitatis *V*   20 Aut] autem *M*   ergo] igitur *BMOE*   utrumque] utraque *O*   21 scilicet] *om. BMOE*   25 sicut] secundum quod *E*   Quod et sic patet] et sic patet quod *V*

---

11 THEMISTIUS, *In De anima*, I, 1, pp. 8-9, *lin.* 22/23.
25 ARISTOTELES, *Metaph.*, VII, 13, 1038 b 9.

nam ipsum, secundum quod tale, differt a singulari quolibet. Si igitur secundum quod tale, scilicet universale, esset substantia, tunc in substantia differret a quolibet singulari, et utrumque esset substantia in actu, universale sicut et singulare. Actus autem distinguit. Quare essent universalia substantiae distinctae et separatae a particularibus. ₃₀ Propter quod apud ARISTOTELEM idem fuit universalia esse substantias, et ipsa a particularibus esse separata.

Quod si universale, secundum quod universale, non est substantia, tunc apparet quod in universali sunt duo, scilicet res quae denominatur D f. 142ʳᵇ universalis, ut homo vel lapis, quae non est in anima, et | ipsa intentio ₃₅ universalitatis, quae est in anima; et sic universale, secundum quod tale, non est nisi in anima. Quod sic apparet : non enim aliquid dicitur universale quia communiter et abstracte a particularibus de sua natura, vel opere intellectus, in rerum natura existat; sic enim non de ipsis vere diceretur, cum esset ab eis in esse separatum, nec indi- ₄₀

26 igitur] ergo D   27 scilicet universale] *om.* C   29 distinguit] distinguitur A et BARSOTTI (*qui legit* distinguitur *in* ACDB)   31 apud ... fuit] idem fuit apud Philosophum C; BARSOTTI *signale* idem fuit *comme omis par* C   32 ipsa] *om.* C a particularibus esse] esse a particularibus C   35 universalis, ut homo] homo universalis D; universalis homo A   36 est] sunt C   et] sic universale secundum quod *add. et del.* D   in] al *add. sed exp.* A   39 opere] a parte AD   40 vere] ve D   in esse] vere C

26 nam ipsum] universale BMOEV   secundum quod tale] secundum quod univer- sale MOEV   26/27 Si igitur ... universale] Si igitur (ergo V) universale secundum quod universale BMEV (secundum quod universale : *om.* O)   27 tunc] nunc M 27/28 in substantia differret] esset in substantia differens BMOEV   28 singulari] singularium BMOEV   esset] in *add.* MO   29 universale sicut et singulare] et singulare et universale BMOEV   Actus autem] Et actus BMOE (Et : *om.* MAN- DONNET)   distinguit] distinguitur *leg.* DWYER   30 essent] esset M   essent universalia] *inv.* V   et separatae a particularibus] a particularibus et separatae E 33 Quod si] Et si MOEV   est] esset E   34 sunt duo] *inv.* MOEV ; do O   scilicet] *om.* MO; autem E   35 est] sunt V   36 quae est] et hoc est B (est : *om.* MANDON- NET)   et sic] ita quod BMOEV   37 tale] universale BMOEV   nisi]natura E   aliquid dicitur] *inv.* V   38 quia] quod OE   38/39 sua natura] *inv.* E 39 opere] operatione E   intellectus, in] *om.* O   rerum] *conf.* O   existat] ex ista O   sic enim] quia si de sua natura in (natura in : inter M) esse suo (suo esse MOE, suum esse V) abstractum a particularibus existeret BMOEV   39/40 non ... diceretur] non de eis diceretur BMOE ; non diceretur de eis V   40 in esse] *om.* BMOEV 40/41 nec ... intellectu] et intellectu etiam agente non indigeremus BMOEV

29 Cf. ARISTOTELES, *Metaph.*, VII, 13, 1039 a 7 : « actus enim separat ».
31 ARISTOTELES, *Metaph.*, VII, 13, 1038 b 9.

geremus agente intellectu. Intellectus enim agens non dat rebus aliquam abstractionem in esse a materia individuali vel a particularibus, sed tantum secundum intellectum, ipsarum faciendo intellectum abstractum. Sic ergo hominem vel lapidem esse universalia non est nisi ipsa
45 universaliter et abstracte ab individuali materia intelligi, non ipsa sic in rerum natura existere; quod si abstracte intelligi non habent ista, homo, lapis et similia, nisi in anima, tunc igitur ista sunt in anima secundum quod universalia, cum abstractum eorum intellectum in rebus non existere sit manifestum.
50 Quod etiam in simili videre contingit. Res enim aliqua dicitur intellecta quia sibi accidit esse intellectam sive intelligi; unde, licet ipsa res, secundum id ipsum quod est, sit extra animam, secundum tamen quod intellecta, hoc est quantum ad eius esse intellectum, non est nisi in anima. Quod si universalia esse universalia est ipsa sic
55 intelligi, videlicet abstracte et communiter a particularibus, tunc, secundum quod talia, non sunt nisi in anima. Et hoc est quod dicit

41 agente intellectu] *inv. C*   42 a²] *om.* BARSOTTI   43 ipsarum] ipsorum *C*
44 ergo] igitur *C*   45 et] *om. D*   46 rerum] BARSOTTI *donne ce mot comme omis par D*   47 tunc ... anima] *om. D (hom.)*   53 hoc est] et *C* (BARSOTTI *donne ces mots comme omis par C*)   esse intellectum] *inv. A et* BARSOTTI   55 videlicet] scilicet *C*

41 enim] etiam *BMOEV*   rebus] *om. MOEV*   42 a materia] aliam *V*   a²] *om. MOE*   43 tantum] dat eis abstractionem *add. BMOEV*   ipsarum faciendo] faciendo illarum rerum *BMOEV*   44 Sic] si *B*   ergo] igitur *B*   vel lapidem] *iter. V*   est] aliud *add. V*   44/45 Sic ergo ... abstracte] *om. O (hom.)*.   45 intelligi] intelligibili *E*; et *add. V*   45/46 non ipsa ... intelligi] *om.* MANDONNET *(hom.)*   46/49 quod si abstracte ... manifestum] quod si abstracte intelligi non habent nisi ab anima, eo quod intellectus (*iter.*) non est in rebus ipsis, manifestum (?) est quod universalia in quantum universalia sunt in anima *V*   46 habent] ideo *add. O*; esse *suppl.* MANDONNET *et* DWYER   47 homo] et *add. BO*; vel. *add. ME*   et similia] *om. BMOE*   47/49 tunc igitur ... manifestum] abstractus enim intellectus eorum (illorum intellectus *MOE*) non est in rebus, tunc ista secundum quod universalia, sunt in anima *BMOE* (*cf. Introduction, p. 46*)   50 Quod ... contingit] Et hoc est etiam videre in simili *B*; Et hoc est videre in simili *ME*; Et hoc etiam videtur in simili *O*; Et hoc etiam potest videri in simili *V*   enim] *om. BMOEV*   dicitur] denominatur *BMOEV*   51 intellecta] ab intellectu *E*   quia ... intelligi] quia eius est intellectus et accidit ei intelligi *BMOEV*   51/52 unde ... quod est] ipsa autem res, secundum id ipsum quod est (ipsum quod est *om. MOE*; ipsum *om. V*), licet *BMOEV*   53 quod] est *add. E*   esse] *om. BMOEV*   54 nisi] *om. MOE*   Quod] Quare *V*   esse universalia] secundum quod universalia *MOEV*   55/56 tunc, secundum quod talia] tunc universalia secundum quod universalia *BMOEV*   56 Et hoc est quod dicit] Et hoc etiam dicit *MOEV*; dicit : *om.* MANDONNET   56/58 non sunt universalia ... sunt] *om. O*.

AVERROES, super *tertium De anima*, quod universalia, secundum quod universalia, sunt intellecta tantum. Intellecta autem, secundum quod intellecta, hoc est, quantum ad eorum esse intellectum, sunt in anima tantum. Unde et THEMISTIUS, secundum quod praedictum 60 est, dicit universalia esse conceptus.

Est autem attendendum quod intellectus abstractus et communis D f. 142va alicuius naturae, quamquam sit commune | quid, videlicet communis particularium intellectus, tamen non est commune de ipsis praedicabile A f. 74vb eo | quod abstractum esse habet ab eisdem, sed ipsum quod abstracte 65 communiterque intelligitur et per consequens sic dicitur seu significatur, de particularibus apte praedicatur, cum talis natura in rebus existat. Et sic, quia huiusmodi communiter et abstracte intelliguntur, non sic autem sunt, ideo non secundum intentiones generis atque speciei de praedictis praedicantur.   70

---

57 super] *iter. C*   58 et 59 intellecta] intellectiva *AD et* BARSOTTI   59 est] *om. C*   intellectum] intellectivum *D*   60 et] *om. C*   Themistius] temxius *A*; te⁹ *C*   61 dicit universalia] *inv. DB*   62 intellectus] ast *add. et del. D*   63 alicuius] alic' *C*   64 tamen] non est non est commune *add. sed exp. A*   66 communiterque] communiter quae AD   consequens] 9rᵃus *D*   67 significatur] significat *A*; significatur *leg.* BARSOTTI *in A*   particularibus] particulari *C*   68 existat] consistat *A*   sic] sicut *fors. scrip. D*

---

58 et 59 intellecta] intellectiva *leg.* MANDONNET *et* DWYER   58 tantum] non sic entia sed sic intellecta *add.* BMOEV   Intellecta autem] Quod si intellecta *MOE*; Quare sic intellecta *V*   58/59 secundum quod intellecta] *om. V*   59 hoc est] *om. E* eorum esse intellectum] intellectum eorum *BMOEV*   60/61 secundum quod praedictum est] *om.* BMOEV   61 dicit universalia] *inv. BD*   62/70 Est autem ... praedicantur] Et est attendendum (intelligendum *V*) quod intellectus abstractus et communis alicuius naturae quamquam sit commune quid (quod *MO*, vel *V*, aliquid MANDONNET), sicut communis intellectus particularium, tamen non est commune secundum praedicationem de particularibus, eo quod abstractum esse habet a particularibus. Sed (secundum MANDONNET) ipsum quod abstracte et communiter intelligitur (intellectus *O*), et per consequens sic (sicut MANDONNET) dicitur seu significatur (significat *MO*), de particularibus dicitur (dupliciter *MOE*). Unde (unum *ME*) quia ipsa natura quae communiter (*om. E*) habet dici et intelligi in (de *E*) rebus est, ideo de particularibus dicitur. Quia vero (non *M*, nec *E*) ista abstracte et communiter intelliguntur (intelligatur *ME*), non sic autem sunt, ideo huiusmodi secundum (sunt *O*) intentiones generis et speciei de particularibus non (*om. MOE*) praedicantur (praedicatur *M*; ponuntur *O*) BMOEV

---

57 AVERROES, *In De anima*, III, 18, *lin.* 96/97.
60 THEMISTIUS, *In De anima*, III, 5, p. 130, *lin.* 95/96.

Est etiam intelligendum quod non est necesse ipsum universale
in actu sic prius esse quam intelligatur, | eo quod universale in actu Cf. 117vb
est actu intelligibile. Intelligibilis autem in actu et intellectivi unus
est actus, sicut activi et passivi motus unus, licet esse sit alterum.
75 Sed intelligibile in potentia bene praecedit eius intellectum; sic autem
non est universale nisi in potentia tantum. Propter quod non oportet
universale habere esse universale antequam ipsum intellectu concipia-
tur, nisi in potentia tantum.

QUOSDAM tamen vidimus huius dicti contrarium hac dixisse ratione,
80 quoniam ipsam intelligendi operationem naturali ordine praecedere
videtur obiectum illam causans. Nunc autem universale, secundum
quod universale, motivum est intellectus tamquam obiectum intelligendi causans actum. Propter quod illis visum est quod universale
non est tale ex eo ipso quod sic intelligatur, immo quod naturali

---

71 Est] Et D   etiam] autem C   72 actu] actum A   sic] sit *leg.* BARSOTTI   73
intellectivi] intellectivum *fors. scrip.* D   75 intelligibile] intellectuale (?) A   bene]
unde *fors. scrip.* D; unde *leg.* BARSOTTI   sic] Si D   77 intellectu] intellectum A
79 dixisse ratione] *inv.* C   80 operationem] operam AD *et* BARSOTTI   81 videtur]
om. A (*le scribe a laissé un blanc*)   84 est] *conf.* D

71 Est etiam] Et est etiam B; Et est VO; Etiam est ME   intelligendum] attendendum BMOEV   non est necesse] non necesse est MOE   universale] ulie M (*fere
omnes*)   72 sic] *om.* MOEV   prius esse] esse prius BMOEV (prius : eius *in marg.*
E)   universale] universaliter B   in actu] *om.* O   73 actu intelligibile] intelligibile in actu BMOV (in actu : *om.* E)   Intelligibilis] intellectus V; intelligi
MANDONNET   intellectivi] intellectum ME; intellectivum MANDONNET   unus]
unius MANDONNET   74 unus] *om.* BMOEV   75 Sed] Secundum MANDONNET
bene] unde MANDONNET   praecedit] procedit V *et* MANDONNET   eius] ipsius
MOEV   75/76 sic autem non est] sed tale non est etiam BMOE (etiam : *om.* E);
sed idem etiam non est V; sed tale non est in MANDONNET   76 universale] universali
B; universale *leg.* DWYER *in* B   tantum] *om.* BMOEV   Propter quod] Et ideo
BMOEV   77 universale habere] quod universale habeat BMOEV (universale :
universaliter O)   77/78 ipsum intellectu concipiatur] intelligatur BMOEV   78 tan-
tum] *om.* BMOEV   79 Quosdam ... ratione] Tamen quidam contrarium dixerunt
hac ratione B; Vidimus tamen quosdam contrarium dicentes hac ratione MOE; Vidimus attamen quosdam contrarium dicentes huic V   80 quoniam] quia BMOEV
intelligendi operationem] *inv.* BMOEV (operationem : oppositum E)   80/81 praecedere ... causans] praecedit obiectum causans illum actum BMOEV   81/82 secundum
quod] per hoc quod BMOEV   82 universale] est *add.* V   82/83 tamquam ... actum]
et obiectum causans actum intelligendi BMOEV   83 illis visum est] videbatur eis
BMOEV   84 non est tale ex eo ipso] non est universale ex hoc BMOEV   intel-
ligatur] inteligitur V   84/85 immo ... esse intellectum] immo quod universale naturali
ordine est universale ante suum sic intelligi BMOEV

ordine existat universale ante suum sic esse intellectum, causa illius 85
suimet intellectus.

Huius autem rationis solutio sic apparet. Illa enim ex quibus actus
intellectivi intelligibilisque causatur, quod quidem intellectum est
intellectus in actu, sunt phantasmata et intellectus agens, quae
ordine naturali actum illum antecedunt. Qualiter autem ista duo 90
concurrant ad causandum actum intelligendi, *super tertium De anima*
D f. 142ᵛᵇ requiratur quid ibidem diximus. Sed hic | nobis dicendum est quod
universale non est universale ante conceptum et actum intelligendi,
saltem prout est agentis iste actus, nam intellectus rei qui est in
possibili, cum sit possibilis sicut subiecti, est ipsius agentis ut efficientis. 95
Unde universale non habet formaliter quod ipsum sit tale a natura
quae causat actum intelligendi, sed, ut prius dictum est, hic conceptus
et actus est unde universale habet quod sit tale. Sic ergo universalia,
secundum quod talia, tantum sunt in anima, propter quod nec per se,

85 ordine] *om. A*   ante] aut *AD*; aū *C*   sic] sic̄ (= sicut) *C*   85/86 causa
... intellectus] *om. C*   86 suimet] suum *D*; suimet *leg.* BARSOTTI *in D*   88 in-
tellectum] *fors. scrip. AD*; intellectum BARSOTTI; intellectivum *C*   89 phantasma-
ta] fantasmata *AC*   intellectus agens] *inv. D*   91 concurrant] concurrunt *A*;
concurrant *leg.* BARSOTTI *in A*   92 quid] quod *D*   quid ibidem diximus] *om.*
CB   Sed] unde *C*   hic nobis dicendum est] id nobis quidem est dicendum est *D*;
id nobis quidem dicendum *leg.* BARSOTTI *in D*   93 et] *om. D*   99 nec] neque *AD*
et BARSOTTI

86 suimet] sui *BMOEV*   87 Huius ... apparet] Sed huius solutio est quod *BMOEV*
(quod *om. MEOV*); Sed haec solutio est quod quia MANDONNET   87/90 Illa enim ...
antecedunt] Natura illa unde causatur actus intelligibilis et intellectivi (intellectum *O*;
intllⁱᵐ *E*; intellectus *V*), qui est (cum sit *V*) intellectus in actu (et ista natura *add. V*)
sunt (est *V*) intellectus agens et (cum *V*) phantasma (phantasmata MANDONNET), quae
naturaliter praecedunt illum actum (actum *om. E*) *BMOEV*   90 Qualiter] Quomodo
BMOEV   91 concurrant] concurrunt *V*   91/92 super ... diximus] requirendum
est super tertium De anima *B*; diximus super tertium De anima *MOEV*   92 hic]
hoc *O*   nobis] *om. BMOE*:; nunc *V*   est] *om. BMOE*   94 prout ... actus] ut
(*om. E*) ille actus est agentis *BMOEV*   94/95 in possibili] in intellectu possibili *V*;
impoˡⁱ (= impossibili) *O*   95 est] *om. M*   ipsius] eius *V*; *om. BMOE*   ut] sicut
E; aut ut *V*; nᶜ *seu* uᵗ *M*   96 quod ipsum sit tale] quod sit universale *BMOEV*
97 causat] dāt *M*; causet (?) *V*   sed, ut prius dictum est] immo sicut prius dictum
est *BMOE*; unde sicut dictum est prius *V*   hic] ipse *B* (ille *leg.* DWYER *in B*); iste
MOEV   98 est unde] *om. MOEV*   universale] universalis *V*; universaliter *B*
tale] universale *BMOEV*   Sic ergo] sic igitur *BV*; si *O*   99 talia] universalia
BMOEV   tantum sunt in anima] sunt in anima tantum *BMOEV*   99/100 propter
quod ... natura] propter quod nec (non *MV*) generantur (generatur *OE*; generat *M*) a
natura (*om. V*) in quantum universalia nec per se nec per accidens *BMOEV*

91 Cf. SIGERUS DE BRABANTIA, *Quaestiones in tertium De anima*, q. 14; ci-dessus, p. 48,
lin. 64 sqq.

100 nec etiam per accidens, secundum quod talia, generantur a natura. Illa vero natura quae universaliter intelligitur, et per consequens dicitur, in particularibus est et per accidens generatur.

Ad primum in oppositum dicendum quod universalia esse res universales potest intelligi dupliciter : vel quia universaliter existant, 105 vel quia universaliter intelligantur. Universalia autem non sunt res universales primo modo, scilicet sic quod universaliter in rerum natura existant : tunc enim non essent conceptus animae. Sed sunt ipsa res universales modo secundo, hoc est, universaliter et abstracte intellectae. Propter quod universalia, secundum quod huiusmodi, 110 quia conceptus sunt, de particularibus in quantum talia non dicuntur. Non enim intentio speciei vel generis de ipsis dicitur, sed ipsa natura, quae sic intelligitur, secundum id quod est in se accepta, in anima non est et de particularibus dicitur.

Ad aliud dicendum quod res bene denominatur ab aliquo non in 115 re ipsa existente. Denominatur enim intellecta ab eius intellectu, qui non est in ea, sed in anima. Sic et denominatur universalis ab universali et abstracto eius intellectu, qui quidem est in anima, non autem in re ipsa.

---

105 non] *iter. A*   106 universales] *in marg. D* : 303   primo modo] *inv. C*   107 ipsa] *om. C*   108 secundo] et *add. D*   111 intentio] *om. C*   112 id quod] *inv. D*   114 quod res] *om. D*   116 universalis] et *add. C*   117 intellectu] intellectum *leg.* BARSOTTI *in A*   118 autem] *om. C*

---

101 Illa vero natura] Natura vero *BMOEV*   universaliter] universale *MO*   101/ 102 intelligitur ... dicitur] dicitur et intelligitur *BV* ; didr̄ et intelligitur *M* ; dividitur et intellectus (?) *O* ; et intelligitur : *om. E* ; dicitur et : *om.* MANDONNET   102 est]- existit *V*   generatur] genera *M*   103 primum] quod obicitur *add. V*   dicendum] *om. O*   105 Universalia autem non sunt res] Non sunt autem res *V* ; Non res *MOE*   106 scilicet] *om. BMOEV*   106/107 in rerum natura existant] existant in rerum natura *BMOEV*   107 tunc enim non essent] tunc enim essent *MOE* ; frustra enim essent tunc *V*   ipsa] universalia *BMEV* ; universales universaliter *O*   108 universales] naturales MANDONNET   modo secundo] *inv. BMOEV*   hoc] *om. E*   abstracte] et *add. B*   109 intellectae] intellecta *V* ; intelligere *O*   huiusmodi] universalia *BMOEV*   110 in quantum ... dicuntur] non dicuntur in quantum talia *V*   111 speciei vel generis] generis vel speciei *BM OEV*   ipsis] eis *BMOEV*   natura] *om. V*   113 et] *om. M* ; ista *add. V*   114 denominatur] denominantur *ME*   114/115 non in re] in re non *V*   115 ipsa] *om. BMOEV*   intellecta] intelligentia MANDONNET   intellectu] intellectum *M*   116 ea] re *V*   116/117 ab universali] *om. M*   117 eius intellectu] *inv. BMOEV* (intellectu : intellecta *O*)   117/118 qui quidem ... ipsa] qui non est (est : *om. O*) in ea sed in anima *BMOEV*   118 ipsa] Explicit quaestio domini Aegidii de universalibus *add. E* (quaestio ... universalibus : *al. man.*); Explicit *add. V*

<Capitulum IV>

<Utrum actus duratione vel tempore praecedat potentiam>

Consequenter de quarto videndum est. Manifestum autem est actum ipsam potentiam ratione praecedere, nam et potentia per actum definitur, ut aedificatorem dicimus aedificare potentem. Actus ₅ nihilominus secundario potentia prior est substantia et perfectione in eodem quod de potentia ad actum procedit. Quae quidem enim generatione sunt posteriora, substantia et perfectione sunt priora, D f. 143ʳᵃ cum | generatio de imperfecto procedat ad perfectum, ut scilicet de potentia ad actum. Est etiam tertio actus prior potentia substantia ₁₀ et perfectione secundum quod ipsa considerantur in diversis. Sunt enim priora corruptibilibus sempiterna, substantia et perfectione. Nihil autem sempiternum, secundum quod tale, est in potentia, sed corruptibilibus est admixta potentia.

Sed, quod hic est dubium, quaeritur utrum actus duratione vel ₁₅ tempore praecedat potentiam, aut potentia ipsum actum.

Et videtur quod actus potentiam tempore non praecedat, quia A f. 74ʳᵃ in sempiternis unum tempore vel | duratione non est prius altero. Sed cum actus alicuius speciei et potentia ad illum actum secundum speciem considerantur, utrumque sempiternum est. Semper enim ₂₀

1/2 Capitulum ... potentiam] *suppl.*   4 ratione] *om. C*   per] ipsum *add. C*   7 ad actum] actus *C*   10 actum] ipsum *add. AD et* Barsotti   10/11 substantia et perfectione] perfectione et substantia *AD et* Barsotti   11 secundum] *om. D*   12 substantia] *om. D*   16 aut] a' *A*; vel *CB*   ipsum] *om. CB*

6 secundario] *om. BMO*   7 de potentia ... procedit] procedit de potentia ad actum *MO*   Quae quidem enim] quia quae *BMO*   8 generatione sunt posteriora] sunt generatione posteriora *MO*   perfectione] secundum quod *add. MO*   9 generatio] genere *O*   procedat ad perfectum] ad perfectum procedat *BMO*   9/10 ut scilicet ... actum] et de potentia ad actum *B*; et ipsa procedit de potentia ad actum *MO*   10 Est ... prior] Actus etiam prior est *BMO* (etiam : autem *O*)   11 ipsa] potentia et actus *BMO*   considerantur in diversis] in diversis considerantur *BMO*   11/12 Sunt ... sempiterna] quia sempiterna corruptibilibus (corruptibilis *M*) sunt priora *BMO*   12 substantia et perfectione] *inv. M*; perfectione et scientia *O*   14 sed corruptibilibus] corruptibilibus autem *BMO*   est] *om. MO*   15 Sed ... dubium] *om. B*   hic] *om. MO*   duratione vel] *om. BMO*   16 praecedat potentiam] *inv. BMO*   aut] vel *BMO*   ipsum] *om. BMO*   17 potentiam ... praecedat] tempore non praecedat potentiam *BMO* (potentia *M*)   18 unum ... altero] unum non est prius altero tempore *B*; unum non est tempore *MO*   19 et] in *B*   20 considerantur] considerentur *O*; consideratur Mandonnet

est homo in actu, secundum philosophos, et semper esse potest. Quare actus, secundum speciem acceptus, potentiam tempore non praecedet.

Praeterea, in his in quibus est accipere unum ex alio circulariter in infinitum, non est quod prius sit tempore; sed sperma est ex homine
25 et homo ex spermate in infinitum, secundum philosophos; quare in his non est alterum altero tempore prius. Sicut enim spermate ex quo homo generatur, est alter homo generans prius, sic et hominem generantem, cum et ipse generatus sit, sperma ex quo generatur praecedit.

Praeterea, quod est prius ordine generationis, est prius ordine
30 temporis. Sed potentia prior est actu ordine generationis, cum generatio de potentia ad actum procedat. Quare et ordine temporis.

Praeterea, nulla est ratio, ut videtur, quod actus potentiam tempore praecedat nisi haec, quod potestate ens fit actu per aliquod agens suae speciei existens in actu. Quamvis autem ex hoc sequatur quod
35 actus agentis tempore praecedat actum et perfectionem generati ab illo agente, non tamen ex hoc accidere videtur quod actus generantis tempore praecedat id quod est in potentia ad actum generati. Nec ex hoc etiam actus simpliciter tempore potentiam antecedet, quamquam et aliquis actus aliquam potentiam ad illum actum | praecedere D f. 143ʳᵇ

21/22 Quare actus] quia aptus *D*   22 praecedet] procedet *AC*; praecedet *leg.* Barsotti *in AC*   24 in] *om. D*   sit] sint *seu* sicut *D*   24 ex] ab *DB*   25 homo] est *add. A*   quare] quia *A*   26 tempore prius] *inv. C*   26/28 Sicut enim ... praecedit] *om. C*   28 generatus] generatum Barsotti   29 quod est] ordo est *AD*   prius¹] prima *D*   29/30 est prius² ... generationis] *om. A* (*hom.*)   31 temporis] Ex quo videtur quod actus potentiam tempore non praecedat *add. C et* Barsotti   32 nulla ... videtur] nulla ratio ut videtur est *C*   35 et] potentiam *add. et del. C*   39 ad] et *D*

21 est] *om. BMO*   secundum philosophos] *om. BMO*   esse potest] potest esse homo *BMO*   22 secundum] *om. O*   praecedet] praecedit *BO*; praecedat *M*   24 tempore] tempus *O*   ex] ab *BMO*   25 ex spermate] ospermate *M*; a spermate *O*   secundum philosophos] *om. BMO*   26 enim] a *add. MO*   ex quo] unde *M*; unum *O*   27 homo generatur] *inv. BMO*   sic] sicut *O*   28 generatus sit] *inv. MO*   praecedit] procedit *M*; praecedet *B*   29 Praeterea] prima *M*   30 actu] *om. MO*   31 procedat] praecedat *MO*   et] in *O*   32 est ratio] *inv. MO*   tempore] temporis *O*   33 nisi] *om. MO*   haec] hoc *BO*   fit actu]*inv.* Mandonnet   fit] sit *O*   34 Quamvis autem] Quamvis enim *MO*; Sed quamvis *B*   35 perfectionem] factionem *MO*   generati] generanti *M*   36 tamen] eū *O*   ex hoc] *om. BMO*   accidere videtur] *inv. BMO*   quod] quia *O*   37 est] *om. M*   38 simpliciter tempore] *inv. MO* (temporis *O*)   antecedet] praecedat *MO*; praecedet *B*   39 actus] et *add. O*   39/40 praecedere videatur] praecedat *B*; *om. MO*

videatur. Sicut enim ens in potentia exit in actum per aliquid in actu ₄₀
suae speciei, sic etiam et existens actu in illa specie generatum est ex
aliquo existente in potentia ad actum illius speciei, ita quod, sicut
illud quod est potentia homo fit actu ab actu homine, sic et homo
generans generatur ex priore spermate et potentia homine, sicut
etiam qua ratione gallina ovum tempore praecedit et ovum gallinam, ₄₅
sicut vulgus arguit.

In oppositum est ARISTOTELES, *nono Metaphysicae*. Vult enim ibidem
quod, quamquam in eodem secundum numerum quod de potentia
ad actum procedit, potentia tempore actum antecedat, idem tamen
secundum speciem existens in actu potentiam praecedit.   ₅₀

Praeterea, omne existens in potentia educitur in actum per aliquid
existens in actu, et tandem deducitur, in ordine moventium, ad
movens existens in actu totaliter, quod non prius potestate est aliquid
quam actu. Quare, secundum hoc, actus simpliciter tempore videtur
praecedere potentiam. Et super hac ratione fundatus fuit egregius ₅₅
PHILOSOPHUS, ut iam in huius dissolutione patebit.

Ad evidentiam autem huius quattuor consideranda sunt.

Primum est quod idem numero, aliquando habens esse in potentia
et aliquando in actu, prius tempore potest esse quam sit. Sed quia

---

41 etiam] *iter.* D   actu] actū (= actum) A   43 fit actu ab actu homine] fit ab
actu ab actu homine A ; fit ab actu ab homine D   44 sicut] et *add.* C   45 prae-
cedit] praecedat AD   47 Aristoteles] Philosophus C   49 procedit] procedat A
idem] ita D   51 in²] ad *praem.* AD   aliquid] ad AD   53 prius] est *suppl.*
BARSOTTI   est] ens *cod.*   58 idem numero, aliquando] id nūs alus D

40 ens in potentia] BMO   in actum] ad actum O   41 existens] in *add.* M   in]
ex MO   generatum est] generatur BMO   42 potentia] exit ... in potentia (lin.
40/42) *iter.* O (*hom.*)   42 ita quod, sicut] sicut enim BMO   43 quod est potentia homo] quod potentia MO   43 homo] *om.* MO   44 et] in B   44/45
sicut etiam] ita ut BMO   45 ovum tempore] *inv.* MO (tempus O)   46 sicut]
ut MO   47 ibidem] *om.* BMO   48 quod¹] ut MO ; *sup. lin.* B   eodem] eadem
MO   49 procedit] praecedit MO   antecedat] praecedat M ; praecedit B ; praecedat *leg.* DWYER *in* B   49/50 potentia ... praecedit] *om.* O (*hom.*)   51 in²] ad O
52 deducitur] devenitur BM   52/53 et tandem ... in actu] *om.* O (*hom.*)   55/56
Et super ... patebit] Unde super (sic̄ M) ista ratione (istam rationem O) fuit fundatus Aristoteles, ut iam patebit MO ; *om.* B   57/58 Ad evidentiam ... Primum est]
Solutio. Ergo (hic O) quatuor consideranda sunt. Primum est MO ; Ad huius evidentiam primo considerandum est B ; (est : *om.* O)   58 habens esse] *inv.* MO   59
et] *om.* BMO   sit] sic O

47 ARISTOTELES, *Metaph.*, IX, 8, 1049 b 16-18.

⁶⁰ hanc potentiam praecedit actus in alio, cum omne ens in potentia
ab eo quod est suae speciei aliquo modo vadat ad actum, ideo non est
simpliciter dicere quod potentia tempore actum antecedat.

Secundo considerandum est quod, si tota universitas entium aliquando fuit non ens, sicut voluerunt ALIQUI POETAE, THEOLOGI et
⁶⁵ ALIQUI NATURALES, ut dicit ARISTOTELES *duodecimo Metaphysicae*,
potentia simpliciter ipsum actum praecederet. Et si etiam aliqua
species entis tota, ut species humana, esse incepisset cum numquam
actu praefuisset, sicut QUIDAM se putant | demonstrasse, potentia Df. 143ᵛᵃ
ad actum illius speciei simpliciter ipsum praecederet. Sed utrumque
⁷⁰ eorum est impossibile secundum ARISTOTELEM. Quod apparet de
primo : si enim tota universitas entium aliquando fuisset in potentia,
ita ut nihil in entibus totaliter in actu, semper actu agens et movens,
entia et mundus iam non essent nisi in potentia, et materia per se iret
ad actum, quod est impossibile. Unde vult ARISTOTELES et suus
⁷⁵ COMMENTATOR, *duodecimo Metaphysicae*, quod res tempore infinito
quievisse et postea motum esse, est materiam ex se mobilem esse.
Secundum etiam apparet esse impossibile : quia enim primum movens
et agens semper est actu, non prius potestate aliquid quam actu,
sequitur quod semper moveat et agat, quaecumque non mediante

61 vadat] vadit *AD*   63 Secundo] solutio *A* ; Sᶜ (= sic) *fors. scrip. D*   65 ut dicit
Aristoteles] ut dicitur *C*   68 actu] actum *D*   69 utrumque] utrum *C*   70 est]
om. D   Aristotelem] Philosophum *C*   71 tota] totas *D*   72 actu¹] esset *suppl.*
BARSOTTI   73 potentia] potestate *C*   74 Aristoteles] Philosophus *C*   75 infi-
nito] finito *D*   76 quievisse] convenisse *ACD et* BARSOTTI (*faute facile à expliquer* :
quievisse-9ueĩsse)   77 Secundum] Secundo *D*   78 actu¹] et *add. C*

60 hanc] habeat *O*   61 suae speciei] sua species *MO*   vadat] vadit MANDONNET
non] nec *MO*   62 simpliciter] *inv. MO*   actum] actut *O*   antecedat] praecedat
BMO   63 est] *om. O*   entium] causatorum *add. BMO*   64 fuit] fuerit *MO*
64/65 poetae ... naturales] *om. O*   66 potentia] potentiam *M*   ipsum] *om.*
MO   actum] actus *O*   praecederet] praecedit *O*   67 incepisset] inceperit *MO* ;
inceperet *B*   cum] tum *Mandonnet*   68/69 praefuisset ... simpliciter ipsum] *om.*
MO (*hom. suivant la leçon de leur famille*)   68 se] *om. B*   putant demonstrasse]
inv. B   69 ipsum] actum *B*   praecederet] praeceditur *O*   70 secundum Aris-
totelem] secundum viam Philosophi *MO* ; *om. B*   75 quod] quia *M*   tempore]
tempus *O*   76 ex se mobilem esse] esse mobilem ex se *BMO*   77 Secundum ...
esse] De secundo etiam apparet quod sit *BMO*   78 est] in *add. BMO*

65 IDEM, *Metaph.*, XII, 6, 1071 b 25-29.
74 ARISTOTELES, *Metaph.*, XII, 6, 1072 a 1-5.
75 AVERROES, *In Metaph.*, XII, n. 29 (cité par BARSOTTI).

motu facit, secundum philosophos. Ex hoc autem quod semper est [80] movens et agens, sequitur quod nulla species entis ad actum procedit quin prius praecesserit, ita quod eadem specie quae fuerunt circulariter revertuntur, et opiniones, et leges, et religiones, et alia, ut circulent A f. 75ʳᵇ inferiora ex circulatione superiorum, quamvis circulationis | quorumdam propter antiquitatem non maneat memoria. Haec autem dicimus [85] opinionem PHILOSOPHI recitando, non ea asserendo tamquam vera. Advertendum est autem quod aliqua species entis potest exire in actum cum non esset nisi in potentia, quamquam alias etiam actu fuisset. Quod sic apparet : nam contingit in caelestibus fieri aliquem aspectum et constellationem prius non existentes, quorum effectus [90] C f. 118ʳᵃ proprius | est aliqua species entis in mundo inferiore, quae et tunc causatur, quae tamen et prius non fuerat, sicut et constellatio ipsam causans.

Tertio considerandum est quod, cum accipitur potentia ad actum et actus educens illam potentiam eiusdem rationis in generante et [95] D f. 143ᵛᵇ generato, non | est dicere, in sic acceptis, actum praecedere potentiam simpliciter, neque potentiam actum, nisi actus accipiatur secundum speciem, et potentia propria accipiatur respectu individui. Actu enim homo et actu homo aliquis, utpote generans, tempore praecedit illud

---

81 movens et agens] agens et movens *D*   procedit] procederet *AD et* BARSOTTI
82 quin] q'm *D*   praecesserit] processerit *CB*   eadem] eisdem *AD*   83 et¹]
iter. D   et²] *om. AD et* BARSOTTI   ut] quae *D*   85 Haec] hᶜ *D*   Haec
autem] hea' *C*   86 ea] eam *C*   asserendo] asserando *scrip. sed corr. C*   vera]
veram *C*   88 etiam] esset *add. et exp. A*   89 contingit] convenit *A*   90 aspec-
tum] adspectum *scrip.* BARSOTTI   91 aliqua] spentis *add. et del. D*   92 non] *om.*
ABCD et omnes editores (texte établi d'après MO)   94 considerandum est] *inv. C*
97 neque] nec *C*   98 speciem] species *scrip. sed corr. A*   accipiatur] *om. ACD*;
in *add.* BARSOTTI (*d'après* B)

---

80 motu facit] motus faciat *MO*   secundum philosophos] *om. BMO*   est] *om.*
M   81 et agens] et sic agens *BM*   procedit] praecedit *O*   82 praecesserit]
praecesserat *O*; processerit *B*; processisset MANDONNET   fuerunt] fuerant *O*   83
revertuntur] redeunt *BO*; rederunt *M*   84 circulatione superiorum] *inv. BMO*
circulationis] circulationes *MO*   85 non maneat memoria] memoria non maneat *MO*
86 opinionem Philosophi recitando] secundum opinionem Philosophi *BMO*   non
ea ... vera] *om. MO*   87 est autem] tamen *BMO*   88 alias etiam] *inv. MO*   89
nam contingit] contingit enim *BMO*   90 aspectum] fieri *add. MO*   et] etiam *O*
91 est] *om. MO*   aliqua] alia *M*   in mundo inferiore] hic inferius *BMO*   quae]
quei *O*   92 non] *om. B*   92/93 sicut ... causans] *om. BMO*   94 consideran-
dum] sciendum *M*   potentia] potentiam *O*   97 neque] non *O*   potentiam] potentia *O*   98 potentia propria] *inv. MO*   accipiatur] in *add.* B, BARSOTTI *et*
DWYER   99 tempore] tempus *O*

100 quod est potestate homo generatus. Sed quia in hoc ordine, sicut potentia ens exit in actum per aliquid existens in actu, ut sic quam-cumque potentiam datam actus praecedat, ita etiam omne existens in actu in hac specie de potentia vadit ad actum, ut sic quemcumque actum datum in hac specie potentia praecedat. Ideo neutrum simpli-
5 citer alterum tempore praecedit, sed est unum ante alterum in infini-tum, sicut arguebatur.

Quarto considerandum est quod, quodam ordine moventium et agentium, necesse est illud quod procedit de potentia ad actum devenire ad aliquem actum educentem illam potentiam ad actum, qui actus
10 non habet exire de potentia ad actum. Et ideo, cum omne ens in poten-tia per aliquid in actu suae speciei vadat ad actum, non omne tamen ens in actu et generans procedit de potentia ad actum. Hinc est quod, quocumque ente in potentia ad aliquem actum dato, actus illius speciei aliquo modo, licet non secundum eamdem penitus rationem,
15 illam potentiam tempore antecedit; non autem quocumque ente in actu dato potentia praecedit, ex qua ad actum procedat. Et ideo actus simpliciter tempore dicitur praecedere potentiam, sicut expo-situm est.

Dico autem, sicut expositum est, quia Movens primum, educens
20 ad actum omne ens in potentia, non praecedit tempore ens in potentia

---

100 in] *om.* *A et* Barsotti   3 vadit] aadit *D*   5 tempore] *om. C*   8 procedit] praecedit *AD*   10 habet] potest *C*   ens] existens *leg.* Barsotti *in C*   11 ad] in *scrip. C sed corr. in marg.*   omne] esse *A*   tamen] autem *cod.*   15 tempore] *om. AD*   16 procedat] praecedat *AC*   17 dicitur] debet *A*; dicitur *leg.* Barsotti *in A*   19 sicut] sic *A*; sicut *leg.* Barsotti *in A*

---

100 potestate] peccare *O*; ens *add. B*   Sed] *om. O*   1 potentia] potestate *MO*   1/3 ut sic ... in actu] *om. O (hom.)*   3 potentia] potentiam *M*   ut sic] et sic *MO*   5 tempore] *om. MO*   praecedit] praecedat *MO*   est] cum *O (seu* tamen)   6 sicut] ut *MO*   7 quod, quodam] quodm*ᵃ O*   18 est] *om. MO*   procedit] praecedat *MO*   9 educentem ... actum] *om. MO (hom.)*   11/12 non omne ... ad actum] *om. MO (hom.)*   13 quocumque] quot3 *O (idem lin. 15)*   ente] existente *M*   aliquem actum] *inv. MO*   14 eamdem] eadem *O*   15 antecedit] praecedit *BMO*   16 ad actum procedat] procedat ad actum *B*; praecedat ad actum *MO*   17 dicitur praecedere] praecedit *MO*; debet praecedere Mandonnet   19 Dico ... expositum est] Et dico sicut expositum est *MO*; scilicet *B*   quia] quare *MO*   20 praecedit] procedit *O*

acceptum loco primae materiae. Sicut enim Deus semper est, sic et, apud ARISTOTELEM, potentia homo, cum accipitur ut in prima materia. Movens etiam primum tempore non praecedit ens in potentia cum accipitur ut in propria materia secundum speciem considerata, ut D f. 144ʳᵃ homo in spermate. Numquam enim apud ARISTOTELEM verum | fuit ₂₅ dicere Deum esse, quin esset potentia homo, ut in spermate, vel fuisset. Sed tertio modo a praedictis actus tempore simpliciter potentiam praecedit, quia quocumque ente in potentia, ut in materia propria dato, actus illius potentiae, habens ipsam ad actum educere, tempore antecedit. Non sic autem quocumque ente in actu dato, ₃₀ potentia ad illum actum tempore praecedit, sicut apparet in moventibus primis, educentibus omne ens in potentia ad actum. Utimur autem in praedictis, sicut et ARISTOTELES, moventibus primis tamquam speciebus entium quae ab eis de potentia ducuntur ad actum; et nisi essent huiusmodi entia in actu, quae non exeunt de potentia ₃₅ ad actum, non praecederet simpliciter tempore actus ipse potentiam. Quod designavit ARISTOTELES, *nono Metaphysicae*, dicens actum tempore praecedere potentiam, causam huius subiungens, quia semper

---

21 acceptum] secundum Philosophum acceptum *add. C*　　　et] *om. D*　　　22 Aristotelem] Philosophum *C*　　　23 tempore] tp̄i *D*　　　24 accipitur] exipitur *A*　　　25 Aristotelem] Philosophum *C*　　　26 esse] *om. A*　　　31/32 moventibus primus] *inv. C*　　　32 Utimur] *iter. sed corr. D*　　　33 et] *om. AD et* BARSOTTI　　　34 quae] secundum entia *add. C*; scilicet entia *leg.* BARSOTTI *in C*　　　35 essent huiusmodi entia] entia huiusmodi essent *A et* BARSOTTI; essent entia huiusmodi *D*　　　37 Quod] 304 *in marg. D* designavit] designat *AD et* BARSOTTI　　　Aristoteles] Philosophus *C*　　　38 huius] hic *A et* BARSOTTI (BARSOTTI *leg.* hic *in D*)

21 acceptum ... materiae] cum accipiatur in loco materiae primae *MO*; cum accipiatur ens in potentia loco primae materiae *B* (loco primae *om.* MANDONNET) 21/22 sic et, apud Aristotelem] apud Aristotelem sic et *BMO* (sic iᴅ *O*)　　　22 prima] ipsa *add.* MANDONNET　　　23 tempore] tempus *O*　　　24 secundum speciem considerata] considerata secundum speciem *BMO*　　　25 homo] *om. MO*　　　fuit] *om. MO* 26 quin] qui *O*　　　27 a] ad *M*　　　tempore simpliciter] *inv. MO*　　　28/29 materia propria] *inv. MO*　　　29 ad actum educere] educere ad actum *BMO*　　　30 antecedit] praecedit *B*; praecessit *MO*　　　30/31 Non sic autem ... praecedit] *om. MO* (*hom.*)　　　32 Utimur] unmʳ *M*　　　33 et] etiam *leg.* MANDONNET *et* DWYER　　　34 entium] rerum *B*; eorum *MO*　　　quae ab eis ... ad actum] quae educuntur de potentia ad actum ab his *BMO*　　　35 actu] actum *O*　　　36 ipse] *om. BMO*　　　38 causam] tamen *O*　　　huius] *om. BMO*

---

37 ARISTOTELES, *Metaph.*, IX, 8, 1050 b 3-6.

accipitur actus alius ante alium, usque ad eum qui est semper Movens
40 primum.

Per hoc patet solutio rationum in oppositum.

Ad primam ergo dicendum est quod ens in potentia non est sempiternum nisi cum accipitur ut in prima materia. Acceptum enim in
propria materia, secundum quam aliquid proprie dicitur esse in poten-
45 tia, ut docetur dicto *nono Metaphysicae*, novum est, nisi fuerit secun-
dum speciem acceptum. Sicut enim nihil generatum | corruptibile A f. 75ᵛᵃ
est tempore infinito, ita nihil generabile non genitum est tempore
infinito, cum generabile fuerit acceptum ut in materia propria et
loco generationi propinquo, ut dicit COMMENTATOR super *primum*
50 *De caelo.*

Ad secundum dicendum est quod, sicut dictum est, in ordine gene-
rantium existentium in actu, quae etiam procedunt de potentia ad
actum, non est ens in actu ante ens in potentia, sed unum ante aliud
in infinitum, secundum PHILOSOPHUM. Quia tamen omne ens in
55 potentia, essentiali ordine moventium et agentium, tandem venit
ad aliquid existens in actu quod non exit de potentia ad actum, hinc
est quod propter | illum ordinem actus simpliciter dicitur praecedere D f. 144ʳᵇ
ipsam potentiam.

Ad tertium dicendum quod bene probatur in eodem secundum

39 actus] allt⁹ *add. sed del.* D   ante] alñ (= aliquando) D   Movens] moventis
codd.   42 primam] primum *corr.* BARSOTTI (*lectio B*)   ergo] *om.* C   est¹] *om.*
CB   est²] in *add.* D   44 propria materia] *inv.* AD *et* BARSOTTI   45 dicto] *om.*
CB   46 nihil] ut D   48 acceptum] assumptum *leg.* BARSOTTI *in* C   49 super]
supra C   51 est¹] *om.* CD   52 actu] actum C   53 in¹] *om.* C   56 exit] egit AD
57 dicitur] debet A; dicitur *leg.* BARSOTTI *in* A   59 dicendum] est *add.* D   se-
cundum] *om.* AD

39 ante alium] *om.* O; alñ (aliquando) alium M   Movens] B, MANDONNET *et* DWYER
41 Per hoc] autem *add.* MO   patet] apparet BMO   rationum] ad rationes BMO
42 primam] primum BMO   ergo dicendum est] *om.* MO; est : *om.* B   ens]
est O   43 prima materia] *inv.* MO   44 proprie] *om.* MO   45 docetur] docet
MO   dicto] *om.* BMO   fuerit] fuit M   46 nihil] *in marg.* M   47 est¹] *om.*
MO   genitum] generatum B *et* MANDONNET; genitum *leg.* DWYER *in* B   est] *om.*
MO   tempore] tempus O   48 fuerit] tempore *add.* MO   49 generationi pro-
pinquo] *inv.* BMO   50 De caelo] Caeli et mundi BMO   51 est¹] *om.* MO *et*
DWYER   51/52 generantium] generationum O   53 ante] qñ (= quando) O
54 secundum Philosophum] *om.* BMO   tamen] cum (*en toutes lettres*) O   55 tan-
dem] tandū M   56 ad] *om.* O   58 ipsam] *om.* BMO (MANDONNET *et* DWYER
transcrivent ce mot comme donné par B)   59 probatur] quod *add.* BMO

45 ARISTOTELES, *Metaph.*, IX, 7, 1049 a 12-18.
49/50 AVERROES, *In De caelo*, I, n. 121 (cité par BARSOTTI).

numerum procedente de potentia ad actum, potentiam actum ante- 60 cedere; nihilominus tamen ante illud ens in potentia est aliud in actu suae speciei, educens ipsum de potentia ad actum.

Ad ultimum dicendum quod bene dicitur actus praecedere potentiam, ideo quia omne ens in potentia exit in actum per aliquid existens in actu. Nec obstant illa duo quae opponuntur. Primum non, quia 65 ens in actu, educens illud quod est in potentia ad actum, non tantum tempore praecedit actum in generato, sed et potentiam propriam ad actum generati, eo quod non tantum actus generati est a generante, sed et ens in potentia ad actum generati est etiam a generante, ut semen ab homine. Et universaliter propriae materiae sunt ex primo 70 movente, educente unumquodque de potentia ad actum. Secundum etiam quod opponebatur non obstat, sicut apparet ex praedictis. Licet enim in ordine moventium in quo arguitur sit accipere ante ens in actu ens in potentia ex quo procedat ad actum, sicut et ante ens in potentia ens in actu, quod ipsum de potentia ad actum educat, 75 tamen in alio ordine moventium necesse est accipere ens in actu educens illud quod est in potentia ad actum, cum ipsum non praecedat ens in potentia ex quo fiat, ut visum est ex iam dictis.

Explicit tractatus Magistri Sigeri de Brabantia super quadam ratione ab aliquibus reputata generationem hominum tangente, ex 80 cuius generationis natura putant se demonstrasse mundum incepisse, licet neque hoc, neque eius oppositum sit demonstrabile, sed fide tenendum quod inceperit.

60 actum] ipsum *add. AD et* Barsotti   60/61 antecedere] praecedere *C*   61 tamen ante] cum autem *AD*; tamen ante *leg.* Barsotti *in A*   63 bene] unde *fors. scrip. D*   65 actu] actum *D*   obstant] obstat *A*   non] *om. D*   66 tantum] tñ (tamen) *D*   69 et ens in potentia] *iter. A*   72 etiam] *om. A et* Barsotti   opponebatur] proponebatur *AD*   praedictis] dictis *C* (*et non pas D, comme le dit* Barsotti)   73 sit] sic *ACD* (Barsotti *leg.* sic *etiam in B*)   74 procedat] praecedat *D*   75 actu] actum *D*   76 alio ordine]*inv. C*   necesse] necessario *D*   ens] *om. A*   77 illud] *iter. C*   ipsum] actum *add. A*, Mandonnet *et* Barsotti   79/83 Explicit ... inceperit] *om. A*, Barsotti *et* Mandonnet; *cf. incipit de D*

60 procedente] quod procedit *BMO*   60/61 potentiam actum antecedere] potentia actum praecedat *BM* (praecedet *leg.* Mandonnet); potentia actum : *om. O*   61 ante] *in marg. O*   aliud] illud *M*   66 tantum] tanto *MO*   67 tempore] iṗi *O*   actum] actu *O*   et] etiam *M*; in *O*   69 et] etiam *MO*   69/70 ut semen] et se inde *M*; et semen *O*   70 Et] *om. MO*   71 educente] aducente *O*   73 enim] non *MO*   ante] añs *M*   75 actu] actum Mandonnet   76 tamen] cum *O*   alio] aliquo *O*   77 educens] *om. MO*   cum] tamen *M*   78 ens] ent *O*   ex iam dictis] *om. BMO*   79/83 Explicit ... inceperit] *om. BMO*.

TABLES

TABLE DES SOURCES

Cette table comprend deux types de renseignements concernant les textes latins édités. D'abord les sources *explicites*, citées expressément par Siger (au moins par le nom de l'auteur). Ensuite, les sources *implicites* ou probables et d'autres références d'intérêt historique, données dans l'apparat des citations. Dans le cas du *De aeternitate* cette distinction n'a pas été nécessaire.

Quaestiones in tertium De anima

Sources explicites

com. 20 : 2, 34, 42, 43, 49, 52, 54.
com. 37 : 52.
In Metaphysicam
L.   II. com.   1 : 36, 42.
L.   IV, com.   8 : 36.
L.   V, com.   1 : 34.
L.   XII, com. 36 : 62, 64.
Locus non inventus : 15.
AVICENNA
   De anima : 27.
BOETHIUS
   De Trinitate : 19.

De hebdomadibus : 19.
In Praedicam. : 22, 65.
De consolatione : 64.
In Porphyr. Isagoge : 65.

DIONYSIUS
   De divinis nominibus : 19.
   Liber de causis : 44, 63.

PLATO
   Timaeus : 17, 67.
   Meno : 35, 67.
   Phaedo : 67.

Sources implicites et références historiques

ALBERTUS MAGNUS
   De anima : 2.
ALEXANDER DE HALES
   Summa fratris Alexandri : 19.
AGOSTINO NIFO
   De intellectu : 52, 57, 59.
AUGUSTINUS
   De Gen. ad litteram : 33.
ARISTOTELES
   Topica : 33.
   De caelo, I, 9 : 26.
   De gener. anim., II, 1 : 26.
   De anima, I, 1 : 47.
            II, 4 : 26.
   De sensu et sensato : 38.
   Metaphysica
   L.   I, c.   6 : 67.
   L.   III, c.   3 : 26.
   L.   IV, c. 3 : 36.
   L.   XII, c.   8 : 26.
AVERROES
   In Physicam : 26.
   In De caelo : 26.
   In De anima
   L.   II, com. 34 : 26.
            com. 150-156 : 50.
   L.   III, com.   1 : 47.
            com.   5 : 11, 26, 28, 48.
            com. 18 : 37, 47, 48, 49.
            com. 19 : 12, 47, 59.
            com. 20 : 29, 47, 49, 59.
            com. 31 : 34.

AVICENNA
   Metaphysica : 33.
BONAVENTURA
   In Sententias : 5, 38.
GILBERTUS PORRETANUS
   In Boeth. De hebdomadibus : 19.
GREGORIUS DE NYSSA : 33.
IOANNES DE IANDUNO
   De anima : 37.
ODO RIGALDUS : 19.
PHILIPPUS CANCELLARIUS : 19.
ROLANDUS DE CREMONA : 19.
SIGERUS DE BRABANTIA
   De aeternitate mundi : 18.
THOMAS DE AQUINO
   In Sententias
   II, d.   3, q. 1, a. 1 : 22.
   II, d.   3, q. 1, a. 4 : 26.
   II, d.   9, a. 2   : 42.
   II, d. 28, a. 5   : 42.
   IV, d. 44, q. 3, a. 2 : 33.
   Contra Gentiles
   L. II, c. 75 : 42.
   L. II, c. 77 : 38.
   Summa theologiae
   I, q.   29, a. 1 : 22.
   I, q.   47, a. 2 : 26.
   I, q.   64, a. 4 : 33.
   I, q.   79, a. 4 : 38.
   I, q.   85, a. 1 : 19.
   I, q. 117, a. 1 : 42.
   I, q. 118, a. 3 : 2, 5.

De anima intellectiva

Sources explicites

Sources implicites et références historiques

THEMISTIUS
In De anima : 70, 72, 75, 77, 88.
Théologie d'Aristote : 100.
THOMAS DE AQUINO
De unitate intellectus
par. 3-4   : 78.
par. 11   : 81.
par. 37-38 : 79, 102.
par. 41   : 100.
par. 60-61 : 72.
par. 62   : 77.
par. 80   : 78.
par. 90   : 107.
par. 91   : 108.
par. 95   : 108.

par. 99   : 101.
par. 100   : 103.
par. 103   : 105.
par. 105   : 103.
par. 117   : 104, 107.
par. 119   : 107.
par. 120   : 107.
De substantiis separ. : 93.
Q. de anima : 79, 102, 108.
Q. de spir. creaturis : 102, 103, 108.
Q. de potentia : 94.
Summa theologiae : 84, 102.
In De anima : 72, 76, 77.
In Metaphysicam : 94.

De aeternitate mundi

ARISTOTELES
Physica : 118.
De anima : 120.
Metaphysica : 116, 121, 122, 130, 131, 134, 135.
AVERROES
In De caelo : 135.

In De anima : 124.
In Metaphysicam : 131.
SIGERUS DE BRABANTIA
Q. in tertium de anima : 126.
THEMISTIUS
In De anima : 120, 121, 124.

Nous joignons à la *Table des sources* la liste des auteurs modernes cités dans les apparats :

Bardenhewer O., 44, 63.
Barsotti R., 114-136.

Cappelli A., 114.

da Palma G., 1-69 passim.
Duin J. J., 4-8.
Dwyer W. J., 116-135 passim.

Forest A., 106.

Giele M., 1-69 passim.

Jammy, 39.

Keeler L. W., 110.

Lottin O., 19.

Mandonnet P., 71, 81, 114-136 passim.
Marlasca A., 93.

Nardi B., 2, 3, 52, 57, 59.

Pelzer A., 39, 63, 65, 110.

Saffrey H. D., 44.

Van Riet S., 27.
Van Steenberghen F., 4, 55.
Verbeke G., 70.

INDEX DES NOMS DE PERSONNES

Cet index ne concerne que les noms des personnes mentionnées dans l'*Avant-Propos* et dans l'*Introduction*. L'astérisque propre à la pagination de l'*Introduction* n'est pas repris ici.

TABLE BIBLIOGRAPHIQUE

Cette table comprend uniquement les ouvrages et les articles cités au cours du volume.

[AEGIDIUS ROMANUS], *Errores philosophorum*, éd. J. KOCH, *Giles of Rome...* (1944).

[ALBERTUS MAGNUS], *B. Alberti Magni... opera omnia*, cura ac labore Augusti BORGNET. Paris, 1890-1899.

— *De anima*, edidit Clemens Stroick O.M.I. (*S. Doctoris Eccl. Alberti Magni... opera omnia*. Inst. Alberti Magni Coloniense, B. Geyer praeside, t. VII, 1). Münster (W.), 1968.

— *Liber de natura et origine animae*, edidit B. Geyer (*S. Doctoris Eccl. Alberti Magni... opera omnia*, t. XII). Münster (W.), 1955.

[ARISTOTELES], *Aristoteles graece, ex recensione Bekkeri*. Ed. Academia regia Borussica. Berlin, 1831.

— *Aristoteles Latinus*. Codices descripsit G. LACOMBE, in societatem operis adsumptis A. BIRKENMAJER, M. DULONG, A. FRANCESCHINI. Supplementis indicibusque instruxit L. MINIO PALUELLO (Union Académique Internationale. Corpus Philosophorum Medii Aevi). *Pars Prior*, Rome, 1939 (altera impressio, Bruges-Paris, 1957). *Pars Posterior*, Cambridge, 1955. *Supplementa altera*, ed. L. MINIO PALUELLO, Bruges-Paris, 1961.

[AUGUSTINUS], *Opera omnia*, éd. J.P. MIGNE (P.L., tt. 32-46).

[AUGUSTINUS NIPHUS SUESSANUS], *De immortalitate*, Venetiis, 1518.

— *De intellectu*, Venetiis, 1503.

— *De anima*, Venetiis, 1522.

[AVERROES], *Aristotelis opera cum Averrois commentariis*. Venetiis, 1562-1574.

— *Averrois Cordubensis Commentarium magnum in Aristotelis de anima libros*, recensuit F. Stuart CRAWFORD (Corpus commentariorum Averrois in Aristotelem, Versionum Latinarum vol. VI, 1). Cambridge (Mass.), 1953. (Nous employons toujours cette édition pour les citations d'Averroès).

— *Averrois Cordubensis Compendia librorum Aristotelis qui Parva naturalia vocantur*, recensuit A.L. SHIELDS, adiuvante H. BLUMBERG (CCAA, Versionum Latinarum vol. VII). Cambridge (Mass.), 1949.

[AVICENNA], *Avicenne perhypatetici philosophi ac medicorum facile primi opera in lucem redacta*. Venetiis, 1508.

— *Liber de anima seu sextus de naturalibus IV-V*. Ed. critique de la traduction latine médiévale par S. VAN RIET (Avicenna latinus). Louvain-Leiden, 1968.

BARSOTTI R., *Sigeri de Brabantia De aeternitate mundi* (Opuscula et textus, Series scholastica, XIII). Münster (W.), 1933.

BAZAN B., *Autour de la controverse sur la nature de l'âme au XIIIe siècle*. Thèse présentée en vue de l'obtention du grade de docteur en philosophie. Louvain, 1967. (Dactylographie.)

— *La noétique de Siger de Brabant*. Thèse présentée en vue de l'obtention du grade de docteur en sciences médiévales. Louvain, 1971. (Dactylographie.)

BIDEZ J. et DRACHMANN A.B., *Emploi des signes critiques. Disposition de l'apparat dans les éditions savantes de textes grecs et latins*. Ed. nouvelle par A. DELATTE et A. SEVERYNS (Union académique internationale). Bruxelles-Paris, 1938.

[BONAVENTURA], *Doctoris Seraphici S. Bonaventurae... opera omnia*. Quaracchi, 1882-1902.

BRUNI G., *Egidio Romano antiaverroista*, dans *Sophia*, 1933 (1), 208-219.

— *Una inedita « Quaestio de natura universalis » di Egidio Romano (Con un saggio di cronologia Egidiana)* (Collezione di testi filosofici inediti e rari, 2). Naples, 1935.

— *Le opere di Egidio Romano*. Florence, 1936.

— *De codice Ottoboniano latino 2165*, dans *Analecta Augustiniana*, 1939 (17), 158-161.

CHENU M.D., *Introduction à l'étude de saint Thomas d'Aquin* (Univ. de Montréal, Publications de l'Institut d'études médiévales, XI). Montréal-Paris, 2e éd., 1954.

COXE H.O., *Catalogus codicum manuscriptorum latinorum qui in Collegiis Aulisque Oxoniensibus hodie asservantur*, vol. I. Oxford, 1852.

D'ALVERNY M.-Th., *Avicenna latinus II*, dans *Archives d'histoire doctrinale et littéraire du moyen âge*, 1962 (XXIX), 217-233.

DA PALMA CAMPANIA G., *L'immaterialità dell'anima intellettiva in Sigieri di Brabante*, dans *Collectanea Franciscana*, 1954 (24), 285-302.

— *La dottrina sull'unità dell'intelletto in Sigieri di Brabante* (Il pensiero medioevale, V). Padova, 1955.

— *L'origine delle idee secondo Sigieri di Brabante*, dans *Sophia*, 1955 (23), 289-299.

— *L'eternità dell'intelletto in Aristotele secondo Sigieri di Brabante*, dans *Collectanea Franciscana*, 1955 (25), 397-412.

— *La conoscenza intellettuale del singolare corporeo secondo Sigieri di Brabante*, dans *Sophia*, 1958 (26), 62-74.

DELHAYE Ph., *Siger de Brabant. Questions sur le Physique d'Aristote* (Les Philosophes Belges, XV). Louvain, 1941.

DELISLE L., *Le cabinet des manuscrits de la Bibliothèque Nationale*, 2 vol. Paris, 1868-1881.

DENIFLE H. et CHATELAIN A., *Chartularium Universitatis Parisiensis*, vol. I. Paris, 1889.

DE RAEDEMAEKER J., *Une ébauche de catalogue des commentaires sur le De anima parus aux XIIIᵉ, XIVᵉ et XVᵉ siècles*, dans *Bulletin de la S.I.E.P.M.*, 1963 (5), 149-183.

DONDAINE A., *Abréviations latines et signes recommandés pour l'apparat critique des éditions de textes médiévaux*, dans *Bulletin de la S.I.E.P.M.*, 1960 (2), 142-149.

DONDAINE A. et BATAILLON L.J., *Le manuscrit Vindob. lat. 2330 et Siger de Brabant*, dans *Archivum Fratrum Praedicatorum*, 1966 (XXXVI), 153-261.

DUIN J. J., *La doctrine de la Providence dans les écrits de Siger de Brabant* (Philosophes médiévaux, III). Louvain, 1954.

DWYER W.J., *Le texte authentique du « De aeternitate mundi » de Siger de Brabant*, dans *Revue Néoscolastique de Philosophie*, 1937 (53), 44-66.

— *L'opuscule de Siger de Brabant « De aeternitate mundi »*. Louvain, 1937.

FOREST A., *La structure métaphysique du concret selon saint Thomas d'Aquin*, 2e éd. (Études de philosophie médiévale, 14). Paris, 1956.

[FRANCISCUS DE SILVESTRIS, FERRARIENSIS], *Commentaire sur la Somme contre les Gentils* (fragments dans B. NARDI, *Sigieri...* 1945).

FRANKLIN A., *La Sorbonne, ses origines, sa bibliothèque. Les débuts de l'imprimerie à Paris et la succession de Richelieu*. Paris, 2e éd., 1875.

GIELE M., VAN STEENBERGHEN F., BAZAN B. C., *Trois commentaires anonymes sur le Traité de l'âme d'Aristote* (Philosophes médiévaux, XI). Louvain, 1971.

GLORIEUX P., *Un recueil scolaire de Godefroid de Fontaines*, dans *Recherches de théologie ancienne et médiévale*, 1931 (3), 37-53.

— *Répertoire des maîtres en théologie de Paris au XIIIᵉ siècle*, 2 vol. (Études de philosophie médiévale, 17-18). Paris, 1933-1934.

GRABMANN M., *Mittelalterliches Geistesleben*, 3 vol. Munich, 1926-1936-1956.

GRAIFF C. A., *Siger de Brabant. Questions sur la Métaphysique* (Philosophes médiévaux, I). Louvain, 1948.

HOCEDEZ E., *Aegidius Romanus. Theoremata de ente et essentia*. Louvain, 1930.

— *La vie et les œuvres de Pierre d'Auvergne*, dans *Gregorianum*, 1933 (14), 3-36.

[IOANNES DAMASCENUS], *De fide orthodoxa*, ed. E. BUYTAERT, Louvain, 1955.

[IOANNES DE IANDUNO], *Super libros Aristotelis De anima subtilissimae quaestiones*. Venetiis, 1587.

KEELER L. W., *Sancti Thomae Aquinatis Tractatus de unitate intellectus contra averroistas*. Editio critica (Textus et documenta, Series Philosophica, 12). Rome, 1936; editio altera, 1957.

— *Ex Summa Philippi Cancellarii Quaestiones de anima* (Opuscula et textus. Series Scholastica, XX). Münster (W.), 1937.

KOCH J., *Giles of Rome. Errores Philosophorum.* Critical Text with notes and introduction. Milwaukee (Wisc.), 1944.

KUKSEWICZ Z., *De Siger de Brabant à Jacques de Plaisance* (Institut de philosophie et de sociologie de l'Académie polonaise des sciences). Wroclaw-Varsovie-Cracovie, 1968.

LOTTIN O., *Psychologie et morale aux XIIe et XIIIe siècles. I. Problèmes de psychologie.* Louvain-Gembloux, 1942.

MACRAY W. D., *Catalogi codicum manuscriptorum Bibliothecae Bodleianae Oxoniensis. Pars IX, Codices a viro clarissimo Kenelm Digby, Eq. Aur., anno 1643 donatos complectens adiecto indice nominum et rerum.* Oxford, 1883.

MANDONNET P., *Siger de Brabant et l'averroïsme latin au XIIIe siècle* (Collectanea Friburgensia, VIII). Fribourg (Suisse), 1899. Deuxième édition, 2 vol. (Les Philosophes Belges, VI-VII). Louvain, 1911-1908.

MARLASCA A., *Las « Quaestiones super librum de causis » de Siger de Brabante.* Disertación presentada para la obtención del grado de doctor en filosofía. Louvain, 1970. (Dactylographie.)

— *Les Quaestiones super librum de causis de Siger de Brabant* (Philosophes médiévaux, XII). Louvain-Paris, 1972.

MOGENET J., *Autolycus de Pitane. Histoire du texte, suivie de l'édition critique des traités De la sphère en mouvement et Des levers et couchers* (Université Catholique de Louvain. Recueil de travaux d'histoire et de philologie, 3e série, fasc. 97). Louvain, 1950.

NARDI B., *Due opere sconosciute di Sigieri di Brabante*, dans *Giornale critico della filosofia Italiana*, 1943 (24), 1-27. Reproduit dans *Sigieri di Brabante...* (1945), 39-90.

— *Sigieri di Brabante nel pensiero del Rinascimento Italiano.* Rome, 1945.

— *Note per una storia dell'averroismo latino*, dans *Rivista di storia della filosofia*, 1947 (2), 134-140, 197-220; 1948 (3), 120-122; 1949 (4), 1-12.

— *Studi di filosofia medievale.* Rome, 1960.

NIGLIS A., *Siger von Courtrai. Beiträge zu einer Würdigung.* Fribourg, 1903. Dissert.

PELSTER F., *Die Bibliothek von Santa Caterina zu Pisa, eine Büchersammlung aus den Zeiten des hl. Thomas von Aquin*, dans *Xenia Thomistica* III, Rome, 1925.

— *Handschriftliches zur Ueberlieferung der Quaestiones super libros Metaphysicorum und der Collationes des Duns Scotus*, dans *Philosophisches Jahrbuch*, 1930 (43), 474-487.

PELZER A., *Codices Vaticani latini*, tomus II, Pars Prior. Rome 1931.

[PHILIPPUS CANCELLARIUS], *Summa de bono*, fragments dans L. KEELER, *Ex summa Philippi...* (1937).

POTVIN A., *Siger de Brabant*, dans le *Bulletin de l'Académie Royale des Sciences, des Lettres et des Beaux-Arts de Belgique*, 47e année, 2e série, t. 45. Bruxelles, 1878.

POWICKE F. M., *The Medieval Books of Merton College*. Oxford, 1931.

ROLAND-GOSSELIN M. D., *Le « De ente et essentia » de S. Thomas d'Aquin*. Texte établi d'après les manuscrits parisiens. Introduction, notes et études historiques (Bibliothèque thomiste, VIII). Paris, 1926. Reproduction photomécanique, Paris, 1948.

SAFFREY H. D., *Sancti Thomae de Aquino super librum de causis expositio* (Textus philosophici Friburgenses 4/5). Fribourg-Louvain, 1954.

SAJÓ G., *Boèce de Dacie et les commentaires anonymes inédits de Munich sur la Physique et sur la Génération attribués à Siger de Brabant*, dans *Archives d'histoire doctrinale et littéraire du moyen âge*, 1958 (25), 21-58.

[SIGERUS DE BRABANTIA], *Sex Quaestiones naturales* (Lisbonne). Ed. F. STEGMÜLLER, *Neugefundene Quaestionen...* (1931).

— *Quaestiones in Physicam*. Ed. A. ZIMMERMANN, *Die Quaestionen...* (1956).

— *Quaestiones in Metaphysicam*. Ed. C. A. GRAIFF, *Siger...* (1948).

— *Quaestiones super librum de causis*. Ed. A. MARLASCA, *Les Quaestiones...* (1972).

— *De necessitate et contingentia causarum*. Ed. J. .J DUIN, *La doctrine de la Providence...* (1954).

STEGMÜLLER F., *Neugefundene Quaestionen des Siger von Brabant*, dans *Recherches de théologie ancienne et médiévale*, 1931 (III), 158-182.

[THEMISTIUS], *Paraphrasis eorum quae De anima Aristotelis*. Ed. G. VERBEKE, *Thémistius ...* (1957). (Nous employons toujours cette édition dans nos citations).

[THOMAS DE AQUINO], *Sancti Thomae Aquinatis Doctoris Angelici opera omnia iussu edita Leonis XIII P.M.* Rome, 1882 ss.

— *In octo libros Physicorum Aristotelis expositio*, cura et studio P. MAGGIOLO. Turin, Marietti, 1954.

— *In Aristotelis librum De anima commentarium*, cura et studio A. M. PIROTTA. Turin, Marietti, 1959.

— *In duodecim libros Metaphysicorum Aristotelis expositio*, editio iam a M. R. CATHALA O.P. exarata retractatur cura et studio P. Fr. R. M. SPIAZZI O.P. Turin, Marietti, 1964.

— *Quaestiones disputatae De veritate, De potentia, De anima, De spiritualibus creaturis*, dans *S. Thomae Aquinatis Quaestiones disputatae*, 2 vol. cura et studio P. BAZZI, M. CALCATERRA, T. S. CENTI, E. ODETTO, P. M. PESSION. Turin, Marietti, 1953.

— *Opuscula philosophica*, cura et studio Fr. R. M. SPIAZZI. Turin, Marietti, 1954.

— *De ente et essentia*. Ed. M. D. ROLAND-GOSSELIN, *Le « De ente et essentia »* ... (1948).

— *De unitate intellectus contra averroistas*. Ed. L. W. KEELER, *Sancti Thomae Aquinatis...* (ed. altera, 1957). (Nos références sont faites à cette édition).

VAN DE VYVER E., *Henricus Bate. Speculum divinorum et quorundam naturalium* (Philosophes Médiévaux, IV). Louvain, 1960.

VAN RIET S., *Avicenna. Liber de anima seu sextus de naturalibus IV-V*. Édition critique de la traduction médiévale. Introduction sur la doctrine psychologique d'Avicenne par G. VERBEKE (Avicenna latinus). Louvain-Leiden, 1968.

VAN STEENBERGHEN F., *Siger de Brabant d'après ses œuvres inédites*, 2 vol. (Les Philosophes Belges, XII-XIII). Louvain, 1931-1942.

— *La philosophie au XIIIe siècle* (Philosophes médiévaux, IX). Louvain, 1966.

VERBEKE G., *Thémistius. Commentaire sur le Traité de l'âme d'Aristote* (Corpus latinum commentariorum in Aristotelem graecorum, I). Louvain, 1957.

WALZ A., *Saint Thomas d'Aquin*. Adaptation française par P. NOVARINA (Philosophes médiévaux, V). Louvain, 1962.

ZAVALLONI R., *Richard de Mediavilla et la controverse sur la pluralité des formes*. Textes inédits et étude critique (Philosophes médiévaux, II). Louvain, 1951.

ZIMMERMANN A., *Die Quaestionen des Siger von Brabant zur Physik des Aristoteles*. Inaugural-Dissertation zur Erlangung des Doktorgrades der Philosophischen Fakultät der Universität Köln. Edition stencilée. [Cologne], 1956.

TABLE DES MATIÈRES

Sigeri de Brabantia
quaestiones in tertium De anima

IV. De virtutibus intellectus, scilicet de intellectu
POSSIBILI ET AGENTE

Sigeri de Brabantia
tractatus De anima intellectiva

Sigeri de Brabantia
tractatus de aeternitate mundi

Tables

Imprimerie Orientaliste, s.p.r.l., Louvain (Belgique)